David Ben-Dor
Befreit
Mein Weg zurück ins Leben

David Ben-Dor

Befreit

Mein Weg zurück ins Leben

RECLAM
LEIPZIG

Besuchen Sie uns im Internet:
www.reclam.de

© Reclam Verlag Leipzig 2001
1. Auflage 2001
Umschlaggestaltung: Gabriele Burde|Kurt Blank-Markard unter
Verwendung einer Fotografie von der »Exodus«
Satz: Document 2000, Satzstudio Annett Jost
Gesetzt aus Rotis Semi Serif
Druck und Bindung: Ebner Ulm
Printed in Germany
ISBN 3-379-00776-5

Inhalt

Deutschland

Österreich

Für
Stephanie Wolfe Murray

Die Juden sind unser Unglück.
Heinrich von Treitschke[1]

Deutschland

1 Frühe Verdrängung

»Displaced Person« wurde ich erst 1945, aber die Verdrängung begann, als ich noch in die Schule ging. Schon dort erfuhr ich, daß ich woanders hingehörte. »Saujud', ho ruck, nach Palästina!« ging's los, wenn ich etwas nicht tat, das die anderen mußten, oder wenn ich Dinge tun mußte, die sie nicht taten – ein Käppchen tragen beim Essen oder am Samstag nicht schreiben. Wozu das taugen sollte, wußte ich nicht, aber wenn ich es vergaß, haute mein Vater mir eine runter. Es war schwer, zwischen dem Vertreter Gottes und den anderen zurechtzukommen.

Geschenke. Zum Geburtstag oder zu Chanukka – dem jüdischen Weihnachten. Ein ärmliches, zweitrangiges Weihnachtsfest. Die anderen hatten riesige Bäume mit schillernden Kugeln und glitzernden Sternen, mit unzähligen Kerzen – bei uns gab's nur neun Kerzen, an einem speziellen Leuchter aufgereiht. Zur Erinnerung an den Sieg der Juden über die Griechen, dem Sieg der wenigen über die vielen. Auch das verstand ich nicht: Wenn wir militärische Siege feierten, warum wollten meine Eltern mir kein Luftgewehr kaufen?

Weil Juden nicht mit Gewehren spielen.

Am liebsten hätte ich zu den anderen gehört. Um mitmachen zu können, andere verhauen zu dürfen, sie anzubrüllen: »Raus! Nach Palästina!«

Aber die Sache war nicht so einfach. Auch die anderen hatten Gesetze. Jeden Sonntag mußten sie in die Kirche. Zu Weihnachten sogar mitten in der Nacht, in der größten Kälte, wenn einem vom Wind die Tränen kamen. Und die Glocken! Ich bekam immer Angst, wenn sie dumpf durch die Gegend hallten. Ich mußte dabei an ihren Gott denken, der mit angenagelten Händen und

Füßen, von denen das Blut herunterrann, mit hängendem Kopf über der Schultafel hing.

Geschenke. Mein kleiner Bruder bekam die teureren, weil er Mutters Liebling war. Deswegen ließ er auch ihre Hand nicht los, als sie die Frauen und Kinder von den Männern trennten und nach Auschwitz verschleppten.

Er bekam ein Würfelspiel, auf dessen Brett man von einer abgebildeten Stadt in die andere reiste. London, New York, Peking – nur Großstädte, erklärte mein Vater, als ich ihn darauf aufmerksam machte, daß Jerusalem fehlte. Jerusalem sei eine ganz kleine Stadt, in der es nur arme Leute gebe, hauptsächlich Araber. Aber man müsse dafür beten, daß einen der liebe Gott irgendwann dahin zurückführte. Auch das verstand ich nicht. Wozu mußte man dorthin? Gehörte ich nicht auf die Berge? Wo es immer windig war und der Schnee sogar im Sommer liegenblieb? Wo ich schon mit fünf hinauf mußte, in Lederhosen wie die anderen, von ihnen das Jodeln lernte und furchtsam die Kühe mit ihren großen Hörnern und riesigen Glocken bewunderte? War nicht die Stadt mit den vielen Häusern und Kirchen, die tief unten, vom Fluß wie von einer glitzernden Schleife durchzogen, wie Spielzeug zu meinen Füßen lag, meine Heimat? Damals schien es so. Aber Heimat besteht nicht aus Landschaften.

Ich bekam ein Buch, in dem Berufe abgebildet und beschrieben waren. Alphabetisch: Der Arzt. Der Bäcker. Wenn sie mich fragten, was ich werden wollte, sagte ich: »Kapitän!«

»Kapitän?! Ein jüdischer Kapitän? So was gibt's ja gar nicht!« Aber ich blieb dabei. Ich sagte natürlich nie, daß mir die Uniform so gut gefiel. Es war ja auch nicht das Wichtigste. Die Hauptsache war, daß ein Kapitän immer woanders war. Und das wollte ich. Immer woanders sein. Von Land zu Land, als folgte ich den Würfeln im Spiel meines Bruders. Nirgends bleiben. Nur auf meinem Schiff – immer weiter weg.

2   Der Russe

Schon ganz früh, als man mich zum ersten Mal aus Tirol nach Litauen gebracht hatte, begann ich Theater zu spielen; doch ich war nur Zuschauer in einer Welt, die zur Bühne wurde. Ich wurde zur Attraktion des hebräischen Gymnasiums. In der Pause stellten mich meine Mitschüler aufs Pult, und ich erzählte ihnen meine Abenteuer. Wie die Deutschen gekommen waren, wie sie uns alles weggenommen hatten, wie sie eines Nachts bei den Juden eingebrochen waren, sie verprügelt und alles zerstört hatten. Ich selbst hatte nichts gesehen; nur das Geschrei hinter der Tür hatte ich gehört. Trotzdem stand ich auf dem Pult und schilderte alles nach meiner Phantasie, mich selbst deutlich als Teilnehmer an von anderen Erlebtem sehend, wie mein Bruder es mir geschildert hatte. *Er* war im Speisezimmer unter dem Sofa versteckt gewesen und hatte alles mit angesehen. Ich holte ihn als Zeugen, und er bestätigte alles.

Dann kamen die eigenen Erlebnisse. Ghetto. Konzentrationslager – hauptsächlich waren mir die Mädchen in Erinnerung geblieben, die in den Mordgruben ihr Ende fanden. Ein Mädchen! Das mußte ich mir verschaffen, jetzt, da ich wieder frei war. Ein Mädchen. Zum Lieben. Um herauszufinden, was Liebe überhaupt war. Als ich noch in die Schule gegangen war, hatte ich Romane gelesen, und ich wußte genau, wie man darüber sprach, hatte aber keine Ahnung, was Liebe war. Es schien, daß richtige Liebe mit dem Tod zusammenhing. Entweder brachten die Liebenden sich um oder sie wurden von anderen umgebracht. Entweder er, sie – oder beide zusammen. Nur in den Märchen lebten sie »vergnügt bis an ihr seliges Ende«.

Daran dachte ich am Tag meiner Befreiung, als ich mich mit Brot und Marmelade aus der verlassenen Lagerküche vollgestopft hatte und am Straßenrand im Gras lag, während ich mir zu überlegen versuchte, was ich nun anfangen sollte. Meine Gedanken wurden jedoch immer wieder von der Angst überwältigt, ich könnte das Gegessene wieder erbrechen. Es war das erste Mal nach vier Jahren, daß ich wieder richtig satt war. Ich lag auf dem

Rücken und starrte an den Grashalmen vorbei in den unendlichen, wolkenlosen blauen Himmel.

»So. Das ist also die Freiheit«, dachte ich.

Der Wind blies mir ins Gesicht, das Gras kitzelte. Ich setzte mich auf – plötzlich wurde mir kalt. Ich zog den Waffenrock, von dem die SS-Kragenspiegel entfernt worden waren, über meine gestreifte Häftlingsjacke und knöpfte ihn zu. Bis zum Hals. Ich wünschte, ich hätte einen Spiegel gehabt. Ich warf meine schwarze Wintermütze, das Kennzeichen der privilegierten Häftlinge fort, suchte mir eine gestreifte und steckte sie in die Tasche. Dann ging ich ins SS-Revier, wo ich als Lagerschlosser Reparaturen durchgeführt hatte, und suchte mir ein Zimmer.

Alles war unberührt geblieben. Zwei Betten, die Decken strammgezogen, die Stühle ausgerichtet unterm Tisch und das Bild des Führers an der Wand.

Mir war noch immer kalt. Ich mußte Feuer machen. Eine Zündholzschachtel lag auf einem Regal, aber ich fand kein Brennholz. Einen Stuhl zerkleinern? Dazu war ich zu schwach. Drei Tage lang hatte ich nichts gegessen, und was ich in der Frühe heruntergeschlungen hatte, lag mir im Magen wie ein ganzes Brot. Ich ging in meine Werkstatt und holte mir ein paar kurze Bretter. Bald hatte ich Feuer im Ofen und legte mich hin, um nachzudenken. Nichts kam. Die Vergangenheit war tot. Nicht einmal die schlimmen Erinnerungen kehrten zurück. Alles erschien wie eine Reihe normaler Begebenheiten. Die Dinge waren einfach geschehen. Nichts stand klar vor mir. Nur die Mädchen. Sonst nichts. Ich dachte kurz an meinen Vater, der, als ich ihn das letzte Mal gesehen hatte, mit anderen Muselmännern[2] ins Krankenlager abgeführt worden war und so ausgesehen hatte, daß er bestimmt verhungert war. Das verschwommene Bild meiner Mutter erschien mir für einen Moment, wie sie beim Abtransport nach Auschwitz noch einmal hinter dem Stacheldraht winkte. An ihr Gesicht erinnerte ich mich nicht mehr. Auch nicht an das meines Bruders.

Es muß am Vorabend gewesen sein, als ich einschlief. Ich träumte nicht. Alles war still.

In der Frühe wurde mir wieder kalt. Das Feuer war erloschen, und in dem anderen Bett lag jemand und schnarchte.

»Raus!« brüllte ich.

Der Mann erhob sich, rieb sich die Augen und sah mich an.

»Goworisch po russki?«

Er trug einen braunen Rock, ein schmutziges weißes Hemd und dunkelblaue Hosen. Ein russischer Zivilist. Größer als ich. Ich traute mich nicht mehr, ihn auf deutsch anzuschreien.

»Nimnoschko«, antwortete ich, eher aus Angst denn aus Friedfertigkeit.

»Ich machen Kaffee, ja?«

»Kaffee?«

Er zog einen Koffer unter dem Bett hervor und öffnete ihn. Drin waren kleine braune Schachteln.

»Amerikanski.«

Er machte eine auf und schüttete den Inhalt auf den Tisch: eine ganz kleine Zigarettenschachtel: »Camel«. Kleine runde, dunkelgrüne Konservendosen: »Ham and Eggs«. Schinken und Eier. »Corned beef«. Ein paar kleine, glänzende dünne Päckchen – »Instant Coffee«, »Sugar«.

»Jetzt wir machen amerikanski Kaffee. Bring Wasser.«

Ich steckte den leeren, mit Wachspapier eingeschlagenen Karton in den Ofen, zündete ihn an, legte ein Brett dazu, füllte den Wasserkessel und setzte ihn auf.

»Wot«, sagte er zufrieden und setzte sich aufs Bett. Mit dem Finger auf seine Brust zeigend stellte er sich vor: »Ja Grischa.«

»Ja Serjoscha«, übersetzte ich meinen deutschen Namen. Ich dachte, es wäre besser, mich gut mit ihm zu stellen. Trotz seines offenherzigen Gesichts fürchtete ich mich vor ihm. Wie vor allen Gojim.

Nun wollte er wissen, wo ich herkäme.

»Litwa.«

»Jewrej?«

»Da.«

In meinen gestreiften Hosen hatte es keinen Sinn, es zu verleugnen. Ich versuchte, zu erraten, wo *er* hergekommen war, fragte aber nicht. Es war mir egal. Jetzt, da er hier eingezogen war, konnte ich ihn nicht wieder hinauswerfen – wie die Häftlinge, die in meine Werkstatt gekommen waren, um sich die Finger zu wärmen. Damals hatte es genügt, sie auf deutsch anzufahren, aber das ging eben nicht mehr. Damit mußte ich mich abfinden.

Er riß zwei Päckchen auf, schüttete das braune Puder, dann den Zucker in die Aluminiumbecher, goß Wasser drauf, und wir tranken Kaffee. Als ob wir zueinander gehörten.

3   Zurück ins Lager

Ham and Eggs. Ein Jude ißt keinen Schinken!

Ein Schlüssel war an die Dose gelötet. Ich brauchte ihn nur abzubrechen, um sie zu öffnen. Der Hunger überwand das Gewissen. Die gelbe Paste mit ganz kleinen, fast unsichtbaren Fleischfasern war nicht so schlecht, wie sie hieß. Sie schmeckte nur wie kalte, versalzene Eierspeise.

Ich bedauerte, nicht mit Grischa Hühner stehlen gegangen zu sein. Wieder das Gewissen: Stehlen? Es sei kein Stehlen, hatte er gesagt. Man bräuchte nur in einen Hof hinein, wo sie Hühner oder Kaninchen hielten, und sie mitzunehmen. Die Deutschen hätten Angst und trauten sich nicht, etwas zu sagen.

»Schau, Hosen. Von Deutsche. Gestern sie mir geben. Von Mann. Der in Rußland. Der bei uns auch alles nehmen. Komm. Nix Angst haben.«

Irgendwie konnte ich nicht. Ich sprach ja Deutsch. Was sollten die denn von mir denken? Ein Jude und obendrein ein Dieb? Und noch dazu aus Deutschland?

Natürlich hatte ich als Häftling gestohlen. Aber ich konnte mich nicht überwinden, dem Russen zu folgen. Angst? Gewissen? Beides? Wenn es verboten war zu stehlen, warum war es recht, wenn man trefe aß? War ein gestohlenes Huhn weniger trefe als Schinken mit Eiern? Und wer bestimmte das? Schließlich hätte ich ja tot sein können wie diejenigen, die das Tor gestürmt hatten und immer noch erschossen am Boden herumlagen – überrascht, fragend, mit aufgerissenen Augen und offenen Mündern. Grischa brachte wirklich ein Huhn ohne Kopf, dem das Blut noch am Hals klebte. Er rupfte es, brachte einen Topf mit Wasser, machte Feuer und setzte das Huhn auf. Es roch gut. Als es fertig war, riß er ihm ein Bein ab und überreichte es mir. Koscher – trefe, gestohlen oder nicht – es schmeckte ausgezeichnet. Auch ein Paar schwarze Hosen hatte er mir mitgebracht. Ich probierte sie an – sie waren etwas zu weit, aber mit straff gezogenem Riemen ging's. Die Länge war in Ordnung. Ich zog sie aus und legte mich wieder schlafen.

Mitten in der Nacht wachte ich auf. Zahnschmerzen! Die Strafe für die Schinkeneier!

Der Russe schnarchte. Wilhelm Busch. ›Der Mann mit dem hohlen Zahn.‹³ Schnaps hatte der getrunken. Aber wo sollte ich Schnaps hernehmen? Dann hatte er es mit einer Zigarre versucht.

Ich holte mir in der Dunkelheit ein Päckchen Zigaretten aus dem Lebensmittelkarton und zündete mir eine an. Als ich an ihr zog, beleuchtete die Glut ein Kamel. Warum hatten die Amerikaner Kamele auf ihren Zigarettenschachteln? Kamele gehörten doch nach Palästina, nach Ägypten – ich begann zu husten. Der Russe wachte auf und fluchte. Ich fluchte zurück. Der Husten hörte auf, der Russe drehte sich auf die andere Seite und schlief weiter. Ich rauchte und fühlte einen angenehmen, leichten Rausch. Das Zimmer begann sich im Kreis zu drehen. Der Schmerz ließ langsam nach, und endlich verstand ich, warum die Leute im KZ Essen gegen Zigaretten getauscht hatten. Ein Glück, daß ich das damals nicht gewußt hatte. Sonst hätte ich die Zigaretten, die ich hier und da von SS-Leuten für kleine Reparaturen bekam, selbst geraucht und nicht gegen Brot eingetauscht. Womöglich hätte ich sogar meine Brotration für Zigaretten hergegeben und wäre dann verhungert.

In der Frühe war der Schmerz wieder da. Diesmal probierte ich eine »Lucky Strike«. Sie schmeckte ganz anders. Ich inhalierte den Rauch ganz tief und wurde ohnmächtig. Als ich wieder zu mir kam, saß der Russe an meinem Bett.

»Nix rauchen, wenn nix essen. Da, nimm Kaffee.«

Er half mir auf, ich trank den Kaffee und aß einen trockenen Keks dazu.

»Danke«, sagte ich. Seit Jahren hatte ich das Wort nicht mehr ausgesprochen. Es war schwer, aber es war mir gelungen. Es gehörte sich ja so.

Der Russe lächelte und schüttelte sich die Haare aus dem Gesicht. Er hatte blaue Augen – die Farbe, die ich am meisten fürchtete. Kalt und gefährlich.

»Danke«, wiederholte ich, als ich ausgetrunken hatte.

Kaffee, Zigaretten, – »danke« – nur ein Hemd brauchte ich noch, dann wäre ich wieder ein Mensch.

Tags darauf brachte er mir eines sowie ein Paar Schuhe. Ich zog die Holzpantinen aus, und da er mir keine Socken mitgebracht hatte, wickelte ich mir wieder die alten Fetzen um. Der mußte aber riesige Füße gehabt haben, dachte ich – vielleicht waren sie ihm in Rußland abgefroren, und er brauchte keine Schuhe mehr. Oder vielleicht war er tot? Ich machte ein paar Probeschritte und zog sie wieder aus. Ich mußte endlich unter die Dusche. Seit die Amerikaner gekommen waren, hatte ich mir nur das Gesicht gewaschen. Es war mir noch zu kalt ohne warmes Wasser, aber das Zimmer war geheizt.

Das Wasser war eisig, aber der Dreck mußte runter. Und die Läuse. Auf der Seife stand RIF. »Reines Industriefett«, hatte mir seinerzeit ein OT-Mann[4] erklärt, aber jeder im Lager wußte, daß es reines Judenfett war. Aus verbrannten Leichen. Ich drehte das Wasser ab und rannte nackt zum Ofen.

Wir mußten weg. Grischa sagte, die Amerikaner wollten das Lager in Brand stecken, da sie eine Seuche befürchteten. Deswegen hatten sie auch aufgehört, die kleinen Lebensmittelkartons zu verteilen, um uns zu zwingen, in ein anderes Lager zu gehen.

»In ein anderes Lager?!«

»In Kaserne. In Stadt. Wenn wir machen schnell, wir finden guten Platz.«

Er nahm seinen Lebensmittelkoffer, und ich folgte ihm.

Die Stadt war nicht weit. Die Häuser strahlten vor Wohlstand. Die Gärten blühten, die Hunde stürzten aus ihren Hütten und bellten uns an. Nichts erinnerte daran, daß Krieg gewesen war. Die wenigen Jeeps, die an uns vorbeiflitzten, sahen aus wie von Kindern chauffierte Spielautos. Die Neger schienen harmlos. Einer lehnte am Kasernentorpfosten und kaute. Sein Revolver hing ihm lose fast bis zum Knie hinunter; um ihn zu ziehen, hätte er sich bücken müssen. Er wies uns durchs Tor. Vor einem der zweistöckigen Gebäude setzte Grischa den Koffer ab und schickte mich hinauf, um nachzusehen, ob es noch Platz gab.

Im ersten Stock ein riesiger Schlafsaal, zwei Reihen leere Betten und weder Matratzen noch Decken. Schmutzige Blechnäpfe und einzelne Stiefel lagen auf dem Boden. Ich ging wieder hinunter. Grischa wollte selbst nachsehen. Er kam zurück und schleppte anschließend den Koffer nach oben. Die Stiefel und die Näpfe warf er aus dem Fenster. Den Koffer schob er unter das letzte Bett in der Ecke. Mir wies er das Bett neben seinem an. – »Wot, jetzt wir suchen Matratzen.«

»Und wer paßt auf den Koffer auf?«

»Wir machen schnell. Niemand stehlen.«

Wir gingen zum nächsten Gebäude. Ich fühlte mich zu schwach, um nochmals Treppen zu steigen, und bat Grischa, allein in den ersten Stock hinaufzugehen. Nach ein paar Minuten öffnete er ein Fenster und zeigte mir eine Matratze.

»Gibt auch Decken. Komm helfen!«

»Wozu sollen wir sie über die Stiegen schleppen? Wirf sie herunter, ich fange sie auf.«

Er schob die Matratze ganz durchs Fenster, ich breitete die Arme aus und sah die Matratze auf mich zukommen. Sie fiel mir auf den Kopf, und ich brach zusammen. Sie war so schwer, daß ich mich von ihrer Last nicht befreien konnte. Plötzlich wurde mir heiß. Ich wollte schlafen. Kleine Steine kratzten mein Gesicht – dann nichts mehr.

4 Erholung

Schön warm war es unter der Decke, aber sie war straff, an allen vier Enden fest unter die Matratze gezogen, und ich konnte meine Knie nicht anwinkeln. Unter dem Kopf hatte ich ein ganz frisch bezogenes Kissen. Ich versuchte mich aufzusetzen, aber es klappte nicht. Die Decke war zu stramm eingeschlagen, und ich war zu schwach. Und nackt! Die hatten mir die Kleider weggenommen und mich in ein Nachthemd gesteckt!

»Hallo! Hallo!«

Niemand kam. Mir gegenüber lagen drei. Keiner wachte auf. Auch nicht die beiden neben mir. Draußen war es grau. Regnete es? Ich schlief wieder ein.

Plötzlich wurde ich geschüttelt. Ein Arzt und eine Schwester.

»Na, wie geht's?«

»Ich bin hungrig.«

»Um zwölf gibt's Mittagessen.«

»Aber ich bin *jetzt* hungrig!«

»Bitte beruhigen Sie sich. Ich bringe Ihnen eine Tasse Kaffee.«

Bis die Schwester zurückkam, war es mir gelungen, die Decke zu lockern.

Meine Knie waren bandagiert, aber ich konnte mich aufsetzen. Die Schwester wartete, bis ich mit dem Kaffee fertig war, half mir vom Bett und führte mich in den Waschraum. Dann in die Ambulanz. Zum Abwiegen. Achtunddreißig Kilo. Nach Jahren sah ich mich wieder im Spiegel. Ein Muselmann! Nie hätte ich gedacht, daß ich genauso aussehen würde wie die andern.

»Wo sind meine Kleider?«

»Sobald Sie gesund sind, kriegen Sie welche. Jetzt aber zurück ins Bett.« Sie nahm mich beim Arm, doch ich entwand mich ihr.

»Lassen Sie mich los!«

Sie sah mich vorwurfsvoll an und wartete. Nach ein paar Schritten wurde mir schwindelig, und ich mußte mich gegen die Wand lehnen. Sie legte ihren Arm um meine Hüfte und führte mich zurück.

»Was hab' ich an den Knien?«

»Furunkulose. In ein paar Tagen kommen die Verbände ab. Es heilt ganz schön.«

Sie wartete, bis ich wieder im Bett lag, und deckte mich fest zu. Als man mich zum Mittagessen aufweckte, war ich zu müde, mich aufzusetzen. Die Schwester saß am Bett.

»Kommen Sie, ich helfe Ihnen auf.«

Ich antwortete nicht.

»Wollen Sie nicht etwas essen? Ich dachte, Sie hätten Hunger.«

»Wie heißen Sie?«

»Maria.«

Wie die Mutter ihres Gottes. Sie schaute mir in die Augen und lächelte berufsmäßig süß und mitleidsvoll. Die Suppe war lauwarm. Meine Nachbarn schlürften gierig und klapperten mit den Löffeln. Ich konnte mich noch immer nicht allein aufsetzen. Die Schwester griff unter das Kissen, stützte mich und fütterte mich.

So verging die Zeit mit Essen und Schlafen. Drei Wochen dauerte es, bis ich wieder umherlaufen konnte. Unterdessen benahm ich mich etwas freundlicher gegenüber Maria. Vielleicht weil sie schwarze Haare hatte und braune Augen – wie meine Mutter. Oder weil sie so gut roch – immer frisch, als ob sie gerade aus der Dusche käme.

Sie fragte viel. Nach meinen Eltern, ob ich Geschwister hätte – unser anfangs karger Wortwechsel, der die lautlose Neugierde der anderen Patienten erweckt hatte, führte zu längeren Gesprächen, die von ihnen oft mit anzüglichen Bemerkungen gestört wurden. Schwester Maria meinte, es wäre nett, wenn ich einmal am Nachmittag zum Kaffee käme. Da könnten wir uns besser unterhalten.

»Im Nachthemd?« – Sie lachte.

Ein paar Tage später ließ man mich zum ersten Mal hinaus. Mit feldgrauer Unterwäsche, zwei Hemden, einer Jacke, einer Hose und ein Paar abgetragenen Schuhen.

Als erstes ging ich zu Grischa. Einige Tage vorher hatte er mich besucht und mir Zigaretten und Schokolade mitgebracht. »Hershey« – steinhart, aber sonst ganz in Ordnung. Ob ich bereits darüber nachgedacht hätte, wo ich hin wollte, wenn ich wieder gesund wäre. Ich hatte keine Ahnung. Mein begrenztes Russisch erschwerte die Antwort, aber auch auf Deutsch wäre es mir schwergefallen, ihm zu erklären, warum mir nichts Passendes einfiel. Ich konnte es selbst nicht verstehen, und richtig nachdenken konnte ich nicht. Bilder aus der Vergangenheit tauchten auf und endeten im Wunsch zu schlafen, zu vergessen. Ich wußte nur, daß ich so weit wie möglich weg von Juden wollte. Obwohl mir manche geholfen hatten, im Ghetto und später im Lager, konnte ich die nicht vergessen, die mit den Deutschen während des ganzen Krieges zusammengearbeitet hatten. Die Erinnerungen an den fast totalen Zusammenbruch normaler Beziehungen, auch innerhalb von Familien, kehrten dauernd wieder. Jeder dachte an sich. An noch ein Stück Brot. Eine leichtere Arbeit.

Nein. Nur so weit fort wie möglich. Meine jüdische Identität ablegen. So wie alle anderen leben. Wie die Starken, die sich vor niemandem zu fürchten brauchten. Wie die Russen oder sogar die Deutschen.

Aber das konnte ich Grischa alles nicht erklären, und mein offensichtliches Zaudern veranlaßte ihn, mir vorzuschlagen, mit ihm nach Rußland zurückzukehren. Zuerst hielt ich nicht viel davon, aber seine rauhe Freundlichkeit brachte mich dazu, mehr darüber nachzudenken, und ich versprach ihm, zu Besuch zu kommen, sobald ich mich zu irgend etwas entschlossen hätte.

Die verschiedenen Nationalitäten waren in separaten Gebäuden untergebracht. Russischer Gesang erscholl aus einem Fenster, und ich ging hinauf. Zuerst hatte ich Angst, aber als ich den Schlafsaal betrat, verflüchtigte sie sich. Etwa zwanzig Leute saßen im Kreis am Boden und sangen.

»Hallo, Serjoscha, komm rein!«

Zögernd näherte ich mich, und er stellte mich vor.

»Moi Towarisch.« Mein Kamerad.

Sie machten Platz. Ich setzte mich zu ihnen und sang die alten Lieder mit, an die ich mich noch erinnerte: von der Wolga und vom Towarisch Stalin.

Spätnachts kehrte ich ins Spital zurück.

Bevor ich ging, hatte mir Grischa ein freies Bett mit einer Decke gezeigt und mir versprochen, es für mich zu belegen, bis ich entlassen würde.

Ich konnte nicht einschlafen. Die ganze Nacht versuchte ich meine Gedanken zu entwirren. Ich konnte die Angst davor, zu den Fremden zu gehen, mit denen ich so begeistert gesungen hatte, nicht loswerden. Aber vielleicht war ich nur müde vom vielen Singen, Klatschen und Stampfen.

Am Morgen sagte mir Schwester Maria, daß ich in einigen Tagen entlassen würde. Ob ich Lust hätte, am Samstagnachmittag zum Kaffee zu kommen. Ja.

Man hatte mir die Verbände abgenommen; meine Haare waren ein bißchen nachgewachsen, und ich hatte sogar etwas zugenommen.

Farbenprächtig, in Tracht, kam sie mich abholen. Ihr Haar war nach hinten gekämmt und mit einer roten Schleife zusammengebunden.

Sie bemerkte die Musterung und sah mich prüfend an. »Kommen Sie. Gehn wir.«

Ich folgte ihr auf die Straße. Der Neger ließ uns ohne weiteres durchs Tor, und zum ersten Mal ging ich durch die Stadt und freute mich an der Sonne.

Blumen wucherten üppig vor den Fenstern, Flieder wuchs über die Gartenzäune. Ich schritt an Marias Seite, spürte ihr Parfüm, konnte kein Wort herausbringen, wartete, daß sie etwas sagte, aber sie schaute geradeaus und schwieg. Ich trottete neben ihr her, bis wir zu ihrem Haus kamen. Ihre Mutter stand am Treppenabsatz. Das Haus war blendend weiß, an einer Seite von Efeu bewachsen und an den Fenstern – Geranien, wie im KZ Stutthof. Hinter uns raste ein Jeep mit grölenden Soldaten vorbei.

»Grüß Gott«, sagte die Frau.

»Heil Hitler!« kam's mir, aber ich sagte »Grüß Gott« und ergriff die ausgestreckte Hand.

Als erstes sah ich das Kreuz – das Blut und darunter das Bild eines Soldaten. Ich stand bewegungslos und starrte auf das Bild.

»Das ist mein Bruder«, sagte Maria. »Er ist in Rußland gefallen.«
Ihre Mutter trocknete eine Träne.

Sie baten mich, Platz zu nehmen und entschuldigten sich, daß sie keinen echten Kaffee hätten. Aber es gab trockenen Kuchen, auf feinen Porzellantellerchen zwischen winzigen Silbergabeln und Löffelchen. Die letzten Sonnenstrahlen drangen durch den Spitzenvorhang und verbreiteten ein warmes Licht.

Schweigend saß ich Jesus gegenüber, bei den zwei Frauen, und machte mich ablehnend auf Fragen gefaßt. Außer »Danke, ja« (oder nein) auf die Frage »Noch ein Stück Kuchen?« (oder eine Tasse Kaffee) sagte ich nichts. Die Fragen kamen trotzdem. Von Marias Mutter. Wer meine Eltern seien. Wo wir wohnten. »In Innsbruck! Da waren wir ja direkt Nachbarn! Mein Gott, nur sieben Jahre ist das her.« Wieder trocknete sie eine Träne, während Maria mit gesenktem Kopf auf ihren Teller blickte. Dann wechselte ihre Mutter plötzlich das Thema: Ob ich zu ihnen ziehen wolle. Ich könne Antons – Marias Bruder – Zimmer kriegen. Sie würden mich zur Schule schicken, dann auf die Universität.
Ich war ganz verwirrt.

»Und was würde Ihr Herr Gemahl dazu sagen?«

»Ich bin Witwe. Mein Mann starb kurz vor dem Krieg.«

Ich schaute zu Maria, dann wieder zu ihrer Mutter – das Ganze kam mir unheimlich vor. Ihr ans Kreuz genagelter Gott, das Bild des toten Soldaten. »Die Juden sind unser Unglück!« ... In die Schule? In Deutschland? Was konnten die mir nach fünf Jahren in ihren Ghettos und Konzentrationslagern noch beibringen? Was konnte mir überhaupt noch irgend jemand beibringen?

Dazu kam der Gedanke, wieder eingezwängt zu sein: in einer Schule, mit fremden Menschen unter einem Dach, an Antons Stelle.

Noch am selben Abend flüchtete ich zu den Russen.

5 Theater

Kaum war ich bei den Russen, tat es mir leid. Ich hätte länger im Spital bleiben sollen. Aber ich mußte fort. Vielleicht wegen Maria, vielleicht wegen des Kruzifix. Aber wenn es das war, was suchte ich dann bei den Russen – in einem muffigen Saal, den sie mit Decken in separate Schlafstätten unterteilt hatten, wo sie grunzten, schnarchten oder im Schlaf redeten? Grischa hatte sich ein kleines, plumpes ukrainisches Mädchen zugelegt, mit dem er hinter seiner Decke schlief. Ich sah ihn kaum noch.

Alle gingen in die Stadt. »Geschäftlich.« Hühner gab es keine mehr umsonst. Dafür mußten Zigaretten oder Kaffee eingetauscht werden. Die Amerikaner nahmen jeden fest, der beim Stehlen erwischt wurde. Und als die Diebstähle nicht aufhörten, sperrten sie das Lager ab, und niemand durfte mehr ohne Passierschein hinaus.

Ich hatte mich zur Repatriierung nach Rußland gemeldet und verbrachte die Zeit zwischen den Mahlzeiten mit Spaziergängen im Kasernenhof und mit Schlafen. Schlafen war das Beste, aber ich mußte damit aufhören, denn wenn ich tagsüber schlief, konnte ich abends nicht einschlafen, und die Geräusche um mich herum machten mich verrückt.

Ich ging zu Maria. Vielleicht wußte sie eine Beschäftigung für mich. Sie schickte mich zum Chefarzt. Als ich ihm sagte, daß ich Jiddisch, Hebräisch, Litauisch, Russisch und sogar etwas Englisch könnte, schlug er mir vor, als Dolmetscher zu arbeiten.

»Als Dolmetscher?«

»Den Ärzten erklären, was die Patienten sagen.«

Das paßte mir. Obwohl ich früh aufstehen mußte, war ich froh, daß ich beschäftigt war. Die Leute anhören, ihre Beschwerden übersetzen und vor allem die Bedeutung, die mir dadurch zufiel, machten mir Spaß. Ich durfte in der Spitalskantine essen und bekam für meine Arbeit ein Extra-Lebensmittelpaket. Am Abend sang ich gemeinsam mit den Russen. Die meisten waren betrunken und grölten oft bis nach Mitternacht. »Licht aus!«, hätte ich auf Deutsch verlangt, aber als Russe ging das nicht mehr. Es hätte ja auch nichts genützt. Die hätten mich womöglich umgebracht.

Die Amerikaner gingen nun daran, das Ende des Krieges zu feiern. In Japan ging er zwar noch weiter, aber auch dort war er so gut wie gewonnen. Sie spendierten Lebensmittel und Getränke und organisierten einen Abend. Jede Nationalität sollte etwas aus ihrer Folklore darbieten. In der Kantine wurde eine mit den Fahnen der Siegermächte geschmückte Bühne errichtet. Tische wurden gedeckt, aber es gab nur leichte Getränke und Gebäck. Die Russen waren wütend. Auch die Polen und die Ukrainer. Sie hatten wenigstens *etwas* Wodka erwartet. Die Amerikaner ließen Musik aus dem Lautsprecher erschallen, und nach und nach beruhigten die Leute sich.

Der Lagerkommandant trug eine dunkelgrüne, mit goldenen Knöpfen und einigen Reihen bunter Spangen geschmückte Uniform und hielt eine Rede, die niemand verstand. Sie wurde von drei Unteroffizieren ins Russische, Polnische und Jiddische übersetzt, aber außer den Worten Freiheit und neues Leben, die immer wieder auftauchten, war nichts zu verstehen.

Endlich wurde das Programm angekündigt: polnische Volkstänze, Lieder aus Rußland und ein Sketch von Serjoscha mit ihm selbst in der Hauptrolle. Etwa eine Woche vor der Feier, während die Russen probten, hatte ich vorgeschlagen, einen Sketch aufzuführen. Ich brauchte dazu nur eine abgelegte deutsche Uniform und ein paar Überlebende aus dem KZ. Zu proben brauchte ich nicht. Alles was die anderen zu tun hätten, wäre ihre gestreiften Häftlingsjacken anzuziehen und Fragen zu beantworten.

Ein von einer Russin geborgtes rotes Kopftuch wurde zur Hakenkreuzbinde, und als OT-Mann verkleidet, stand ich mit Stock und hoher Mütze vor den ehemaligen Häftlingen.

»Los, antreten!«

Sie folgten. Sieben Leute standen in Reih und Glied.

»Was ist dein Beruf?«

»Uhrmacher.«

»*Uhrmacher*«, äffte ich ihn nach, »ein Drecksack bist du! Nichts schaffen wollt ihr alle miteinander! Dreckige Synagogendiener seid ihr! Jetzt geh rüber, hol dir 'ne Schippe und fang an, zu graben! Los, Bewegung!«

Der Mann trat aus der Reihe. Einer nach dem anderen wurde von mir mit demselben Haß angegeifert, dem ich selber jahrelang ausgesetzt gewesen war.

Nachdem ich sie in wilder Wut angeschrien und erniedrigt hatte, schlug ich den letzten Mann mit meinem Stock und jagte alle von der Bühne.

Riesiger Applaus. Vielen hatte mein Spiel gefallen; die Polen und Russen erfreuten sich an den Beleidigungen, die ich meinen eigenen Leuten zugedacht hatte. Aber auch *die* applaudierten; wahrscheinlich weil der von mir verkörperte Rasende nicht mehr existierte.

Neben mir stehend, sah ich zu, wie ich voller Haß auf das, was ich war, auf das, was zu werden ich im Begriff stand, auf alle und alles auftrat. Und ich wußte, daß ich eiligst von all dem wegmußte. Weit weg.

6 Lara

Die Tage verflossen. Arbeit im Spital. Essen in der Kantine. Schlafen bei den Russen – ich wartete auf Repatriierung in mein ›Vaterland‹. Da ich kein eigenes besaß, hatte ich Rußland gewählt. Die Russen gingen mit den Deutschen wenigstens so um, wie sie es verdient hatten. Vielleicht konnte ich es bei ihnen zum Offizier bringen, mit einer Uniform, einem Revolver. Antisemitismus war in Rußland verboten, also warum nicht?

Unterdessen langweilte ich mich, Bücher gab es keine. An Zeitschriften nur *Stars and Stripes*. Aber da gab es zu viele Wörter, die ich nicht verstand, und Wörterbuch gab's auch keines.

Als ich gerade dabei war, mein Eßgeschirr an der Theke in der Kantine abzugeben, betrat ein Mädchen den Saal. Sie ließ heißes

Wasser aus den Kessel in ihre Aluminiumtasse laufen und setzte sich. Außer der Frau hinter der Theke war niemand mehr da. Erst als das Mädchen lächelte, wurde mir bewußt, daß ich sie anstarrte. Große blaue Augen, kurze blonde Haare, vollkommen abgemagert – wahrscheinlich jüdisch. Aber blond? Sie erinnerte mich an ein Mädchen aus dem Ghetto. Die war auch blond gewesen. Ihr Vater, ein Deutscher, hatte sich von ihrer Mutter scheiden lassen, weil sie Jüdin war. Während einer Vernichtungsaktion hatte sie mit ihrer Mutter in einem geheimen Bunker Zuflucht gefunden; beide wurden jedoch entdeckt und erschossen.

»Woher kommen Sie?« fragte ich das Mädchen.

»Aus der Tschechoslowakei.«

»Jüdin?«

»Ja. Und du?« Daß die mich gleich duzte …

»Ich auch.«

»Was, Jude oder aus der Tschechoslowakei?«

»Jude.«

»Von wo?«

»Österreich.«

»Sind deine Eltern auch hier?«

»Nein. Die sind tot.«

Ihre Augen verschwanden hinter der Tasse, und das Gespräch verebbte. Nachdem sie die Tasse wieder abgesetzt hatte, stand sie auf. »Willst du mich nach Hause begleiten?«

»Nach Hause?«

Sie lachte: »Ich meine meinen Block. Ich wohne bei den Ungarn.« Ich folgte ihr. Sie war sehr klein. Ihr Kopf reichte mir kaum bis zur Schulter. Aber ihre Haare gefielen mir, ihre Augen, ihr helles Gesicht. Ich spürte die Wärme ihres Arms, wenn wir uns im Gehen streiften. Doch ich brachte kein Wort hervor. Schließlich brach sie das Schweigen und erzählte mir, daß die Amerikaner sie und ihre Mutter aus Ravensbrück hierher ins Spital gebracht hätten, daß es für ihre Mutter jedoch zu spät gewesen sei. Sie sei vor einigen Tagen gestorben. Wahrscheinlich eine von denen, die man seinerzeit als tot auf zweirädrige Wagen geladen hatte, die aber doch noch gelebt hatten.

Vor dem Ungarnblock reichte sie mir die Hand. »Auf Wiedersehen.«

Ich hielt die Hand etwas länger, versuchte etwas zu sagen.

»Was ist?«

»Nichts. Kommst du morgen wieder Kaffee trinken?«

»Ja.« Sie entzog mir die Hand und ging.

Die Geräusche ließen mich nicht einschlafen. An anderen Tagen war es die Müdigkeit, die mir am Ende half, aber heute kamen die Erinnerungen. Tamara, das blonde halbjüdische Mädchen, die von ihrem Vater ins Ghetto gesteckt worden war; Selda, die von den Litauern totgeschlagen worden war; meine Mutter, nackt unter der Dusche in Auschwitz, auf Wasser wartend ...

Es war vergebens. Ich stand wieder auf und irrte durchs Lager, während mir der Kopf vor Erinnerungen schwirrte.

Wollte ich wirklich dorthin zurück, wo alles begonnen hatte?

Im Morgengrauen verflüchtigten sich die Schreckensbilder. Bei der Arbeit dachte ich an das Mädchen aus der Tschechoslowakei und wartete auf den Abend.

Als sie die Kantine betrat, merkte ich wieder, wie schmächtig sie war. Sie kam näher, ein paar Strähnen ihres sorgfältig in der Mitte gescheitelten Haars hingen ihr widerspenstig in die Stirn. Ich wollte ihr Haar streicheln.

Wir schauten uns über die Tassenränder in die Augen, aber abgesehen von »Wie geht's« und »Danke« schwiegen wir uns an.

Wir gingen ins Freie in Richtung Lagertor.

»Wie heißt du eigentlich?«

»Lara. Und du?«

Welchen Namen sollte ich jetzt angeben? Serjoscha? Weil ich nach Rußland wollte? Lächerlich. Ich konnte ja nicht einmal richtig Russisch. David? Wie man mich in Litauen nannte? Unsinn. Das war vorbei. Zum Schluß sagte ich: »Ernst.« Schließlich sprachen wir ja Deutsch.

Der Schlagbaum war geschlossen, und wir konnten nicht hinaus. Zuerst wollte ich mit dem Posten reden, aber der war schwarz. Da hatte ich Angst.

»Komm, laß es bleiben. Ich zeige dir einen netten Platz, dort können wir sitzen und reden.«

Sie führte mich zu einer von Sträuchern verdeckten Nische in der Kasernenmauer. Wir schichteten einige herumliegende Ziegel zu einer Bank auf und setzten uns nebeneinander. Hinter dem Blättervorhang erzählten wir uns gegenseitig von unserer Vergangenheit, bis es stockdunkel und zu kalt wurde.

Am nächsten Tag kamen wir wieder. Wir besprachen die Zukunft. Sie wollte zurück in die Tschechoslowakei. Eine Tante, die bei Bauern versteckt gewesen war, lebte vielleicht noch. Die wollte sie suchen.

Daß ich nach Rußland wollte, wunderte sie.

»Hast du gar keine Verwandten?«

Daran hatte ich nie gedacht. Was sollte ich mit Verwandten, wenn mein eigener Vater mich dem Ghettokommandanten hatte ausliefern wollen, weil er mich im Verdacht hatte, türmen zu wollen. Zum Glück hatte eine Bekannte dies verhindert, als er mich mit auf dem Rücken festgehaltenen Armen durch die Straße schleppte. Sie hatte gedroht, ihn nach dem Krieg anzuzeigen, und mir hatte sie das Versprechen abgenommen, das Ghetto nicht zu verlassen, da die Deutschen sonst die ganze Familie umbrächten. Aber das hatte mich damals nicht gekümmert. Hauptsache, *ich* bliebe am Leben.

»Du, ich hab' dich was gefragt.«

»Ach so, ja. Nein, ich meine – nein. Ich habe keine Verwandten.«

»Das gibt's doch nicht.«

Himmelherrgott! Sakrament! Was will die denn von mir? »Doch, doch. Ich habe überhaupt keine Verwandten«, log ich, um ihr nicht erklären zu müssen, warum ich mit Verwandten nichts zu tun haben wollte.

Sie guckte mich mit ihren blauen Augen groß an – bis ich wegschauen mußte.

»Vielleicht fahren wir zusammen in die Tschechoslowakei?«

»In die Tschechoslowakei?! Ich kann ja nicht Tschechisch!«

»Viele Leute können Deutsch.«

Ich fürchtete mich vor etwas. Solange ich mit ihr hinter den

Sträuchern saß, in der Hoffnung, sie zum Schluß zu küssen, ging's noch. Aber mit ihr zusammen in die Tschechoslowakei?

»An deiner Stelle hätte ich Angst, nach Rußland zu gehen«, sagte sie und legte ihre Hand auf meine.

»Warum?« Mein Herz begann stark zu klopfen.

»Weil sie die Juden hassen. Und die Deutschen. Und du bist ja beides.«

»Ich? Deutscher?«

»Selbstverständlich. Jedem, der dich auf der Bühne sah, ist das vollkommen klar. Du wirst in Rußland nie glücklich sein.«

»Rußland ist das einzige Land der Welt, in dem der Antisemitismus gesetzlich verboten ist.«

»Und du glaubst, daß das etwas nützt?«

Sollte ich sie jetzt küssen? Jetzt, wo mir die Wärme ihrer Hand bis ins Herz drang? Mich an sie schmiegen? Aber das würde bedeuten, daß ich mit ihr nach Prag ginge.

Sie sah mir in die Augen und wartete auf Antwort. Aber nicht nur das. Es war mehr in ihrem Blick. Und davor fürchtete ich mich. Ich wandte mich ab. Es wäre schön gewesen, sie zu küssen, sie zu berühren – aber nach Prag gehen?

Als sie sah, daß keine Antwort kam, stand sie auf, bog die Sträucher auseinander und trat hinaus. Ich folgte ihr still und versuchte, während ich neben ihr herging, Worte zu finden. Aber ich fand keine. Was mich festhielt, war diese schreckliche Angst, die ich, hätte sie mich danach gefragt, nicht hätte erklären können. Alle Mädchen, mit denen ich zusammen gewesen war, waren ermordet worden. Das könnte ja wieder passieren. Nein. Die Sache war viel zu gefährlich. Und vielleicht müßte ich wieder einmal fliehen – was fing ich dann mit einem Mädchen an?

Sie schaute mir noch einmal in die Augen, dann war sie fort.

7   Repatriierung

Russische Soldaten kamen uns abholen. Schwere, offene Lastwagen, mit roten Fahnen bestückt und mit Stalins Bild an den
Kühlern, rollten in den Kasernenhof. Ich zog meine sämtlichen
Kleider an, setzte die gestreifte Häftlingskappe auf, holte mir ein
großes Stück Brot aus der Kantine, suchte ein paar Büchsen Corned beef, die ich mir aufgehoben hatte, zusammen, steckte alles
in einen kleinen Segeltuchbeutel – ein Geschenk von Maria –
und kletterte auf ein Lastauto. Ich verabschiedete mich weder
von Maria, noch wollte ich Lara nochmals sehen. Ich hätte glatt
geweint. Aber die Tränen kamen mir trotzdem, als das Lager
hinter uns verschwand.

Zum ersten Mal, seit die Amerikaner gekommen waren und ich
außerhalb des KZs am Straßenrand gesessen hatte, sah ich die
offene Landschaft wieder: weite Felder, auf denen ich fast er-
froren wäre, als man mich vor einigen Monaten von einem Lager ins andere geführt hatte. Der Frühling hatte sie in unend-
liche Teppiche aus verschiedenen Grüntönen mit gelben und
blauen Blumenflecken verwandelt, die aber meist durch den
Staub verschleiert wurden, den die vor uns fahrenden Laster
aufwirbelten. Das Gezwitscher der Vögel wurde von Liedern
übertönt, die meine Einsamkeit indes nicht lindern konnten.
Dennoch sang ich mit, um meine Wehmut zu ersticken und eine
Hoffnung zu wecken, die es, wie ich fürchtete, wahrscheinlich
nicht mehr gab. Grischa saß mit seiner Ukrainerin in einer Ecke.
Ich hätte mit Lara gehen sollen.

München. Zwei Uhr nachmittags. Die Vororte waren verödet.
Uns heftig durchrüttelnd holperte der Lastwagen über Schlaglöcher und versuchte die noch tieferen Bombentrichter zu umfahren. Es gab keine Häuser mehr. Hier und da stand noch eine
Fassade, eine einzelne Seitenwand, an der Rechtecke in unter-
schiedlichen Farben die einstige Lage von Stockwerken und
Zimmern anzeigten. An einer Wand hing neben einem ausge-
brannten Fensterloch ein Bild. Es gab Haufen zerbrochener Ziegel und Verputz, aber die Straßen waren frei. Der Schutt war fein

säuberlich am Straßenrand aufgehäuft, wie Schnee im Winter. Eine Stunde später hielten wir vor den Trümmern des Hauptbahnhofs.

Hunderte tummelten sich hier, Soldaten, Zivilisten, manche umringten die soeben vorgefahrenen Lastwagen, riefen Namen, suchten Verwandte.

Wir sollten absteigen und uns an einem Bahnsteig versammeln.

»David!« Ich war gerade aufgestanden. »Komm runter!«

Moka. Der mich in der Schule in Litauen angestiftet hatte, aufs Pult zu klettern und von deutschen Grausamkeiten zu erzählen. Moka war zwei Jahre älter als ich und hatte mich immer unter seine Fittiche genommen. Als der Krieg kam und wir ins Ghetto mußten, wurden wir getrennt und trafen uns erst im KZ wieder, als Privilegierte: Ich war Lagerschlosser, er etwas mehr, Schreibstubenhelfer.

Er reichte mir die Hand, um mir herunterzuhelfen, und vorsichtig meinen Corned-beef-Beutel festhaltend sprang ich ab.

»Los, komm! Wir müssen machen, daß wir fortkommen!« Er faßte mich am Arm und zog mich in die Menge, weg vom Bahnhof.

»Mensch, laß los!«

»Vorwärts. Bevor sie uns erwischen.«

Ich versuchte, mich loszumachen, aber er war stärker. Mein Beutel behinderte mich, und ich konnte mich nicht befreien. »Was redest du für einen Blödsinn. Wer sollte uns denn erwischen? Laß mich los! Ich versäume ja meinen Zug!«

Er bog in eine Seitenstraße ein und zog mich in ein ausgebombtes Haus. »So, setz dich hin. Und nimm die blöde Kappe ab. Im Lager hattest du ja auch keine« (eine Anspielung auf meine schwarze Privilegiertenmütze, die ich dort getragen hatte). Ich nahm die gestreifte Kappe ab und stopfte sie in den Beutel. Erschöpft, hungrig, verwirrt, setzte ich mich auf einen Schutthaufen. Ich hatte keine Kraft mehr, davonzulaufen.

»Bist du verrückt? Weißt du denn nicht, daß ihre Züge nicht eher halten, bis sie in Sibirien sind?«

Ich war ganz erschrocken.

»Aber ich bin doch Kommunist!«

»Nichts bist du. Jeder, der sich gegen die Deutschen nicht gewehrt hat, Soldaten, die in deutsche Gefangenschaft geraten sind, Menschen, die zum Arbeitsdienst nach Deutschland verschleppt worden sind, sie alle sind Staatsfeinde. Und Juden, die nicht zu den Partisanen gegangen sind und sich wie Vieh zur Schlachtbank treiben ließen, auch.«

Ein richtiger Vortrag. Aber Moka war noch nicht fertig. Höhnisch fuhr er fort: »Ein Kommunist bist du? Glaubst du, die erinnern sich nicht, daß du, bevor sie kamen, ein Zionist im Braunhemd warst? Oder daß dein Vater zur Ghettoadministration gehörte?«

Das wirkte.

»Ja, wo soll ich denn jetzt hin?«

Er schaute mich wortlos an.

»Nun?« Ich wurde ungeduldig.

»Du kommst mit uns nach Eretz Jisrael.«

»Was?!«

»Nach Eretz Jisrael. Palästina.«

»Nein.«

»Was heißt Nein?«

»Bist du verrückt? In ein neues Ghetto? Mit Oberjuden?«

»Nun paß auf. Ich muß jetzt zurück zum Bahnhof, damit nicht noch mehr solche Idioten wie du verschleppt werden. Hier, geh die Straße entlang, bis du zu einem Haus mit einer amerikanischen Flagge kommst. Auf der rechten Seite. Sag dort, daß ich dich geschickt hätte. Man wird dir etwas zu essen geben und dich dort schlafen lassen. Ich komme dann am Abend, und wir können über Palästina diskutieren. Daß Rußland nicht in Frage kommt, siehst du wohl ein, oder? Also los, hau ab!«

Ich machte mich auf den Weg, vorbei an Scherben, verrosteten Eimern, aufgehäuften Pflastersteinen, dachlosen Wänden, halb verbrannten Möbeln. Ich suchte die Fahne mit den Sternen und den roten Streifen.

Es war noch früh. Ich kletterte in eine Ruine und öffnete eine Büchse Corned beef. Das Fleisch war gut. Vom Brot aß ich nur die Hälfte. Man konnte ja nie wissen. Kaffee würde es wahrscheinlich bei den Amerikanern geben. Das Essen gab mir wieder Mut. Nur hundemüde war ich.

Da hing wirklich eine Fahne. Doch als ich näher kam, sah ich, daß sie rot-weiß-rot war. Unglaublich! Der Krieg war noch nicht zu Ende, die Japaner kämpften noch, aber die Österreicher hatten bereits wieder ihre Fahne. Als ob nichts geschehen wäre. Als ob sie nicht bei der SS gewesen wären, Konzentrationslager geleitet und Juden ermordet hätten.

Trotzdem konnte ich meine Augen nicht von der Fahne lassen. Ich versuchte mich zu erinnern, wie der Ritter hieß, der auf den Kreuzzügen die Mauern Jerusalems bestürmt hatte. Sein Hemd war ganz von Blut durchtränkt gewesen, und als die Stadt erobert war und er seinen Gürtel abschnallte, blieb ein weißer Streifen frei. Dieses Hemd wurde die Fahne Österreichs: ein blutrotes Tuch mit einem weißen Streifen in der Mitte.

»Österreichische Repatriierungskommission.«

Ein Soldat kam um die Ecke. Ohne Knöpfe am Mantel, mit schmutzigen Stiefeln und Stoppeln im hageren Gesicht. Einen Zigarettenstummel im Mundwinkel, hob er müde grüßend die Hand zur Mütze und ging hinein. Ich zögerte eine Sekunde, folgte ihm aber dann in den rundum mit Brettern verschalten Flur und stieg ihm nach über einen Lattensteg in den ersten Stock.

Zwei Zivilisten saßen hinter einem mit Papieren überladenen Tisch.

»RAUCHEN VERBOTEN!« stand zu ihren Köpfen geschrieben. Soldaten in zerschlissenen Uniformen ohne Achselstücke schliefen am Boden oder hockten an der Wand.

Der Soldat, dem ich gefolgt war, nahm die erloschene Zigarette aus dem Mund, steckte sie in eine kleine Dose, die er zuklappte, und setzte sich an den Tisch.

»Name? Dienstgrad?«

Immer noch an der Tür, hörte ich die Antworten nicht. Mir war unheimlich unter den vielen Soldaten, aber weil ich müde war, setzte auch ich mich auf den Boden und wartete. Ich war froh, von den Russen fort und Moka los zu sein.

»Der nächste, bitte!«

Das »Bitte« änderte nichts am Kommandoton, der mich aus einem leichten Schlummer holte. Ich stand auf und setzte mich an den Schreibtisch.

»Name?«

»Ernst Haber.«

»Dienstgrad?«

»Ich bin kein Soldat.«

»Was?! Was machen Sie dann *hier*?«

»Ich möchte mich repatriieren lassen.«

»Sind Sie Österreicher?«

»Jawohl. Aus Innsbruck. Ich war in Dachau.«

»Ach so.«

Sie musterten mich eine Weile, sahen sich gegenseitig an, einer nickte, und sie begannen meine Daten aufzunehmen: »Wann sind Sie geboren? Wo? Wie lange waren Sie in Haft?« Zwei Seiten schrieben sie voll, bevor sie mich zu den anderen schickten.

Ich suchte mir einen Platz zwischen zwei Soldaten, streckte mich aus und mit meinem Beutel sicher unter dem Kopf schlief ich ein.

8 Der Weg zurück

»Los, auf geht's!« riß es mich aus dem Schlaf. Im ersten Moment glaubte ich, wieder im Lager zu sein, dann erwachte ich ganz. Die Soldaten standen langsam auf, packten ihre Sachen zusammen und gingen hinaus. Ich hinterher. Die zwei Zivilisten verteilten Kaffee und Brot. Jeder hielt sein Eßgeschirr hin, aber ich besaß keines.

»Hier, nimm das.« Mit einem flüchtigen Lächeln reichte der Mann mir einen Aluminiumbecher. »Den darfst du behalten.« Sein frisch rasiertes Gesicht erinnerte mich an meines, und ich griff mir unwillkürlich ans Kinn. Aber auch die anderen waren unrasiert. Ich nahm den Becher, wartete bis er ihn gefüllt hatte, deckte ihn mit der Brotscheibe zu und wandte mich zum Gehen.

»Hier, das ist auch für dich. In Innsbruck suchst du dann diese Leute auf.« Er deutete auf die Adresse.

»Danke.«

»Und das da. Als Ausweis.«

Der Fragebogen, den sie am Abend ausgefüllt hatten, trug jetzt einen riesigen runden Stempel mit dem österreichischen Adler. Ich faltete das Papier sorgfältig, steckte es ein und ging hinunter. Unten setzte ich mich auf den Boden, aß das Brot und trank den bitteren Malzkaffee. Ich hätte gern geraucht, verkniff es mir aber, weil ich meine Zigaretten nicht mit den andern teilen wollte.

Kurz danach fuhren wir los. Diesmal in einem Autobus.

»In der Heimat, in der Heimat …«, sangen meine Mitfahrer, und um zu zeigen, daß ich mich ihnen zugehörig fühlte, sang ich mit. Als ob auch ich noch eine Heimat hätte, in die ich jetzt zurückfuhr. Doch ich ließ mich nur willenlos ins Unbekannte treiben.

»Hier kommt Kufstein. Sehen Sie die Festung? Die Mauern sind so stark, daß sogar Kaiser Maximilian mit seinen Kanonen nichts gegen sie ausrichten konnte. Jedes Mal, wenn eine Kugel abprallte, ließ der Burggraf die beschädigte Stelle verächtlich mit einem Besen abfegen.«

»Was Sie nicht sagen.«

Mein erster Annäherungsversuch war gescheitert. Der Soldat schaute weg. Steile Felsen hatten die weite Ebene abgelöst und überragten die Straße so sehr, daß es aussah, als könnten sie oben zusammenstürzen und alles unter sich begraben. Der Himmel und die Festung waren nicht mehr zu sehen. Riesige Föhren verdeckten die Aussicht.

Der Wagen hielt. Die Grenze. Amerikanische Militärpolizisten holten uns heraus, ließen uns an der Bahnhofswand Aufstellung nehmen und befahlen uns, das Gepäck am Boden abzustellen.

»Papiere!« Sie sammelten sie ein, übergaben sie einem Offizier, durchsuchten alles, tasteten uns nach Waffen ab, und nach einer Stunde durften wir weiterfahren.

Der Chauffeur startete den Motor und murmelte: »Die Neger! Überoll san's jetzt.« Zwar war nur einer der Grenzpolizisten ein Schwarzer, aber einer war ihm schon zuviel. Was er wohl gesagt hätte, wenn er gewußt hätte, daß er einen *Juden* unter seinen Passagieren hatte.

Vorsichtig rollte der Bus ins Tal, und allmählich erkannte ich die Landschaft wieder, die hinter schiefstehenden, mit Brettern abgestützten Telegraphenstangen im Dunst vorbeiglitt.

Ein Uhr nachmittags. Die Uhr, die den unzerstört gebliebenen Torbogen des vollkommen ausgebombten Innsbrucker Bahnhofs krönte, lief noch. Der Platz war sauber gefegt, die Häuser ringsherum waren beschädigt, standen aber. Ich erinnerte mich an den Abend vor sieben Jahren, als meine Mutter und mein kleiner Bruder zur Bahn gegangen waren, um nach Litauen zu fahren. Eine riesige bunte Lichtreklame mit einem Bierglas hatte damals geflackert, aber sie war jetzt verschwunden.

Die Soldaten verließen den Platz, jeder in eine andere Richtung, und ich blieb allein zurück. Zögernd machte auch ich mich auf den Weg, doch mein Beutel war mir zu schwer. Ich schellte an einem Haus. »Fuchs« stand an der Tür. Ein harmloser Name. Eine Frau öffnete, und ich fragte, ob sie meinen Beutel verwahren könne, bis ich Unterkunft gefunden hätte. Ich sei soeben aus Deutschland zurückgekehrt.

»Ja, ja. Lassen Sie ihn nur da.«

»Dank schön!«

Die Adresse, die man mir in München gegeben hatte, war nicht weit entfernt. Ich erkannte jede Ecke, alles sah jedoch viel kleiner aus. Ich hatte das Gefühl, die Häuser zu beiden Seiten der Straße mit ausgestreckten Armen berühren zu können. Auch die Berge und die Kirchtürme waren kleiner, als ich sie in Erinnerung hatte. Die Berge waren immer weit weg gewesen, doch jetzt waren sie unheimlich nahe. Die Gipfel mit ihren vereinzelten Schneeflecken schienen nur ein paar Schritte entfernt. Ich kam mir vor wie Gulliver nach Brobdingnag.[5] Nur die Menschen waren dieselben geblieben. Mit verschlossenen Gesichtern gingen sie aneinander vorbei und drehten sich nur um, wenn ein amerikanischer Soldat vorbeiging. Die Amerikaner kümmerten sich indes nur um die Mädchen. »Hello, Miss. Hello, Frollein.« Manchmal lächelte ein »Frollein«, aber die meisten gingen weiter, rosig, rund, mit bestickten Blusen und langen, weißen Wollstrümpfen unter weiten, schwarzen Röcken. Ich fand nichts Besonderes an ihnen.

»The American Jewish Joint Distribution Committee«[6] stand auf dem Schild neben dem Eingang. Darüber – eine amerikanische Fahne, doch die Haustür war geschlossen. Ich läutete, eine Frau öffnete und fragte, was ich wünschte. Ich zeigte ihr den Zettel, und sie ließ mich ein.

Eine Tür führte in ein früheres Speisezimmer, das jetzt als Büro diente. Ein langer, auf Hochglanz polierter Tisch mit sechs Stühlen füllte den größten Teil des Raumes. In einer Ecke saß ein Mann an einem nicht zum Zimmer gehörenden Schreibtisch. Hinter ihm stand eine Fahnenstange mit großer amerikanischer Flagge und über ihm ein Bild des Präsidenten. Truman.

Sofort erwachte der Neid in mir. Die dunkle amerikanische Offiziersuniform mit den vielen goldenen Knöpfen. Keine Rangabzeichen, nur die Buchstaben A. J. D. C., weiß auf blauem Grund, als gesticktes Abzeichen auf den Schultern. Die Farben deuteten wohl auf das Jüdische des Komitees hin.

Der Mann sah auch jüdisch aus. Er war dick, hatte graue Haare und trug eine randlose Brille wie der Präsident auf dem Bild – der war bestimmt in keinem Lager gewesen. Er wies auf einen Stuhl und sagte: »Bitte, setzen Sie sich.« Auf deutsch. Das war sicher einer von denen, die vor dem Krieg nach Amerika gekommen waren. Die erhielten jetzt Offiziersuniformen. Er lächelte süß wie die Krankenschwestern in Landsberg, und das erhöhte meine Abscheu vor dem glattrasierten und gepuderten Gesicht, von dem ein Parfümgeruch über den Schreibtisch zu mir herüberwehte. Der Mann behielt sein Lächeln bei, auch während er meinen Ausweis las.

»So. Da Sie von hier sind, brauchen Sie ja keine Anweisungen. Gehen Sie in den Goldenen Adler und geben Sie dort diesen Gutschein ab. Man wird Sie vorläufig unterbringen und verpflegen.«

»Danke. Was meinen Sie mit ›vorläufig‹?«

»Darüber sprechen wir ein anderes Mal. Auf Wiedersehen.«

Ich eilte zu Frau Fuchs und holte mir meinen Beutel. Das Hotel lag gleich um die Ecke.

Ein Volk, ein Reich, ein Führer!

Agitationsparole[7]

Österreich

9   Der Goldene Adler

Wie in den meisten Hotels, lag der Empfangsraum gleich neben dem Speisesaal. Der Geruch von abgestandenem Bier und Rauch wehte auf die Straße, sobald man die Tür öffnete. Ein Mann in Hemdsärmeln und Hosenträgern saß hinter dem Empfang und las den *Tiroler Anzeiger*.
DEUTSCHE KRIEGSVERBRECHER VOR MILITÄRGERICHT IN NÜRNBERG.
Deutsche Kriegsverbrecher. Österreichische gab's keine. Kaltenbrunner war Friese. Die Frakturschrift betonte noch die verdrehte Schlagzeile.
Als er mich bemerkte, faltete der Mann die Zeitung zusammen.
»Sie wünschen?«
Ich hielt ihm den Gutschein hin.
Das fett glänzende, rote Gesicht, die mit Überresten von rasierten grauen Haaren umringte Glatze, die kalten, von dicken Linsen vergrößerten Augen, die mich unnatürlich anstarrten. »Zimmer einunddreißig. Dritter Stock. Nachtmahl um sieben.« Jawohl, Herr Oberscharführer, dachte ich bei mir.
Ich nahm den Schlüssel, stieg drei Treppen hoch und schloß mich in meinem Zimmer ein. Mein erstes Zimmer.
Wieder hing der ans Kreuz genagelte Jesus Christus über dem Bett. Ob ich ihm jemals entkäme? Ihn abnehmen? Im Schrank verstecken? Mit einem Taschentuch verhängen?
Plötzlich überkam mich der Hunger. Ich öffnete eine Büchse Corned beef, aß alles gierig auf, trank Wasser aus der Leitung und legte mich aufs Bett, um zu rauchen. Meine erste Zigarette seit München. Durchs offene Fenster drang der Lärm der Straßenbahnen und störte die Wonne meines leichten Zigarettenrau-

sches. Ich stand auf, schloß das Fenster, mußte es aber gleich wieder öffnen. Es war zu heiß im Zimmer. Der Zauber der Zigarette war verflogen. Ich zerdrückte sie, legte mich hin, und trotz Jesus und Lärm schlief ich ein.

Als ich erwachte, war es dunkel. Mitternacht. Ich zählte die Schläge der vielen Kirchturmuhren, die in ungleichen Abständen die Zeit angaben. Das Nachtmahl hatte ich versäumt.

Nachdem ich mich in der Frühe mit gewöhnlicher Seife und der stumpfen Klinge im Rasierapparat von Marias Bruder rasiert hatte, fühlte ich mich bereit, dem Empfangschef gegenüberzutreten. Wie tags zuvor saß er hinter seiner Zeitung. WERDEN DIE AMERIKANER IN JAPAN LANDEN? Waren die Österreicher besorgt um sie? Hofften sie, die Japaner könnten doch noch den »Endsieg« herbeiführen?

»Bitte?«

»Ich möchte gern eine Tasse Kaffee oder Tee.«

»Frühstück gibt's bis neun.«

Die Uhr hinter ihm zeigte 9 Uhr 10.

»Und Mittagessen?«

»Von zwölf bis halb zwei.«

Ich ging hinaus. Hätte ich mit »Guten Morgen« anfangen oder »Auf Wiedersehen« sagen sollen? Das starre, abstoßende Gesicht des Mannes hatte mich davon abgehalten. In Uniform hätte er vielleicht Himmler ähnlich gesehen. Aber es war eher seine nachlässige, ekelerregende Erscheinung, die meine Abscheu erweckte. Die Deutschen waren ja ordentlich. Und sauber. Vielleicht gab es wirklich einen Unterschied zwischen ihnen und den Österreichern.

Ich wußte nicht wohin. Zu unserer alten Wohnung an der Kirche, neben der Schule? Nein. Nur keine Erinnerungen! Warum bist du dann hierhergekommen? Warum bist du dann nicht mit Lara in die Tschechoslowakei gegangen? Da hättest du wenigstens jemanden zum Reden gehabt. Oder sogar zum Schlafen. Wie Grischa mit seiner Ukrainerin! Alles Blödsinn. Wenn das so weitergeht, kommen mir noch die Tränen. Mitten auf der Straße.

Los! Bewegung! riß ich mich zusammen und bog in die Hauptstraße ein. An leeren Schaufenstern vorbei schlenderte ich Richtung Stadtzentrum, um die Zeit bis zum Mittagessen totzuschlagen. Ich erinnerte mich an das Goldene Dachl, das Herzog Friedrich über seinem Balkon hatte errichten lassen. »Friedl mit der leeren Tasche« hatten ihn die Tiroler genannt, weil er so geizig gewesen war; und um ihnen zu zeigen, daß seine Taschen mehr als voll waren, ließ er die Schindeln seines Erkerdaches vergolden.

Schmutzig, die Farben der Fassaden verblichen, säumten die Häuser den alten Stadtplatz. Die Sonne, die sich einst im Gold gespiegelt hatte, beleuchtete jetzt die ganze Schäbigkeit und betonte die dunklen Flächen, wo die Vergoldung abgeblättert war. Amerikanische Soldaten photographierten an jeder Ecke, während ich unter den mittelalterlichen Arkaden Schatten suchte. Gern wäre ich woanders gewesen.

Von allen Uhren schlug es elf. Es war noch zu früh, dennoch ging ich langsam, auf Umwegen, zum Hotel zurück, vorbei an gütig herabblickenden Heiligen aus Stein, an Bronzekriegern hoch zu Roß, die vor Taubendreck starrten, und an Springbrunnen ohne Wasser.

Der Speisesaal war überfüllt. Die Leute unterhielten sich laut von einem Tisch zum anderen. Es herrschte ein schrecklicher Lärm, und über allem schwebte ein übelriechender Zigarettendunst. Die niedrige Decke, der riesige gußeiserne, an einer schweren Kette hängende Kronleuchter steigerten das Gefühl der Enge. Wer waren all diese Leute? Manche trugen Uniformstücke, manche saßen da in Hemdsärmeln und Hosenträgern. Jiddisch und Fetzen von Polnisch drangen feucht aus dem düsteren Innern, in das durch farbige Butzenscheiben nur spärliches Licht drang.

In einer Ecke saßen drei an einem für vier gedeckten Tisch. Ich zwängte mich durch und setzte mich zu ihnen.

»Jude?«

»Ja.«

»Von wo?«

Die Kellnerin lenkte die Aufmerksamkeit auf den schwer in ihrer Bluse wogenden und oben überquellenden Busen, während sie die

Suppenschüssel auf den Tisch stellte. Alle grinsten, als sie sich entfernte. Ich nahpm den Schöpflöffel und füllte meinen Teller.

»Glaubst du, die Suppe ist koscher?« prüfte mich einer.

»Und du?«

Das Gespräch brach ab. Sie schlürften ihre Suppe mit am Tellerboden schabenden Löffeln. Dann gab es Corned beef mit Spiegeleiern, und als die Kellnerin zurückkam und abräumte, waren wir wieder beim Anfang. Sie wollten unbedingt wissen, wo ich herkäme.

»Von hier.«

»Was?!«

Die Kellnerin kam gerade mit dem Kaffee, und einer sagte: »Du, Mitzi, der sagt, daß er von hier ist.«

»Das gibt's ja nicht. Was tut er dann da?«

»Ja, das möchten wir auch gern wissen.«

»Sind Sie wirklich von da?« fragte sie mich von oben, mit ausdruckslosen Augen, die an ihrem üppigen Oberkörper herabblickten. Aber ich wandte mich an die anderen: »Laßt sie raus.«

Sie ging, und während ich mir Kaffee eingoß, saßen sie um mich herum und warteten. Der die Kellnerin zum Verhör ins Spiel gebracht hatte, sagte:

»Reg' dich nicht auf. Alle da sind Juden. DP's. Aus ganz Europa. Der Joint versorgt uns hier, bis wir Dokumente kriegen für woanders.«

»Und was ist mit Ihnen? Was ist das für eine Uniform, die Sie da anhaben?«

»Eine französische.«

Komisch. Er war klein, mager, und seine dunkelblonden Haare fielen ihm über die Augen, während er dauernd erfolglos versuchte, sie mit gespreizten Fingern zur Seite zu kämmen oder mit einer schnellen Kopfbewegung aus dem Gesicht zu schleudern. Mit seiner offenen englischen Uniformjacke und dem Khakihemd ohne Krawatte sah er etwas schäbig aus, aber das blauweiß-rote Wappen am Ärmel verlieh der Jacke Authentizität und ihrem Träger ein wenig Autorität. An die strammen deutschen und amerikanischen Uniformen gewöhnt, fiel es mir jedoch schwer, in der armseligen Erscheinung einen richtigen Soldaten zu sehen. Er war ganz jung.

»Was machen Sie dann hier, wenn Sie kein DP sind?«

»Du kannst ruhig du zu mir sagen. Ich heiße Fred und bin auf Urlaub, um meinen Bruder zu suchen. Hierher kommen nämlich viele, die nach Palästina wollen, und wenn ich Glück habe, weiß jemand wo er ist, und dann könnte ich ihn vielleicht davon abbringen und ihn mit nach Hause nehmen.«

»Nach Hause?«

»Nach *Strasbuhr*.« Straßburg.

Die anderen folgten feindselig dem Gespräch. Fast jeder, der den Krieg in Europa überlebt hatte, haßte die deutsche Sprache. Nachdem wir die ganze Zeit Jiddisch gesprochen hatten, war es auch mir unangenehm, vor ihnen Deutsch zu sprechen. Doch als uns einer unterbrach und fragte, wie ich heiße, sagte ich trotzdem: »Ernst«. Damit fühlte ich mich überlegen.

»Und du?«

»Chaskel.«

»Und wo bist du her?«

»Aus Warschau. Moische ist auch aus Warschau«, wobei er mit dem Daumen auf seinen Nachbarn deutete.

Beide waren viel älter als ich; auch älter als Fred, der Deutsch sprechende jüdische, französische Soldat aus Straßburg.

Chaskel hatte fast keine Haare mehr; seine Zähne, von denen einer fehlte, waren gelb, und Moische blickte mich aus weiten, blutunterlaufenen, fast tränenden Augen an. Richtige Stürmertypen[8], dachte ich, zwang mich aber sofort, den mit meinem Gewissen unvereinbaren Gedanken zu verscheuchen, indem ich fragte, wo sie den Krieg überlebt hätten. Chaskel schob seinen Ärmel hoch und zeigte auf die tätowierte Auschwitznummer. Moische sagte: »In den Wäldern«, was hieß, daß er bei den Partisanen gewesen war.

Jetzt warteten sie auf die Soldaten von der Jüdischen Brigade, einer englischen, aus jüdischen Freiwilligen aus Palästina aufgestellten Einheit, die Juden aus ganz Europa nach Italien und von dort nach Palästina schmuggelte.

»Aber die Engländer blockieren doch die Küste!«

»Das macht nichts. Wir kommen schon durch. Es wird vielleicht etwas dauern, aber wir werden's schon schaffen. Willst du mit?«

»Nein.«

»Willst du hierbleiben?«

»Weiß ich nicht.«

»Was heißt, weiß ich nicht?«

Fred kam mir zu Hilfe: »Wenn du wirklich von hier bist, kannst du ja dableiben. Jetzt, wo der Krieg zu Ende ist, könntest du dich doch wieder hier niederlassen. So wie ich in *Strasbuhr*. Niemand wird dir wieder etwas tun. Hitler ist ja tot.«

»Vielleicht lügt er«, meinte Chaskel, mit dem Kinn auf mich deutend, »vielleicht war er Kapo im KZ.«

Ich blickte ihm fest ins Gesicht und sagte: »Du warst vielleicht selber einer. Oder Ghettopolizist in Warschau. Ich war Schlosser. Und weil ich nicht in einem DP-Lager herumsitzen wollte, ging ich dorthin zurück, wo ich geboren wurde. Ich könnte dir sogar das Haus zeigen, in dem wir gewohnt haben.«

»Warum gehst du dann nicht *dahin*?«

»Weil dort Leute wohnen.«

»Das könnten wir ja ändern«, meinte Fred. »Wir werfen die Deutschen hinaus, und dann kannst du dort wohnen. Dann brauchtest du nur mehr zum Essen hierherzukommen und dir einmal die Woche dein Lebensmittelpaket vom Mendel zu holen.«

»Wer ist Mendel?«

»Der Amerikaner vom Joint. Jeden Freitag gehen wir hin und holen uns unsere Rationen ab. Fleischkonserven. Fisch. Eierpulver. Schokolade. Zigaretten.«

Ich wunderte mich, warum der parfümierte Amerikaner mir nichts davon gesagt hatte.

»Wozu braucht ihr Lebensmittel, wenn ihr hier eßt?«

»Der ist wirklich von hier«, sagte Chaskel und lachte. »Ein richtiger Jekke-Potz.«

Er mußte bemerkt haben, daß ich mich über den vulgären Spitznamen ärgerte, den die osteuropäischen Juden den deutschen angehängt hatten, weil sie letztere für blöd hielten. Gleich fügte

Chaskel hinzu: »Um sie zu verkaufen! Hast du das nicht mitge-
kriegt?«

»Wem?«

Sie stießen einander an und lachten so laut, daß die Leute von
den anderen Tischen zu uns herüberschauten.

Moische zeigte auf mich und rief: »Ein Jekke. Einen echten
Jekken haben wir uns eingehandelt. Pan Wladek! Niech Pan zo-
baczy!« »Herr Wladek! Schauen Sie sich das an!« rief er auf polnisch zu jemandem herüber.

›Herr‹ Wladek sah gut aus. Er war hochgewachsen, elegant, trug
einen Anzug und Krawatte, und hatte rotes Haar mit dazu passenden Augenbrauen über einer ebenmäßigen Nase. Er sah überhaupt nicht jüdisch aus.

»Ein Deutscher? Ja, was macht denn der hier?« fragte er.

Wieder meldete sich Fred. »Er ist zufällig hier zur Welt gekommen.«

Seine Worte beendeten die Lästerei, und wer seinen Kaffee getrunken hatte, verließ den Saal. Wladek kam zu uns herüber,
reichte mir die Hand und sagte freundlich, in fehlerlosem Deutsch:
»Tut mir leid. Ich habe nur Spaß gemacht.« Sein schelmisches
Lachen und ein kindliches Lispeln standen ganz im Widerspruch
zu seiner imposanten Erscheinung. Zwei Frauen, die hinaus
wollten, ließ er den Vortritt, hielt ihnen die Tür auf, winkte und
ging. Die anderen gingen ebenfalls, nur Fred blieb sitzen.

»Der war bei der polnischen Untergrundarmee. Ingenieur. Will
auch nach Palästina.«

Ich sagte nichts, lehnte mich bequem zurück und ließ mich vom
Rauch einer Lucky Strike in ein schläfriges Wohlbehagen lullen.

»Also, gehen wir zu den Nazis, die dir deine Wohnung weggenommen haben?«

»Was, jetzt gleich?«

»Warum nicht?«

»Ich weiß nicht.« Ich drückte die Zigarette aus. »Reden wir morgen darüber. Ich muß mich jetzt hinlegen.«

Wir standen auf, und ich ging auf mein Zimmer.

10 Inbesitznahme

Wieder verschlief ich das Abendessen und erwachte erst spät in der Nacht. Ich trank etwas Wasser und legte mich wieder hin.

Der Gedanke, ich könnte das Frühstück versäumen, hinderte mich am Einschlafen: Aber auch daß ich in meine Wohnung zurück sollte, ließ mir keine Ruhe. Gemeinsam mit Fred die Leute hinauswerfen? Brauchte ich mich wirklich vor nichts zu fürchten, weil Fred Soldat war und sich niemand trauen würde, zu protestieren? Etwas stimmte nicht.

Die Uhr schlug alle Viertelstunden. Ich zählte die Schläge, bis die Spatzen anfingen zu zwitschern. Der ununterbrochene Lärm jagte mich nach draußen. Während ich auf und ab ging, grübelte ich über das ›wieder nach Hause‹ nach, unfähig, einen Beschluß zu fassen. Ich wußte nicht, was ich wollte. Der Empfangschef trat aus dem Eingang und streckte sich. Er stellte die geöffnete Tür zum Auslüften fest und schloß den Speisesaal auf.

Einer nach dem anderen kamen die Leute zum Frühstück, auch Fred.

Die Kellnerin, die frisch nach Puder und Seife roch, stellte den Kaffee auf den Tisch, wo bereits auf jedem der vier Gedecke eine Scheibe Brot lag. In der Mitte stand ein Schälchen Marmelade. Kein Zucker, keine Butter. Als ich es beanstandete, meinte Fred, wir hätten ja unsere Lebensmittelpakete.

Der mit Saccharin gesüßte Malzkaffee und die dunkelbraune Marmelade hinterließen einen bitteren Nachgeschmack, das Brot war sauer. »Was gab es gestern zum Abendbrot?« fragte ich, um das Thema Wohnung zu umgehen.

»Das Übliche. Corned beef mit Sauerkraut, nichts Besonderes. Nachher habe ich noch eine Dose Käse aufgemacht.«

Käse nach dem Fleisch widersprach meiner Erziehung. Aber auch das Corned beef war bestimmt nicht hundert Prozent koscher.

Als Fred mit dem Kaffee fertig war, stand er auf, zog sich eine weite dunkelblaue Baskenmütze mit Kokarde über das rechte Ohr und knöpfte seine Uniform zu. »So, jetzt ziehen wir los.«

»Wohin?«

»Deine Wohnung beschlagnahmen.«

Zögernd folgte ich ihm auf die Straße, und zum ersten Mal bemerkte ich seine Pistole, deren Griff drohend aus dem Halfter ragte. Fred hatte sein Hemd zugeknöpft und sich eine Khakikrawatte umgebunden. Er sah vollkommen militärisch aus. Nicht so gut wie die Amerikaner, aber ordentlich.

»Also, wo hast du gewohnt?«

»Glaubst du wirklich, daß wir das tun sollten?«

Er überhörte mich. »Ist es weit? Ich könnte mir vom Militär-Rabbiner einen Jeep borgen.«

»Wenn der erfährt, daß du Käse nach dem Fleisch ißt, leiht er dir gar nichts«, versuchte ich die Sache abzubiegen, aber vergeblich: »Der ist Reformrabbiner. Dem würde das gar nichts ausmachen. Also noch mal: Ist es weit?«

»Nein. Wir können zu Fuß gehen.«

Wir liefen etwa eine Viertelstunde. Als wir zu der Ecke kamen, von der aus ich unser Haus sehen konnte, bekam ich Herzklopfen. Dann sah ich, daß der ganze Flügel, in dem mein Vater seine Praxis gehabt hatte, von einer Bombe abgerissen worden war. Ich zeigte Fred die Kacheln, die noch an der Badezimmerwand klebten. Durch die Bresche konnte ich den Hof sehen, in dem ich als Kind gespielt hatte.

»Und wo habt ihr gewohnt?«

»Gleich nebenan. Im ersten Stock. Dort, wo das Haus noch steht.«

Wir gingen hinauf, und obwohl Freds Pistole mir Mut machte, fürchtete ich die Folgen, die der bestimmt nicht ganz legale Hinauswurf haben könnte.

Die Stille nach dem Schellen minderte mein Unbehagen nicht, doch in dem Moment, als die Tür aufging, folgte ich entschlossen Fred, der eine Frau beiseite schob und in die Wohnung eindrang.

Wir stürmten von Zimmer zu Zimmer. Vielleicht war noch jemand in der Wohnung. Frau Schwenk, die ich sofort wiedererkannt hatte, war vor Schreck wie gelähmt an der Eingangstür stehengeblieben.

Auf einer Kommode stand ein Photo von Willi, ihrem Sohn. Der hatte mir damals mit seinen Trommelstöcken auf den Kopf gehauen, weil ich ein brennendes Stück Papier vom Balkon hatte hinuntersegeln lassen. Er hatte behauptet, es hätte seine Hakenkreuzbinde gestreift, als er unten vorbeiging. »Ihr werdet alle verhaftet!« hatte er mir noch nachgeschrieen. Zum Obersturmführer bei der SS hatte er es gebracht. Aber er war tot. Ein schwarzes Band war schräg über eine Ecke des Rahmens gezogen.

Als wir wieder ins Vorzimmer kamen, fragte Frau Schwenk ängstlich: »Was wünschen Sie denn?«

»Wo ist Ihr Mann?«

»Mein Mann lebt leider nicht mehr.«

»Und Waltraud?« fragte ich neugierig nach Willis Schwester, die ein kleines Mädchen mit schwarzen Zöpfen gewesen war.

»Sie ist nicht zu Hause.«

»Jetzt hören Sie mal gut zu«, sagte Fred, »Sie erkennen ja meinen Freund hier wieder. Leute wie Ihr Sohn haben ihn jahrelang in Konzentrationslagern festgehalten und seine Familie ermordet. Jetzt ist er zurück und braucht die Wohnung, die Sie ihm weggenommen haben. Sie haben sechs Stunden Zeit, sie zu räumen. Um vier sind Sie draußen! Sie können alles mitnehmen, bis auf das Sofa und den Schrank in dem kleinen Zimmer da. Verstanden?!«

»Ja«, kam es ganz leise zurück.

»Die Wohnung ist laut Befehl des Stadtkommandanten beschlagnahmt. Geben Sie mir die Schlüssel.«

Sie gab ihm zwei: einen für die Wohnung und einen für die Haustür. Wir probierten sie und verließen das Haus.

»Was tun wir, wenn sie die Militärpolizei verständigt?«

»Das wird sie nicht tun.«

»Wieso bist du dir so sicher?«

»Weil die größten Nazis jetzt die größten Feiglinge sind.«

Um halb vier kamen wir zurück. Frau Schwenk saß zwischen Koffern und Möbelstücken auf dem Bürgersteig, umgeben von einigen Nachbarn, die sich sofort entfernten, als wir näher kamen. Wir gingen hinauf.

Das Sofa und der Schrank waren, wie angeordnet, in dem kleinen Zimmer verblieben. Komisch war, daß das Sofa mit Federbett, Kissen und Laken zum Schlafen vorbereitet war. Der Schrank war leer. Die Möbel im Schlafzimmer waren zum Abtransport bereitgestellt. Stöße alter Zeitungen lagen im Badezimmer. Nirgends gab es Seife oder ein Handtuch.

»So, mein Lieber. Siehst du, alles ist in bester Ordnung. Ich gehe jetzt. Wir sehen uns dann zum Abendessen.«

»Ich weiß nicht, ob ich es schaffen werde. Ich bin etwas müde.«

»Jedenfalls vergiß nicht: Morgen ist Pakettag. Verteilt wird nur von zehn bis zwölf. Herr Mendel nimmt es sehr genau damit.«

»Ich vergesse es nicht. Und besten Dank.«

Als er weg war, sperrte ich mich in das Zimmer ein und legte mich hin. Ich erkannte mein Sofa am Blumenmuster der Polsterung. Der kleine Tisch, an dem ich meine Schularbeiten gemacht hatte, stand immer noch am Fenster. Ich sah mich wieder dort sitzen, mit dem Heft vor mir, wie ich den Auf- und Abstieg der Kabinen der Drahtseilbahn verfolgte und nach meiner Mutter horchte, die von Zeit zu Zeit die Tür öffnete, um nachzuschauen, ob ich meine Hausaufgaben machte. Noch frühere Erinnerungen kamen mir: meine Mutter, wie sie sich am Nachmittag nach dem Kindergarten neben mich legte, damit ich einschlief, die ängstliche Enttäuschung beim Erwachen, wenn sie verschwunden war, die Kälte und Hilflosigkeit, die ich verspürt hatte, auch sie kehrten wieder.

Um zu vergessen, ging ich wieder hinunter.

Fast hätte ich Willis Schwester nicht erkannt. Die Zöpfe waren weg, und sie war größer als ihre Mutter. Ich starrte auf ihre über einer weißen Bluse entblößten Schultern, und bevor ich noch wegschauen konnte, sagte sie: »Du erkennst mich doch, nicht?« Ich brachte kein Wort heraus. Sie bemerkte meine Verwirrung und fügte hinzu: »Komm. Gehen wir ein bißchen spazieren. Du brauchst dich nicht zu fürchten.«

Ihre Mutter saß noch immer draußen und wartete, daß jemand ihre Sachen abholen käme. Um ihr aus den Augen zu kommen, ging ich mit Waltraud mit.

»Wie alt bist du jetzt?« fragte sie, gleich nachdem wir um die Ecke waren.

»Siebzehn. Und du?«

»Bald sechzehn.« Dann: »Weißt du, daß Willi tot ist?«

»Ja. Ich sah das schwarze Band an dem Bild.«

»Und mein Vater auch.«

»Ja. Deine Mutter hat es uns gesagt.«

»Natürlich. Du bist ja mit einem Soldaten gekommen, um uns hinauszuwerfen.«

»Es ist meine Wohnung.«

Schweigend gingen wir weiter. Nach ein paar Schritten sagte sie: »Das Ganze trifft uns sehr. Besonders jetzt, wo mein Vater tot ist, haben wir niemanden mehr, der für uns sorgt. Es ist wirklich sehr schwer für uns.«

Darauf wußte ich keine Antwort.

»Könntest du nicht mit uns zusammen wohnen? Meine Mutter würde sich um dich kümmern, und du wärst nicht mehr so allein.«

Woher wußte sie, daß ich ›so allein‹ war?

Ihre Augen waren traurig, und je länger ich zögerte, desto größer wurde meine Verwirrung. Als wir zu einem kleinen Park kamen und sie vorschlug, daß wir uns setzten, tat ich es beinahe gern.

Benötigte ich wirklich die ganze Wohnung? Noch vor einigen Monaten hatte ich mir geschworen, zufrieden zu sein, solange ich mehr als zweihundert Gramm Brot am Tag und mehr als fünfundvierzig Zentimeter Raum zum Schlafen hätte. Und außerdem war ich ja nicht so wie *sie*. Ich konnte mich auch hier nicht für das rächen, was sie mir dort angetan hatten.

Der leichte Sommerwind, der blaue Himmel über den Bergen, die Kinder im Park verdrängten meine Erinnerungen ein wenig, und ich wurde ruhiger. Waltraud schwieg und überließ mich meinen Gedanken.

Der Wind blies ihr ein paar Haare ins Gesicht. Ein leichter Blumenduft wehte zu mir herüber. Ich wartete noch ein wenig, dann stand ich auf und sagte: »Du hast recht. Komm, wir gehen nach Hause.«

11   Keine Kerzen

Während sie alles wieder hinauftrugen, schaute ich aus dem Fenster. Schade, daß ich nichts zum Lesen hatte. Ich dachte an die Zeitungen im Badezimmer, aber ich wollte nicht darum bitten. Irgendwie schämte ich mich, wußte aber nicht warum. Sollte ich ins Hotel zurück? Ich könnte noch rechtzeitig zum Abendbrot kommen. Aber das ging ja nicht. Die würden mich doch auslachen, daß ich die Deutschen wieder in meine Wohnung gelassen hatte. Und es *waren* Deutsche. Mörder. Daß sie sich ›Österreicher‹ nannten, änderte daran nichts. Ihre Heil-Rufe klangen mir noch in den Ohren; ich erinnerte mich an Waltrauds Bruder, wie er mich verprügelt hatte, aber ihr Lächeln hatte alles verwischt.

Jemand klopfte.

»Ja?«

»Darf ich hereinkommen?« Waltraud.

»Wozu?«

»Meine Mutter fragt, ob du vielleicht zum Kaffee kommen möchtest.« Ich zögerte.

»Willst du vielleicht, daß ich ihn dir bringe?«

»Ja.«

Nach einigen Minuten klopfte sie wieder, und ich ließ sie herein.

»Malzkaffee. Das ist alles, was wir haben.«

Wie eine Kellnerin vom Tablett servierend, stellte sie die Tasse auf den Tisch.

»Soll ich jetzt gehen?«

»Nein, nein. Du kannst ruhig dableiben.«

Sie setzte sich aufs Sofa.

»Schmeckt er dir?«

»Ja.«

Sie wartete bis ich fertig war und ging. Bevor sie die Tür zumachte, sagte sie: »Wir haben dir ein frisches Handtuch ins Badezimmer gehängt.«

»Danke.«

Ich wusch mir die Hände, schloß mich wieder im Zimmer ein und öffnete meine letzte Dose Corned beef. Noch eine Tasse Kaffee hätte nicht geschadet.

Eine Zeitlang hörte ich die beiden herumstöbern, und obwohl ich sicherheitshalber abgeschlossen hatte, war ich froh, daß noch jemand in der Wohnung war. »Sie ist ja nett, die Waltraud«, dachte ich und schlief ein.

In der Frühe weckten mich Geräusche in der Küche. Ich stand auf, machte mich fertig, und als ich in der Tür stand, fragte Frau Schwenk mich, ob ich nicht eine Tasse Kaffee wolle.

»Nein, danke. Ich hab's eilig.«

»Sie können sich auch selbst immer warmes Wasser machen, wenn Sie wollen. Und Ihre Wäsche brauchen Sie nur in den Korb im Badezimmer zu werfen. Wir möchten, daß Sie sich bei uns wie zu Hause fühlen.«

Bei uns. Wie zu Hause. Frau Schwenk begriff den Irrsinn nicht; aber auch wenn ich sie nicht wieder hereingelassen hätte, hätte ich mich nicht mehr ›zu Hause‹ fühlen können.

Ich ging zum Joint, um mein Lebensmittelpaket und die Textilkarte abzuholen. Auch Zigaretten mußte ich verkaufen, um mir noch ein Hemd und Unterwäsche zu verschaffen. Socken brauchte ich ebenfalls. Seit Landsberg hatte ich nichts gewaschen. Es war höchste Zeit. Sauberkeit! Eine Laus – dein Tod! So stand es über der Tür zum Lazarett. Die hatten ja recht. Läuse übertrugen Typhus.

Ohne mich zu beeilen, schlenderte ich durch den Park. Plötzlich spürte ich wieder meinen Zahn. Zwei Monate hatte ich Ruhe gehabt, und nun fing es wieder an. Der Schmerz wurde mit jedem Schritt stärker. Es war nicht zum Aushalten. Ich rieb die Backe, aber es wurde noch schlimmer. Im Spiegel eines Schaufensters sah ich mein Gesicht. Verzerrt und ganz geschwollen. Zum Zahnarzt! Der mir als Kind in den Zähnen herumgebohrt hatte, wohnte in der Nähe.

Nichts hatte sich verändert. Das Messingschild war auf Hochglanz poliert, in den Fenstern standen Blumen. Ich läutete. Nichts. Ich läutete nochmals.

»Ja, was ist denn los?« rief eine Frau vom ersten Stock.

»Ich muß zu Herrn Doktor Pirsch.«

»Wir öffnen erst um neun. Steht ja drauf!«

»Aber ich habe schreckliche Schmerzen. Schauen Sie mich an!«

Sie schloß das Fenster. Kurz danach öffnete sie und führte mich ins Wartezimmer.

»Doktor Pirsch wird Sie gleich empfangen. Wie heißen Sie?«

»Haber.«

»Haber? Sind Sie ein Verwandter von Doktor Haber, der vor dem Krieg hier gewohnt hat?«

»Ich bin sein Sohn.«

Sie öffnete eine Tür und rief hinauf: »Franz, komm schnell, es ist der Sohn vom Doktor Haber. Die sind wieder zurück!«

Nach ein paar Minuten kam er herunter.

»Komm nur herein und setz dich. Du bist doch der Ernst. Ganz klein warst du, als du das letzte Mal bei mir warst. So mach dir's bequem. Mal sehen, was da los ist.«

Ich sperrte den Mund auf so weit ich konnte und wartete. Er stocherte ein wenig mit einem spitzen Instrument herum und sagte: »Der Zahn muß raus.«

»Jetzt gleich?«

»Sofort. Er hat den ganzen Unterkiefer infiziert. Ich werde dir eine Narkose geben, damit du nichts spürst.«

Er stülpte mir ein kleines Metallgestell über Mund und Nase und bedeckte es mit einem Stück Gaze. Ich verspürte einen starken Äthergeruch und verlor das Bewußtsein.

Als ich erwachte, lag ich auf einer Couch im Wohnzimmer. Der Zahnarzt und seine Frau standen daneben und schauten auf mich herunter. War ich tot gewesen? War so der Tod? Wenn ja, dann war es besser als zu leben. Man schlief ganz einfach ein. Man fühlte überhaupt nichts mehr. Keinen Hunger, keine Schmerzen, keine Leute …

»Fühlst du dich jetzt besser? Hier, trink das.«

Ich setzte mich auf und trank. Eine Uhr schlug hinter mir. Ich drehte mich um – halb elf! Mein Paket! Ich mußte gehen. Aber ich konnte nicht aufstehen. Ich begann zu rechnen: Eine Viertelstunde bis zum Joint. Es war noch Zeit. Wenn ich nur etwas

Geld für die Straßenbahn hätte. Geld! Ich mußte doch bezahlen! Mit aller Kraft riß ich mich zusammen und stand auf.

»Herr Doktor«, murmelte ich mit dem Gazebausch im Mund, der noch zwischen Zahnfleisch und Gaumen steckte, »ich habe kein Geld bei mir. Bitte sagen Sie mir, was es kostet, und ich bringe Ihnen das Geld in ein paar Tagen.«

»Ist schon recht. Schönen Gruß daheim.«

Daheim.

»Dankeschön. Ich werde es ausrichten.« Nichts wie weg, bevor es zu langen Erklärungen kam und der Mendel seinen Laden schloß.

Mir war noch etwas schwindelig, aber die frische Luft tat mir gut, und ich kam noch rechtzeitig in das Büro. Es war überfüllt, und es ging laut zu. Polnische, jiddische und ungarische Wortfetzen flogen durch den Raum. Ich kannte niemanden.

Ich drängte mich vor zu Mendels Schreibtisch, und als hätte er mich nie zuvor gesehen, verlangte er wieder meinen Ausweis, gab mir einen Zettel und schickte mich ins nächste Stockwerk.

Die Pakete waren in einem kleinen Raum aufgestapelt, dessen Eingang von einem Tisch verstellt war. Dahinter saß ein Mann mit einem schwarzen Käppchen. Religiös. Ein anderer gab die Pakete heraus. Ich unterschrieb und fragte nach der Textilkarte.

»Dazu müssen Sie wieder zum Herrn Mendel hinunter.«

So ein Arschloch. Hätte mir ja die Karte gleich geben können. Das Paket war schwer, und ich mußte damit wieder einen Weg durch die Menge bis zu Mendels Schreibtisch bahnen.

»Ach ja, die Textilkarte. Hatte ich Ihnen keine gegeben, als Sie ankamen?«

»Nein, nur die Anweisung fürs Hotel.«

»Ach, jetzt erinnere ich mich. Sie sind doch der von hier.«

»Stimmt.«

Er sah mich kurz an und fragte: »Beabsichtigen Sie, in Österreich zu bleiben?«

»Nein. Ich glaube nicht.«

Hätte ich Ja gesagt, hätte er mir als ›repatriiertem Österreicher‹ vielleicht keine Textilkarte ausgehändigt.

»Wollen Sie auswandern?«

»Wahrscheinlich.«

»Wohin?«

»Vielleicht nach Amerika – oder Australien.«

»Haben Sie dort Verwandte?«

»Ich habe eine Tante in Amerika.«

»Würde sie für Ihre Reisespesen aufkommen?«

»Vielleicht.«

»Haben Sie ihre Adresse?«

»Nein. Aber ich erinnere mich, daß sie uns einmal aus Chicago geschrieben hat.«

»Sollen wir sie suchen?«

»Wozu?«

»Damit sie Ihnen die Reise zahlt und ein Affidavit[9] für ein amerikanisches Visum schickt.«

»Ja, ja. Suchen Sie sie nur.«

Ich mußte ihm alles, was ich von ihr wußte, angeben: ihren vollen Namen, den Namen ihres Mannes, ihres Sohnes, wo sie herkam. Zum Schluß zog er eine Textilkarte aus der Schublade, schrieb meinen Namen darauf, stempelte sie und ließ mich unterschreiben.

Mit meinem Paket auf der Schulter ging ich ins Hotel zum Mittagessen. Meine Zahnschmerzen hatten nachgelassen, und ich war hungrig.

»Guten Tag, Jekke!« begrüßte man mich.

»Guten Tag, Polack. Wo ist Fred?«

Bevor er antworten konnte, kamen Moische und Menachem, der Paketverteiler mit dem schwarzen Käppchen, und setzten sich zu uns.

Ich war froh, daß Fred nicht da war. Er hätte mich bestimmt ausgefragt, und mit all den Leuten rundherum wäre es mir unmöglich gewesen, ihm zu erklären, warum ich die Schwenks wieder in die Wohnung gelassen hatte. Besonders, da ich es ja selber nicht genau begriff.

Wladek winkte von seinem Tisch herüber, ich winkte zurück. Die Kellnerin brachte die Suppe, und wir fingen an zu essen.

»Willst du dein Paket verkaufen?«

Ich war überrumpelt von der Frage. Ich *wollte* einige Päckchen Zigaretten verkaufen, aber Moische würde mich bestimmt übers Ohr hauen. Daß man für amerikanische Zigaretten auf dem Schwarzmarkt viel bekam, war mir bekannt; ich wußte nur nicht *wieviel.*

»Was zahlst du?«

»Wieviel willst du?«

Ich wollte mich nicht auf Verhandlungen einlassen. »Ich sag' es dir morgen.«

»Morgen?« fragte er ironisch und zwinkerte Menachem zu, »morgen ist doch Schabbes!«

Der Versuch, mich lächerlich zu machen, ärgerte mich. »Du bist ja blöd.«

Menachem lenkte ab: »Wo wir gerade bei Schabbes sind, kommst du am Abend zum Kiddusch?« fragte er freundlich.

»Nein!« fuhr ich ihn an, noch immer ungehalten; aber auch seine Frage irritierte mich.

»Warum nicht?« kam es ganz leise, als ob er mir eine sehr schwierige Frage stellte.

»Weil ich mit Gott nichts mehr zu tun haben will!«

Ich hatte es so laut gesagt, daß alle zu mir herüberschauten. Die Gespräche verstummten. Sogar Mizzi wurde neugierig. Plötzlich hatte ich Publikum, und wie in Landsberg legte ich los, nur diesmal gegen Gott: »Wo war er, euer Gott«, geiferte ich, »als sie die Kinder in die Öfen schleuderten? Was haben euer Fasten, euer Kiddusch, eure Gebete geholfen? Schaut euch die Gojim an, die Mörder, die leben alle noch und lachen uns aus – ›Das auserwählte Volk‹! Und wir befinden uns noch immer in ihrer Macht!«

Als ich meinen Wortschwall kurz unterbrach, sagte Menachem: »Wir beten nicht für Gott, sondern für uns.«

War Menachem verrückt? Für sich selber beten? Oder war das nur ein Trick, um mich zum Minjan zu kriegen. Mein Vater hatte mich mit Gewalt in die Synagoge schleppen müssen. Erst als die Russen kamen, hatte er mit dem ganzen Zauber Schluß gemacht. »Wir brauchen keinen höheren Polizisten, der auf uns aufpaßt und zu dem man beten muß«, hatte er gesagt.

Alle starrten mich an.

Ich stand auf, wuchtete mein Paket auf die Schulter und ging ›nach Hause‹.

Und so saß ich dort, Ende Juni 1945, nur fünf Tage nachdem ich aus Landsberg fort war, in dem Zimmer, in dem ich meine ersten Hebräischstunden bekommen, wo man mir das Beten beigebracht hatte, und ich fühlte mich weiter weg von zu Hause, als wenn ich nach Rußland gegangen wäre.

Keine Kerzen. Kein Kiddusch.

Dort, wo meine Mutter am Freitagabend die Kerzen angezündet hatte, stand das Bild von *SS-Obersturmführer Schwenk*.

12   Beschäftigung

Samstags: schreiben, Licht machen, fahren – alles war verboten. Aber das war lange her.

Es nieselte. Die Wolken waren von den Bergen heruntergekommen und hingen über den Dächern. Ich stand im Hauseingang und sah zu, wie der Asphalt sich langsam in einen schwarzen Spiegel verwandelte. Ich wollte zum Mittagessen in den Goldenen Adler, besaß aber keinen Regenschirm. Nur drei Monate vorher hatte ich stundenlang im Regen zum Appell gestanden, und jetzt brauchte ich plötzlich einen Regenschirm. Ich ging wieder hinauf und öffnete eine Dose »Irish Stew«. Fleisch, Kartoffeln, Gemüse. Ich aß es kalt. Ich brachte es nicht über mich, Frau Schwenk zu bitten, es mir aufzuwärmen, oder es mir in der Küche selber warmzumachen.

Spät nachmittags hörte der Regen auf, und ich lief schnell ins Hotel zum Abendessen. Anschließend verschwand ich gleich wieder. Fred war nicht dagewesen, und die anderen ließen mich in

Ruhe. Wieder zu Hause, setzte ich mich ans Fenster und hoffte, Waltraud würde anklopfen. Erst wartete ich, dann ging ich schlafen.

Am Sonntag weckten mich die Glocken. Als die Kreuzfahrer die Juden in Speyer, Worms und Mainz ermordet hatten, hatten die Glocken ebenfalls geläutet.

Allmählich verstummten sie. Erst in einer Kirche, dann in der nächsten, bis zum Schluß nur eine mit immer langsameren, leiseren Schlägen verhallte. Bis auf die Orgelmusik aus Waltrauds Radio herrschte Ruhe.

Es begann wieder zu regnen.

Ich klopfte. Frau Schwenk öffnete. »Oh, guten Morgen. Bitte kommen Sie herein.«

Waltraud saß am Tisch und sah über den Tassenrand zu mir herüber.

»Nein danke, ich möchte mir nur einen Regenschirm ausleihen.«

»Aber gern. Bitte, hier, suchen Sie sich einen aus.«

»Schönen Dank.«

Unterwegs dachte ich nach. Zuerst brauchte ich Geld. Ich hatte drei Päckchen Zigaretten eingesteckt, die ich verkaufen wollte. Aber da war noch etwas. Ich konnte nicht mehr dauernd herumsitzen, nichts tun, immer auf die nächste Mahlzeit warten und dem lieben Gott den Tag stehlen. Das durfte nicht so weitergehen.

Der Speisesaal war noch leer, als ich eintraf. Nur Wladek saß in einer Ecke und rauchte.

»Ah, da bist du ja wieder. Komm, setz dich.«

Der wußte bestimmt, wem ich die Zigaretten verkaufen könnte. Irgendwie hatte ich Vertrauen zu ihm; vielleicht, weil er Deutsch sprach.

Als ich ihn fragte, sagte er: »*Alles* kauf' ich dir ab.«

»Auch Kaffee?«

»Alles. Ich kaufe und verkaufe. Zigaretten. Kaffee. Dollar. Schilling. Lire. Was brauchst du?«

Ich legte meine Zigaretten auf den Tisch. Er lachte.

»Das ist alles?«

»Im Augenblick ja.«

»Gut. Normalerweise kaufe ich nur mindestens sechs Pakete auf einmal. Ich werde dir jetzt sechs bezahlen, und am Abend bringst du mir den Rest. Du bekommst fünfzig Cents für das Päckchen. Willst du Dollars oder Schilling?«

»Schilling.«

Er zog ein Bündel Banknoten aus der Tasche, zählte eine Anzahl ab und gab sie mir. Er sagte mir den Kurs, und ich hoffte, daß er mich nicht beschwindelt hatte.

Offenbar hatte er meine Gedanken erraten, denn er sagte: »Brauchst dich nicht zu sorgen. Ich habe dir den richtigen Preis für die Zigaretten und den heutigen Dollarkurs genannt. Vergiß nur nicht, mir die drei Päckchen zu bringen.« Ich vergaß es nicht. Am Abend brachte ich sie mit und schob sie ihm heimlich zu. Obwohl alle Geschäfte machten, war es besser, wenn es niemand sah.

Nun hatte ich genügend Geld, um die nächsten sechs Monate mit der Straßenbahn zu fahren, und brauchte keinen Regenschirm mehr. Es war lächerlich, mit einem Schirm, ohne Hut und ohne Jacke herumzulaufen.

Am Montag zog ich mich ganz früh an. Ich hatte mir angewöhnt, spät aufzustehen, aber ich konnte mein Leben ja nicht im Bett verbringen. Ich mußte mir eine Beschäftigung suchen. So wie in Landsberg.

Ich ging zum Joint. Herr Mendel, in prächtiger Uniform, begrüßte mich mit seinem Dauerlächeln und fragte, was mich erneut zu ihm führe.

Ob er vielleicht jemanden kenne, der einen Dolmetscher braucht. Wahrscheinlich erinnerte er sich daran, daß ich ganz passabel Englisch sprach. Ich hatte bei meiner Ankunft einige Worte mit ihm auf Englisch gewechselt. Er sah über seine Brille zu mir herüber und sagte, mehr zu sich selbst: »Müßte mal nachdenken.«

Ein paar Minuten sagte er nichts, nahm die Brille ab, putzte sie mit einem kleinen rosa Läppchen, prüfte sie gegen das Licht und setzte sie wieder auf. Dann nahm er einen gelben Block, schrieb einige Zeilen, riß das Blatt ab, faltete es, steckte es in ein Kuvert, schrieb eine Adresse darauf und überreichte es mir feierlich.

»Hier. Geben Sie das Sergeant Heinemann bei der Militärregierung. Sie wissen, wo das ist?«

»Selbstverständlich. Besten Dank.«

Ich ging schnurstracks hin.

Am Hauptplatz, gleich an dem Gebäude stand ein Denkmal für die von 1939 bis 1945 im Kampf gegen den Nationalsozialismus gefallenen Helden. Unglaublich.

Der Posten prüfte meine Papiere: »Third floor. Room three-o-two.« An der Tür war ein Kärtchen befestigt. BILLETING. Einquartierung. Sgt. M. Heinemann.

Ich klopfte.

»Come in.«

Als ich die Tür öffnete, läutete das Telefon. Der Sergeant nahm den Hörer ab und wies auf einen Stuhl. Ich setzte mich.

»Häinmän«, meldete er sich. Die amerikanische Aussprache des deutschen Namens störte mich. War er Deutscher? Jude? Ich konnte es nicht erraten. Er saß hinter Stößen von Papier an einem kleinen Schreibtisch. Zum Schreiben war kein Platz – nur für die Füße.

Sein Hemd war frisch gebügelt, und die Falten verliefen scharf von der Schulter über die Mitte der Taschenklappen bis zur Hose. Die Jacke hing an der Tür. Seine Haare waren so kurz geschoren, daß man ihre Farbe nicht erkannte.

Er legte den Hörer auf und öffnete, ohne die Füße vom Tisch zu nehmen, mein Kuvert.

»Du bist also der Haber. Leutnant Fred hat mir einiges über dich erzählt.«

»*Leutnant* Fred? Ich dachte, er wäre gewöhnlicher Soldat.«

»Doch. Er ist Leutnant. Nur trägt er seine Leutnantsstreifen nicht, wenn er auf Urlaub ist. Er hat mir die Beschlagnahmung deiner Wohnung gemeldet. Für den Fall, daß die Deutschen sich beschweren. Kannst du tippen?«

»Tippen? Nein. Aber ich kann schreiben. Deutsch, hebräisch, etwas englisch.«

»Macht nichts. Viel zu tippen gibt es sowieso nicht. Du mußt mir vor allem die Beschwerden übersetzen.«

»Welche Beschwerden?«

Er erklärte es mir: Nachdem die Amerikaner Häuser von deutschen oder führenden österreichischen Nazis requiriert hatten, mußten diesbezügliche Beschwerden überprüft werden. Obwohl er Deutsch spräche, wolle er nicht direkt mit ihnen verkehren. »Das sind ja Mörder. Und die meisten Gesuche sind unberechtigt. Da kommen sie jetzt und schwören, daß sie nie Nazis gewesen seien, jammern, daß sie nirgends Unterkunft fänden, oder denunzieren ihre Nachbarn, damit wir deren Wohnung statt der ihrigen besetzen. Aber wir müssen sie anhören. Es gibt ja hin und wieder Ausnahmen.«

Ich fragte mich, warum er die Deutschen so haßte. War er vielleicht doch Jude? Ich war mir nicht sicher. Die Uniform, die vielen Streifen und Auszeichnungen – war das möglich?

»Gearbeitet wird von neun bis fünf. Eine Stunde Mittagspause. Wir können dich nicht offiziell einstellen und ein festes Gehalt zahlen, aber ich werde dir jede Woche ein paar Kartons Zigaretten verschaffen.«

Nach ein paar Tagen erzählte er mir, daß die Deutschen seine ganze Familie umgebracht hätten. Statt wie seine Eltern noch vor Hitler nach Amerika auszuwandern, waren sie in Deutschland geblieben.

Er hätte sich das freundliche, Interesse heuchelnde Zuhören sparen können, hätte er die ›Kunden‹ wie die SS verhört. Aber ihm war lieber, ich tat es. Mir machte es Spaß, wieder Theater zu spielen und die Bittsteller in Nazimanier anzufahren.

Am Freitag brachte er mir vier Kartons »Lucky Strike«, drei Dollar, ein weißes Hemd und eine knallige Krawatte, die ich glaubte nie tragen zu können. Und ein Uniformhemd. Dürfe ich als Zivilist ein solches Hemd anziehen? Selbstverständlich. Ich bedankte mich. Die Zigaretten und das Geld reichten für sehr lange Zeit. Das Geld stammte wahrscheinlich aus seiner eigenen Tasche.

In meinem Zimmer studierte ich die Dollarnoten. Auf der einen Seite prangte George Washington, auf der anderen las ich:

IN GOD WE TRUST: Auf Gott vertrauen wir. Was hatte Gott mit Geld zu tun? Irgend etwas bestimmt, sonst hätte er nicht verboten, es am Samstag bei sich zu tragen. Ob mein Vater am Samstag wirklich ohne Geld herumgelaufen war, bevor er den ganzen Unsinn aufgegeben hatte?

Ich faltete die Banknoten zusammen und versteckte sie in einem Schuh.

13   Akt Nr. 76

Die Leute im Goldenen Adler wechselten einander ab. Nur Chaskel, Wladek und ein paar andere schienen sich auf Dauer niedergelassen zu haben. Mizzi lief wie immer mit wogenden Brüsten umher und lächelte mich oft auf eine Art an, die mich erröten ließ.

An den Wochenenden lief ich meist ziellos durch die Straßen, wanderte in den vorgelagerten Bergen und schaute auf die Stadt hinunter oder blätterte bei Regenwetter in den *Stars and Stripes*. Manchmal klopfte Waltraud unter irgendeinem Vorwand an, und ich ließ sie gern, nicht nur aus Langeweile, herein, obwohl ich wußte, daß ich das eigentlich nicht durfte.

Es war sehr heiß im Juli. Sogar auf den Bergen. Gewitter linderten die Hitze nicht, und oft wurde es so finster, daß man Licht machen mußte.

An einem solchen verregneten, düsteren Nachmittag erschien eine ältere Dame mit schlohweißen Haaren im Büro. Ihre Wohnung war beschlagnahmt worden, und sie war überzeugt, daß es sich um einen Irrtum handele. Sie behauptete, Jüdin zu sein. Offenbar hatte sie meine Überraschung bemerkt, denn sie zog schnell einige Papiere aus ihrer Handtasche und überreichte sie Sergeant Heinemann. Er las sie gründlich und reichte sie mir herüber. Es handelte sich um eine alte Geburtsurkunde der Preßburger jüdischen Gemeinde, einen Taufschein und einen Auszug aus dem Register der Stephanskirche in Wien über die Trauung von Maria Helene Kleiner und Oberst Xaver Johannes Reiter.

»Oberst?« fragte ich.

»A. D. Als die Deutschen kamen, wurde er entlassen. Meinetwegen. Aber er konnte erreichen, daß man mich und unsere Töchter nicht verschickte.«

»Wie alt sind Ihre Töchter?«

»Ursula ist vierundzwanzig und Anna achtzehn.«

»Da haben Sie aber Glück gehabt.«

»Ja, ja. Gott sei Dank.«

Ich sah sie an und wußte nicht so recht weiter. Ihr Haar war in der Mitte gescheitelt, von der Stirn straff nach hinten gekämmt und zu einem festen Knoten gebunden. Sie schaute mich an, als ob sie mich kannte. Ihre Augen waren groß, braun – sie sah wirklich jüdisch aus. Trotz der geraden Nase.

Ihre würdevolle Erscheinung und ihr ruhiges Auftreten machten meinen abgehackten SS-Ton lächerlich. Ich ließ davon ab und fragte höflich, warum man ihre Wohnung requiriert hatte.

»Vor ungefähr sechs Monaten mußten sich alle Mischlinge und getauften Juden zum Abtransport melden. Da versteckten wir uns bei Verwandten meines Mannes auf dem Land. Als dann die Amerikaner kamen, besetzten sie unsere leerstehende Wohnung, und nun können wir nicht mehr hinein.«

Ich übersetzte alles wortgetreu, und Sergeant Heinemann verlangte schriftliche Unterlagen, daß die Wohnung ihr gehöre.

»Die bringe ich Ihnen.«

Nachdem die Frau gegangen war, nahm ich eine Mappe und beschriftete sie fein säuberlich:

»Akt Nr. 76. Oberst Reiter. Eiselerstraße 35.«

Am Freitag kam sie wieder. Die Dokumente waren in Ordnung, und Sergeant Heinemann sagte ihr, sie könne sich am Montag die Schlüssel abholen kommen.

»Danke sehr. Übrigens, sind Sie Österreicher?« fragte sie mich.

»Ich bin Jude.«

»Das weiß ich. Ich meine, sind Sie von hier?«

»Woher wissen Sie, daß ich Jude bin?«

»Na, mit Ihrem Aussehen …«

Sie hatte recht. Meine schwarzen Haare waren nachgewachsen, und daß ich ›von hier‹ kam, war nicht schwer zu erraten, kam doch, nachdem ich den knarrenden Befehlston abgelegt hatte, das Tirolerische zum Vorschein. Ich gab es zu und hoffte, sie würde sich damit begnügen. Doch sie wollte wissen, wie ich hieß und wo ich wohnte.

So erfuhr sie, daß ich Dr. Habers Sohn war, daß er tot war, ebenso wie meine Mutter und mein kleiner Bruder.

Nach kurzem Schweigen lud sie mich in ihr Dorf ein.

Hilfesuchend blickte ich Sergeant Heinemann an, der indes unbeteiligt aus dem Fenster schaute. Ich erinnerte mich an Schwester Maria, aber das war etwas anderes gewesen. Schließlich hatte sie mich gepflegt, und ich kannte sie bereits ein bißchen, als sie mich einlud. Aber diese Frau war mir vollkommen fremd, und ich wollte keinesfalls mit einem deutschen oder ›österreichischen‹ Offizier zusammentreffen, auch wenn er mit einer – getauften – Jüdin verheiratet war.

»Es ist schön kühl bei uns, und die Mädchen werden sich freuen.«

Die Mädchen. Das gab den Ausschlag. Obwohl sie älter waren als ich.

»Danke, Frau Oberst. Ich komme gern.«

Sie schrieb mir den Namen der Eisenbahnstation auf und machte eine kleine Skizze vom Weg zum Bauernhof.

Als ich das letzte Mal mit der Eisenbahn gefahren war, waren wir zu je fünfzig in geschlossenen Güterwagen zusammengepfercht gewesen und zwei Tage lang eingesperrt von Stutthof nach Kaufering gefahren. An diesem Samstagmorgen war ich allein im Zug und schaute während der Fahrt in eine idyllische Landschaft, blickte auf den Fluß und auf friedliche Dörfer.

Fast hätte ich vergessen, auszusteigen. Ich erhaschte das Namensschild am Bahnhof gerade noch rechtzeitig. Schnell packte ich meinen Beutel und sprang auf den Bahnsteig. Der Weg führte auf eine Anhöhe vor den bewaldeten Hängen der Berge. Hoch oben ragten Felsen grau und zackig in den Himmel. Etwas Schnee lag noch in schattigen Mulden. Ein Wasserfall schoß in die Tiefe und verschwand wie ein weißes, immer breiter werdendes Band weit hinter dem Wald. Das Gras stand hoch zum Mähen und überwucherte den Pfad. Oben, von Bäumen umgeben, stand, etwas verschwommen im Dunst, das Haus.

Als ich das Gartentor öffnete, kam Frau Reiter mir entgegen.

»Kommen Sie, setzen Sie sich zu mir in den Schatten. Die Mädchen bereiten das Mittagessen vor. Vater wird auch bald kommen.«

»Ich habe Ihnen etwas mitgebracht.« Ich legte vier Päckchen Zigaretten auf den Tisch.

»Danke vielmals. Das war aber wirklich nicht nötig.« Sie nahm sie schnell und ging ins Haus.

Jemand im Goldenen Adler hatte einmal zu mir gesagt: »Für ein Päckchen Zigaretten geht jede mit dir ins Bett.« Ob das stimmte? Ich glaubte es nicht so recht, und ich hätte nicht gewagt, einer Frau Zigaretten anzubieten, aber da man nun mal nicht mit leeren Händen zu Besuch kam, waren Zigaretten gerade das Richtige und vielleicht auch eine gute Anlage.

»Sie wissen gar nicht, wie Vater sich freuen wird«, sagte sie bei ihrer Rückkehr. »Er sammelt Kippen, schneidet das Verbrannte weg und rollt den Tabakrest in Zigarettenpapier ein. Ich werde ihm nur ein Päckchen geben. Die anderen tausche ich gegen Lebensmittel ein.«

Die Mädchen kamen und deckten den Tisch. Sie sahen nicht viel älter aus als ich.

Dann erschien der Oberst.

Ich stand auf. Er sah mich mit vom grauen Star getrübten, doch stechenden Augen an, schüttelte mir die Hand und bedeutete mir wortlos, mich wieder zu setzen.

Während die anderen das Tischgebet sprachen, musterte ich ihn. Er war hager, kahl, die Haut straffte sich über den Wangenknochen, der Adamsapfel trat hart unter dem glänzenden, glattrasierten Kinn hervor, die Lippen preßten sich unter der scharfen, schmalen Nase in einer geraden Linie zusammen. Ich stellte ihn mir hoch zu Roß vor, in funkelnder Uniform an der Spitze seines Regiments. Als er den Kopf hob, schaute ich weg.

Beim Essen wurde nicht gesprochen, und da ich seinen Blick auf mir vermutete, wagte ich nicht, zu den Mädchen herüberzuschauen. Nur einmal erhaschte ich ein kurzes amüsiertes Lächeln auf dem Gesicht der Jüngeren, als ich meine Schüssel mit Apfelkompott auskratzte.

Nach Tisch zeigte sie mir meinen Schlafplatz: ein Feldbett auf dem Flur im ersten Stock. Alle zogen sich zum Mittagsschlaf zurück. Ich verstaute meinen Beutel unter dem Bett. Ich hatte außer Zigaretten noch eine Büchse Corned beef eingepackt, falls ich plötzlich hungrig würde und es nichts zu essen gäbe. Dann legte auch ich mich hin.

Am Spätnachmittag fing es im Erdgeschoß an zu rumoren, und ich wurde wach.

Oben schien niemand zu wohnen. Die einzige Tür führte zum Dachboden. Ich schloß sie leise und ging hinunter. Frau Reiter, Ursula und Anna saßen beim Kaffee. Sie winkten mich heran. Ich setzte mich neben Frau Reiter, den Mädchen gegenüber.

Nach einer Weile fingen sie an, mich auszufragen, vor allem Ursula.

Ich konnte mich nicht von ihrem Anblick losreißen. Obwohl die grünen, spielerisch lächelnden Augen Annas mich dauernd reizten, schaute ich nur auf Ursula. Ihr Haar glänzte schwarz wie Kohle und fiel ihr in schweren Wellen über die Schultern. Ihre Augen waren groß und dunkel, die Brauen hoch gewölbt – wie bei ihrer Mutter. Mit ihren schweren goldenen, halbmondförmigen Ohrringen sah sie aus wie eine Zigeunerin. Nein, Zigeuner waren minderwertig. Wie eine italienische Prinzessin sah sie aus.

Ursulas Schönheit machte mich verlegen, und stockend antwortete ich auf ihre Fragen über meine Vergangenheit. Auch Anna störte mich. Dauernd belauerten mich ihre grünen Katzenaugen, während ihre Mutter jedem Wort lauschte.

Beim Abendessen überwachte der Oberst alles schweigend, während sein Kiefer sichtbar jeden Bissen zermalmte. Frau Reiter pries das schöne Wetter, und Anna lächelte mir mehrmals verstohlen zu. Ursula kümmerte sich um nichts. Gleich nach dem Essen entschuldigte ich mich und ging hinauf.

Auf einem Tischchen standen eine Waschschüssel und ein Krug, daneben hing ein frisches Handtuch, aber ich beschloß, mir das Wasser für den nächsten Morgen aufzuheben, weil ich in der Frühe nicht als erstes in den Garten hinunter wollte, um den Krug zu füllen.

Während ich noch lange wach lag, dachte ich darüber nach, ob Zigaretten wirklich eine gute Anlage waren und ich endlich auf meine Kosten käme.

14   Eine Schachpartie

Sonntag. Schon wieder Glockengeläut. Tags zuvor hatte ich weit hinter den Hügeln den Kirchturm gesehen. Jetzt erklangen die Schläge wie von nebenan. Im Haus war es noch dunkel, aber draußen bestimmt schon heller Tag, denn ein Hahn krähte unaufhörlich. Einige Sonnenstrahlen drangen durch die Ritzen der Dachbodentür und fielen auf die schweren Balken unter dem Dach. Dennoch war es viel zu früh, um aufzustehen. Die Glockenschläge verhallten allmählich, nur der Hahn krähte unverdrossen, wie absichtlich, und ließ mich nicht wieder einschlafen.

Ich stand auf, rasierte mich mit kaltem Wasser und einer fast stumpfen Klinge (nicht einmal auf dem Schwarzmarkt waren neue zu bekommen), und plötzlich überkam mich wieder der Hunger. Ich wurde nervös. Wie immer. Aus Angst, es gäbe nichts. Zwar hatte ich Corned beef, aber das konnte ich nicht auf einmal aufessen. Und was sollte ich mit dem Rest anfangen?

Ich ging hinunter. Vielleicht konnte ich ein Stück Brot auftreiben. Leise öffnete ich die Küchentür, aber Frau Reiter war schon in der Küche. Ich hätte anklopfen sollen.

»Guten Morgen. Haben Sie gut geschlafen? Kommen Sie, der Kaffee ist fertig.«

»Danke, Frau Oberst.«

Sie legte eine Scheibe Brot auf einen Teller und goß Kaffee ein.

»Vater und die Mädchen werden auch bald kommen.«

Um einer weiteren offiziellen Mahlzeit zu entgehen, beeilte ich mich mit dem Kaffee und erhob mich anschließend.

»Wollen Sie nicht mitkommen?«

»Wohin?«

»Zur Messe.«

Mein Vater hatte einmal gesagt: »Wenn ein Jude in eine Kirche geht, stürzt das Dach ein und begräbt ihn unter den Trümmern.« Nicht, daß ich es glaubte, aber trotzdem …

»Nein, danke. Ich bleibe lieber hier. Haben Sie vielleicht etwas zum Lesen?«

»Unsere Bücher sind alle in der Wohnung. Aber Sie können ja Englisch. Hier, ich gebe Ihnen etwas.«

Sie zog eine Schublade auf und gab mir ein altes *Stars and Stripes*-Magazin.

»Mike hat es dagelassen, bevor sie ihn wieder nach Amerika schickten.«

»Mike?«

»Ein amerikanischer Soldat. Ein Freund von Anna. Zum Wochenende kam er immer zu uns.«

Das ärgerte mich. Um mir nichts anmerken zu lassen, bedankte ich mich rasch und ging in den Garten.

Das Bild ging mir nicht aus dem Kopf. Annas listige Augen, ein amerikanischer Soldat mit gestärktem, scharf gebügeltem Hemd und vielfarbigen Ordensbändern, die Füße auf dem Tisch, eine »Chesterfield« zwischen den Fingern, einen Arm um ihre Schultern gelegt …

Ich wollte die Zeitung wegwerfen, doch ich mußte höflich bleiben. Ich begann zu blättern. Das Blatt war drei Wochen alt. General Mac Arthur, die Philippinen, blonde und dunkelhaarige

Mädchen mit fast gleich aussehenden milchweißen Gesichtern, mit halb entblößtem Busen, in eng anliegenden Röcken. Ich faltete die Zeitung wieder zusammen und versteckte sie oben unter meinem Kissen. Dann ging ich wieder hinaus.

Um der Familie nicht auf dem Weg zur Kirche zu begegnen, schlug ich die entgegengesetzte Richtung ein und ging zum Fluß hinunter. Ein schmaler Pfad führte flußaufwärts bis an eine Biegung hinter dem Wald. An bemoosten Felsen vorbei, über Wurzeln, die zum Fluß strebend den Weg überquerten und kurz vor dem Ufer wieder verschwanden, näherte ich mich langsam dem Wald. Die Sonne leuchtete über den Bergen auf, und ich beschleunigte meine Schritte, um vor der Hitze einen schattigen Ort zu erreichen.

Am Waldesrand angelangt, setzte ich mich auf einen Baumstumpf und sah dem vorbeirauschenden Wasser nach. Ein Sonnenstrahl drang durch das Geäst der Bäume und ließ ein Grasbüschel leuchten. Ein Marienkäfer kletterte einen Halm hoch, breitete die Flügel aus und flog davon. Schläfrig legte ich mich ins Gras.

Die Glocken weckten mich. Schon zwölf! Eilig machte ich mich auf den Rückweg.

Im Garten saßen alle schon bei Tisch, auf meinem Platz ein Bursche in Lederhosen.

»Gerade rechtzeitig«, rief mir Frau Reiter zu, »kommen Sie, setzen Sie sich.« Anna grinste.

Um nicht neben dem Fremden sitzen zu müssen, zwängte ich mich hinter ihm durch und plazierte mich neben Frau Reiter.

»Das ist der Leitner Toni«, sagte sie, »der Sohn unseres Bürgermeisters, und«, auf mich weisend, »das ist Ernst. Er arbeitet bei den Amerikanern.«

»Bei den Amerikanern, ach was«, sagte er ›lobend‹, doch niemandem schien der Spott aufzufallen.

Da Frau Reiter zwischen uns saß, brauchte ich ihm nicht die Hand zu geben, und da alle gerade die Hände zum Tischgebet falteten, brauchte ich auch nichts zu sagen. Der Oberst saß kerzengerade da und wartete auf die Suppe. Ich vermied den Blick zu den Mädchen. Der Sohn des Bürgermeisters verdarb mir den Appetit. War er auch ein Freund von Anna?

»Spielst du Schach?« fragte sie mich plötzlich.

Das letzte Mal hatte ich im KZ gespielt, mit selbst geschnitzten Figuren. Damals hatte ich verloren. Ich war zu hungrig gewesen, um aufzupassen. Wir hatten gespielt, um den Hunger zu vergessen, aber an den Sonntagen, wenn wir nicht arbeiteten, war er stärker als sonst gewesen und die Zeit viel langsamer vergangen.

»Ja«, erwiderte ich vorsichtig, »warum?«

»Toni ist ein guter Spieler. Bei mir gewinnt er immer.« Weil du ein Mädchen bist, dachte ich.

»Ihr könntet nach dem Essen eine Partie machen.«

Ich glaubte, es riskieren zu können. Ich war ja satt.

»Von mir aus.«

»Also abgemacht.« Sie lächelte Toni verschmitzt zu. Nachdem der Eßtisch abgeräumt war, brachte Anna das Schachspiel und setzte sich zu Toni.

Bei der Wahl der Figuren erhielt ich die schwarzen, so daß ich nicht gleich zu Anfang meine Taktik enthüllen mußte.

Langsam begann ich, Tonis Züge zu erraten und sie richtig zu parieren. Einige Male sah ich zu ihm herüber, aber er hielt den Kopf gesenkt und schaute nur aufs Brett. Anna suchte meinen Blick, aber ich schaute auf die Berge. Sie lachte uns aus, weil wir schweigend in das Spiel vertieft waren. Ich bat sie, nicht zu stören, worauf sie aufstand und beleidigt ins Haus ging.

Während Toni ihr nachsah, schlug ich seinen ersten Bauern.

Anna kam zurück und brachte Tee. Dann setzte sie sich neben mich, und ich bekam Herzklopfen.

Verteidigte ich meine jüdische Ehre oder versuchte ich in einer Art Turnier ein Mädchen zu gewinnen?

Ich versuchte, sie nicht zu beachten. Ihre Nähe störte meine Konzentration.

Toni verlor den nächsten Bauern. Je schneller ich vorging, desto länger brauchte er. Schweißtropfen erschienen auf seiner Stirn, aber auch mir war heiß.

»Wie spät ist es?« fragte ich nach ungefähr zwei Stunden.

»Holts zsomm!« Halt's Maul!

Obwohl seine Lage noch nicht verzweifelt war, kündete der kurze Ausbruch von seiner Panik.

Plötzlich wehte ein Windstoß trockene Blätter in die Laube. Es wurde dunkel. Donner rollte in der Ferne, und es wurde kalt.

Anna brachte unsere Jacken, und noch bevor sie sich gesetzt hatte, platschten die ersten Regentropfen auf den Tisch.

Eine Stunde lang saßen wir im Regen, dann verlor er einen Läufer. Er stand wütend auf, fegte die Figuren vom Brett und machte sich davon.

»Komm gut nach Hause!« rief sie ihm nach, aber er wandte sich nicht um.

»Komisch«, sagte sie.

Ich fand gar nichts komisch.

Hätte ich mich mit ihm geprügelt, wäre ich nicht so erschöpft gewesen.

15 Einführung

Ich war vollkommen durchnäßt und zitterte vor Kälte. Schade, daß ich vor lauter Spannung den Tee stehengelassen hatte. Ich hängte meine nassen Sachen über das Treppengeländer und kroch unter die Bettdecke.

Mücken tanzten um die Glühbirne, die über mir von einem Balken herabhing. Um sie zu vertreiben, schaltete ich das Licht aus. An Abendessen war nicht zu denken. Mein Hemd war viel zu naß. Lieber die Dose Corned beef aufmachen.

Die Treppenstufen knarrten. Jemand kam die Treppe hoch. Ursula? Anna? Die Mutter?

»Schläfst du?« Anna.

Ich gab keine Antwort. Vielleicht ging sie wieder. Nackt unter der Decke wollte ich mit niemandem reden. Aber sie blieb und machte Licht. »Ich weiß, daß du nicht schläfst.«

Ich blinzelte unter der Decke hervor und sah, wie sie meine Sachen zusammenpackte. »Ich nehme alles mit in die Küche zum Trocknen.«

Dann kam sie mit einem Bademantel. »Hier, zieh den an. Das Abendbrot steht auf dem Tisch.

»Nein.«

»Was, *nein*« äffte sie mich nach.

»Ich gehe nicht hinunter.«

»Warum nicht?«

»Weil du mir meine Sachen weggenommen hast.«

Sie lachte. »Dann zieh halt den Bademantel an.«

»Nein.«

Sie ging. Nach ein paar Minuten war sie wieder da, mit Tee, Rühreiern, zwei Scheiben Brot. »Hier, iß.« Sie stellte das Tablett auf der Decke ab und setzte sich aufs Bett, so nah, daß ich ihre Wärme spürte.

»Gut hast du gespielt.« Sie war noch beim Schach. Was sollte ich dazu sagen? Sie sah mich schelmisch an: »Magst du mich nicht?« Das verwirrte mich noch mehr. Obwohl ich froh war, daß sie da war, wollte ich, daß sie wieder ging. Ich war ganz durcheinander. Sie war nicht so schön wie ihre Schwester, aber in ihren grünen Augen konnte man ertrinken.

Ich brachte keinen Ton heraus. Plötzlich fragte sie: »Wie alt bist du?«

»Siebzehn.« Hätte ich achtzehn sagen sollen?

Ich hatte alles aufgegessen und dachte, sie würde gehen, aber sie stellte das Tablett auf den Boden und blieb sitzen.

Ich suchte nach Worten. Ich wollte etwas sagen. Etwas Gescheites. Etwas, um meine Verwirrung zu verbergen, aber mir fiel nichts ein. Schließlich rettete sie mich: »Das war schon allerhand, daß du den Toni besiegt hast. Der ist nämlich Bezirksmeister.«

»Jetzt nicht mehr.« Sie lachte. »Willst du mit mir spielen?« Jetzt fand ich Worte: »Ja, aber etwas anderes.«

Sie wurde rot. Dann drückte sie mir ihre Lippen leicht auf die Stirn, nahm das Tablett und ging hinunter.

Ich machte das Licht aus, konnte aber nicht einschlafen. Die Erinnerung an ihre weichen Lippen erregte eine Sehnsucht in mir, die erst nachließ, als im Morgengrauen der Hahn zu krähen begann.

Ich stand auf und sah, daß meine Kleider ordentlich über dem Geländer hingen. Ich zog mich an und lief in die Küche hinunter, um schnell eine Tasse Kaffee zu trinken. Ich durfte den Zug nicht versäumen.

Frau Reiter las, während Ursula den Tisch deckte.

»Guten Morgen«, sagte ich, so höflich wie es mir nach einer schlaflosen Nacht gelang.

»Guten Morgen. Gut geschlafen?«

»Danke, Frau Oberst. Sehr gut.«

»Verläßt du uns schon?« fragte Ursula.

»Ich muß ins Büro. Der erste Zug geht in zwanzig Minuten.«

»Hier, trink den Kaffee. Du hast noch Zeit.«

Ich setzte mich.

»Vielleicht fahren Sie mit Ursula zusammen. Dann kann sie gleich die Schlüssel holen.«

»Gern.«

Ich verabschiedete mich. Ursula holte ihre Tasche, und wir gingen schweigend zur Bahn. Der Pfad war nicht breit genug, so daß sie vorausging. Ich bewunderte ihr Haar und ihre Hüften, die unter ihrem schweren Rock rhythmisch hin und her schwangen. Als der Zug einfuhr und wir ein leeres Abteil fanden, fingen wir an, uns zu unterhalten.

So sehr Anna mich verwirrt hatte, so geborgen fühlte ich mich bei Ursula. Ihre Augen waren erwartungsvoll und freundlich.

»Du bist sehr schön«, sagte ich und fühlte, wie mir das Blut in die Wangen schoß. Ich schämte mich für meine Worte, konnte aber nicht anders.

Ihr Lächeln war offen und herzlich. Ihre Zähne strahlten weiß hinter tiefroten Lippen, und ihre Ohrringe schaukelten, wenn sie ihr Haar aus dem Gesicht schüttelte. Aber Ursula wechselte das Thema: »Meine Mutter sagte, daß du sehr viel mitgemacht hättest.«

Ich wollte vergessen, und sie wollte Erzählungen. Ich hätte gern ihr Haar berührt, sie wollte, daß ich ihr meine Leiden schilderte.

Jemand stieg zu und half mir. Bis wir in die Stadt kamen, saßen wir uns wie Fremde gegenüber, und nur wenn der Mann wegschaute, wagte ich ein kurzes Lächeln, das sie leicht erwiderte.

Vom Bahnhof gingen wir direkt zum Büro. Der Posten salutierte übertrieben, verglich Ursula länger als nötig mit dem Foto in ihrem Ausweis, dann ließ er sie mit einer theatralischen Verbeugung hinein.

»Wann bist du fertig?« fragte sie mich auf der Treppe.

»Um fünf.«

»Ich komme dich abholen.«

Vor lauter Überraschung brachte ich kein Wort heraus.

Sergeant Heinemann strahlte bei unserem Eintreten. Er stand auf und bat sie ergeben, Platz zu nehmen. Er stöberte in den Papieren herum und fand den Vorgang.

»Hier ist es. Haben Sie eine Vollmacht?«

Sie zog ein Dokument aus der Handtasche und übergab es ihm zusammen mit ihrem Ausweis. Ich mußte alles übersetzen.

Während ich mich bemühte, den komplizierten juristischen Text Wort für Wort unter Beachtung der an den Satzenden stehenden ausschlaggebenden Zeitwörter wiederzugeben, musterte Sergeant Heinemann Ursula. Auch er konnte die Augen nicht von ihr lassen, doch sie saß von ihm abgewandt und wartete bis ich fertig war.

»O. K. Es scheint alles in bester Ordnung zu sein. Sprechen Sie Englisch?«

»Ein bißchen.«

»Sind Sie beschäftigt?«

»Ja.«

»Und was machen Sie?«

»Ich bin Sekretärin.«

»Ah, Sekretärin. Und bei wem arbeiten Sie?«

»Bei einem Rechtsanwalt.«

»Könnten Sie mir seine Telefonnummer geben?«

Er notierte sie auf der Akte. Dann öffnete er die Schublade, nahm zwei mit einer Schnur zusammengebundene Schlüssel heraus und überreichte sie ihr. Sie dankte und verabschiedete sich.

»Die sieht gut aus, was? Ich werde sie später anrufen und zum Essen einladen. Übrigens, wie war das Wochenende?«

»Schön.«

Jemand klopfte. Ein älteres Ehepaar. Sie wollten ihre Wohnung zurückhaben. Ich hörte zu, übersetzte und bemühte mich, nicht dauernd an Ursula zu denken. Wird sie wirklich kommen? Oder wird sie mit Sergeant Heinemann in ein schwarzes Restaurant gehen und nachher Gott weiß was ...

Ich hatte große Mühe, mich zu konzentrieren. Dauernd sah ich auf seine Armbanduhr, die unter seiner Manschette hervorschaute, aber die Zeit wollte nicht vergehen. Die zwei Alten gingen mir auf die Nerven, und entsprechend dolmetschte ich. Ihr Gesuch wurde abgelehnt.

Nach der Mittagspause erzählte mir Sergeant Heinemann, daß er Ursula angerufen habe, aber sie sei bereits verabredet.

Das hieß, sie würde kommen. Doch wenn ich mit ihm zusammen um fünf hinunterkäme, könnte es sein, daß wir ihr begegneten. Ich bat ihn, mich etwas früher gehen zu lassen, und wartete an einer Straßenecke, die vom Fenster aus nicht einsehbar war.

Um Punkt fünf erschien sie, und ich eilte ihr entgegen, damit sie nicht zum Eingang käme.

»Ich will nicht, daß er uns sieht.«

Sie lachte. »Warst du dabei, als er mich anrief?«

»Nein. Aber er hat es mir erzählt. Warum bist du nicht mit ihm ...?«

»Sei doch nicht dumm.«

Ich verstand nicht ganz, was sie meinte, fragte aber nicht weiter. Ich zerbrach mir den Kopf darüber, was ich nun sagen sollte. Wir spazierten ins Stadtzentrum. Die meisten Schaufenster waren leer und teils noch mit Papierstreifen gegen Bombenschäden beklebt. Immerhin konnten wir unser Spiegelbild sehen. Daß Ursula um fast einen Kopf größer war als ich, obwohl sie niedrige Absätze trug, störte mich. Auch daß ich immer noch ausgemergelt aussah. Meine Haare saßen mir wie eine Perücke über dem schmalen Gesicht, und die Brille machte mich noch armseliger. Der Vergleich mit der kräftigen schönen Frau neben mir deprimierte mich. Vierundzwanzig! Das machte es nur noch schlimmer. Ich hatte das Gefühl, alle schauten uns nach. Ich wußte nicht wohin.

»Wollen wir in den Hofgarten gehen?«

»Nein. Dazu haben wir keine Zeit. Ich muß einiges aus der Wohnung holen und dann zurück ins Dorf. Komm, wir nehmen die Straßenbahn, und nachher kannst du mich zum Bahnhof begleiten.«

Wir stellten uns an und warteten. Später in dem rüttelnden Wagen fragte sie mich, wo ich wohne.

»Nicht weit von eurer Wohnung entfernt. Wenn wir eine Station früher aussteigen, kann ich es dir zeigen.«

»Das wäre nett.«

Wir stiegen aus, gingen bis zur nächsten Ecke, und ich zeigte ihr das Haus. »Da oben, im ersten Stock.«

»Kann ich es mir anschauen?«

»Wirst du deinen Zug nicht versäumen?«

»Nur einen Moment. Es interessiert mich, wie es bei dir aussieht.«

Die Haustür war noch offen, und wir gingen hinauf. Als ich aufschloß, war Waltraud gerade im Begriff zu gehen. Ich wollte sie vorbeilassen, doch sie blieb stehen. »Willst du mich deiner Freundin nicht vorstellen?«

»Das ist Waltraud Schwenk. Sie wohnt hier.«

»Freut mich sehr. Ursula Reiter.« Sie gab ihr die Hand, doch Waltraud berührte sie nur flüchtig, zwängte sich zwischen uns hindurch und lief die Treppe hinunter.

»Komisch ist die.«

»Ja, finde ich auch.« Ich schloß meine Zimmertür auf.

»Komm, setz dich zu mir«, sagte sie, während sie ablegte.

Zögernd setzte ich mich neben sie aufs Sofa, auf Abstand bedacht, um sie nicht zu berühren.

»Traust du dich nicht näher heran?«

Ich rückte zu ihr hin.

»Willst du mich küssen?« Sie hielt mir ihr Gesicht hin und schloß die Augen.

Völlig verwirrt küßte ich sie leicht auf die Wange.

Sie lachte. »Nicht so. Auf den Mund!«

Ich tat es und schmeckte ihren Lippenstift.

Wieder lachte sie. »So auch nicht. Weißt du nicht, was ein französischer Kuß ist?«

»Nein.«

»Da, ich zeig es dir. Komm, mach den Mund ein bißchen auf, ein ganz kleines bißchen«, und eh ich mich's versah, berührten sich unsere Zungen.

Unappetitlich, dachte ich im ersten Moment, doch dann begann mein ganzer Körper zu reagieren, und bevor ich noch wußte was kam, war es vorbei.

»So, jetzt muß ich aber rennen. Morgen komme ich wieder. Gegen sechs.« Sie schob ihren Rock wieder herunter, ordnete ihr Haar, wischte sich die Lippen ab, zog den Lippenstift wieder nach.

Ich war erschöpft. Leer und wie befleckt kam ich mir vor. Hilflos, verletzlich und verlassen saß ich da, wie früher, wenn ich als Kind aus dem Nachmittagsschlaf erwachte und meine Mutter nicht mehr da war.

16 Nächstenliebe

In der Frühe ging es mir besser.

Wie immer schaute ich den Mädchen nach und zog Vergleiche. Ursula war bei weitem die Schönste. Auch Anna sah viel besser aus als die Mädchen in der Straßenbahn. Eine lächelte, ich lächelte zurück.

Um sechs. Um sechs. Ich konnte es nicht erwarten. Sergeant Heinemann war noch nicht da. Statt mich an die Arbeit zu machen, stand ich am Fenster.

Bei seinem Eintreten erschrak ich.

»Nun müssen wir uns verabschieden«, sagte er und stellte einen großen Karton auf den Tisch. »Hier, der ist für dich.«

»Aber es ist doch erst halb neun!«

Er lachte. »Nein, nicht sofort.«

Ich lüftete den Deckel. Mein Blick fiel auf Zigaretten, Schokolade. – »Schönen Dank, aber wofür?«

»Wir müssen fort. Die Franzosen kommen.«

»Die Franzosen?!«

»Die kriegen jetzt Tirol, und wir gehen nach Salzburg. In die amerikanische Zone. Wenn du willst, kannst du mitkommen.«

In Salzburg war ich noch nie. Aber Anna? Ursula?

»Ich sehe, du kannst dich nicht entschließen. Sicher hast du dich in Ursula verliebt.«

Ich dachte nach. Die Franzosen brauchten bestimmt niemanden, der kein Französisch konnte. Aber Anna war mir wichtiger. Schließlich arbeitete ich nur zum Zeitvertreib, und mit den Lebensmitteln vom Joint hatte ich alles, was ich brauchte.

»Ich glaube, ich bleibe lieber hier.«

»Das habe ich mir gedacht. Übrigens, wenn es dir Spaß macht, kannst du am Nachmittag zur Ablösungsparade kommen.«

»Wann?«

»Punkt vier.«

»Vielleicht komme ich. Nochmals, vielen Dank. Für alles. Und gute Reise.« Ich hob den Karton auf die Schulter und ging zur Straßenbahn.

Zu Hause verstaute ich die Lebensmittel tief im Schrank. Nicht daß ich Diebstahl befürchtete, aber Frau Schwenk machte das Zimmer, und ich wollte nicht, daß sie meine Schätze offen herumliegen sähe. In der Küche traf ich Waltraud.

»Guten Tag.« Sie antwortete nicht und ging in ihr Zimmer. Komisch. Ich aß, rauchte eine »Chesterfield« und legte mich hin, um nachzudenken. Im Zigarettenrausch vergaß ich aber, worüber ich nachdenken wollte. Ich drückte die Zigarette aus und legte den Stummel in eine Schachtel. Sechs eineinhalb Zentimeter lange Stummel waren soviel wert wie eine ganze Zigarette.

Es schlug drei. Bis zur Parade war noch Zeit. Aber die Straßenbahn blieb kurz vor der Stadtmitte stecken. Alle Straßen waren gesperrt. Ich stieg aus, kam aber nicht durch. Amerikanische Wagen fuhren vorbei, und man durfte die Straße nicht überqueren. Menschenmassen drängten sich auf den Gehsteigen. Jeder wollte etwas sehen.

Doch die Parade war eine Enttäuschung. Statt im Gleichschritt marschierender Kolonnen und Musik erschien ein Soldat mit einem zotteligen Ziegenbock. Es folgten zwei Trommler und ein Fahnenträger mit einer roten Fahne, in deren Mitte sich ein grüner fünfzackiger Stern befand. Kein Mensch wußte, um was für eine Fahne es sich handelte. Dann kamen eine Reihe Trompeter, eine Reihe Trommler und mehrere Reihen schlecht gekleideter Soldaten mit kleinen weißen Turbanen. Jemand meinte, es seien Araber. Aber es waren Marokkaner. Klein, dunkel und mit Bärten. Nur die Unteroffiziere trugen Käppis. Zum Schluß folgte hinter einer kleinen viereckigen Regimentsfahne eine Abteilung französischer Gebirgsjäger in dunkelblauen Uniformen und weiten, über dem rechten Ohr heruntergezogenen Baskenmützen. »Die Franzosen!« Sogar ich haßte sie. Weil sie damals den Andreas Hofer[10] erschossen hatten. »Zu Mantua in Ba-a-nden ...« Langsam schlurften sie vorbei, als seien sie müde vom Marschieren. »Scheißkerle«, sagte jemand ganz laut, und alle lachten. Hat ja recht, dachte ich. Ich verzichtete auf die Parade und ging wieder nach Hause.

Ein Hauch Parfüm, ihr strahlendes Gesicht, die schwarz glitzernden Haare und tiefrote Lippen, ein schwarzes Lodenkostüm mit weißen Aufsätzen und silbernen Knöpfen – wo waren die Ohrringe? Eine sonderbare Angst befiel mich, als Ursula ins Zimmer trat.

»Ich komme nur für einen Moment. Morgen ziehen wir wieder in unsere Wohnung, und ich muß packen helfen. Komm, begleite mich zum Bahnhof.«

Unterwegs erzählte ich ihr, daß ich nicht mehr arbeitete.

»Was wirst du jetzt machen?«

»Nichts. Ich kann ja kein Französisch.«

»Willst du zu uns kommen?«

»Was?!«

Sie lachte. »Ja. Wir haben ein Extra-Zimmer. Du könntest wieder zur Schule gehen, etwas werden.«

»Bist du verrückt? Nach all dem, was ich durchgemacht habe?«

»Anna und ich würden dir bei den Schularbeiten helfen.«

»Schularbeiten?! Wie ein kleiner Bub?! Mit vierzehn hatte ich drei Leute unter mir!«[11]

»Du bist trotzdem erst siebzehn.«

»Vorsicht am Bahnsteig! Türen schließen!«

»Morgen um sechs bin ich wieder da. Denk drüber nach!«

Die ganze Nacht grübelte ich: Wieder in die Schule? Mit den anderen? Dann: Anna; der flüchtige Kuß; die stets ernste Mutter; der alles überwachende strenge Vater.

Ich verkaufte ein paar Konserven und setzte mich in ein Kaffeehaus. Ich trank Malzkaffee mit Saccharin und ein Glas Wasser, um den bitteren Geschmack hinunterzuspülen. Und las die Zeitung.

74 000 TOTE IN NAGASAKI!

In Hiroschima waren es mehr als 200 000 gewesen. Aber was war das schon im Vergleich zu sechs Millionen – größere Bomben, größere Explosionen und Rauchpilze.[12]

Der Artikel zeigte nicht viel Mitleid mit den Menschen. Obwohl die Japaner früher Verbündete gewesen waren, behandelte der Verfasser die Toten fast wie Feinde. Die Vergleiche mit Hamburg und Dresden verbargen kaum eine gewisse Schadenfreude.

Ursula wartete bereits unten, als ich nach Hause kam. Um nicht wieder in mein enges Zimmer mit den kahlen, hellgrün getünchten Wänden zu müssen, schlug ich vor, sie zum Bahnhof zu begleiten.

»Zum Bahnhof? Wozu? Wir sind ja wieder daheim!«

Das hatte ich ganz vergessen.

»Komm, ich nehme dich mit zum Abendessen.«

»Zum Abendessen?!«

»*Ja!* Was ist denn los mit dir? Stimmt etwas nicht?«

Nichts stimmte. Ich wußte weder ein noch aus. Sollte ich sie vielleicht doch bitten, heraufzukommen? Ich brauchte Zeit zum Nachdenken. Ich sah auf ihre schaukelnden Ohrringe und sagte zum Schluß: »Komm, wir gehen ein bißchen spazieren.«

Wie immer führte sie, und ich war froh, daß sie die Richtung zum Fluß hinunter – weg von unseren Wohnungen – einschlug.

»Wer hatte die Idee, daß ich zu euch ziehen sollte?«

»Meine Mutter. Mein Vater meinte auch, es wäre gut so.«

»Und Anna?«

»Sie natürlich auch.«

»Was heißt natürlich?«

»Geh', frag' nicht so dumm. Du verstehst schon, was ich meine.«

»Nichts verstehe ich. Ich verstehe auch nicht, warum ihr wollt, daß ich zu euch ziehe.«

Waren sie auf Zigaretten aus? Auf die Extra-Lebensmittelkarte? Oder war es Mitleid? Mitleid weswegen? Ich war ja erwachsen. Ich brauchte kein Mitleid. Mir ging es gut. Ein armes Waisenkind, wofür Frau Reiter mich vielleicht hielt, war ich nicht. Im Gegenteil. Ich war froh, daß ich alle los war und tun konnte, was ich wollte. Aber was wollte ich?

Anna. Sie war das einzige, was mir in den Sinn kam. Anna.

»Weil wir glauben, daß du wieder in ein normales Leben zurück mußt.«

Was ging *die* das an? Nächstenliebe? Unsinn. So etwas gab es doch nicht. Egal.

Hauptsache, ich kam zu Anna.

»Wann soll ich kommen?«

»Sofort, wenn du willst.«

Nicht daß sie meinten, ich wäre erpicht darauf. »Nein, lieber übermorgen. Übermorgen um sechs.«

»Fein. Wir warten auf dich.«

17 Die Nachbarn

An der Tür zu meinem Zimmer wartete ein Zettel auf mich.

Sehr geehrter Herr Haber!
Es würde uns freuen, wenn Sie heute um acht zu uns zum Abendessen kommen könnten.
Hochachtungsvoll,
Hannelore Schwenk

Hochachtungsvoll. Vor sieben Jahren hätte sie einen Juden nicht über ihre Schwelle gelassen. Was wollte sie jetzt von mir? Oder war es Waltraud? Sollte ich absagen und dann in meinem Zimmer hokken? Oder einfach weggehen? Jawohl! In den Goldenen Adler! Ich durfte diese Einladung nicht annehmen, allein wegen Willi, aber ich war auch neugierig. Ich holte eine Dose Corned beef aus dem Schrank und brachte sie in die Küche. Nur nichts schuldig bleiben. Sie waren mitten in den Vorbereitungen.

»Guten Abend. Danke für die Einladung. Hier, das ist für Sie. Das können Sie sicher brauchen.«

»Schönen Dank. Das ist wirklich lieb von Ihnen.«

Kurz vor acht hörte ich die anderen Gäste eintreffen. Alle wurden überschwenglich begrüßt und ins Speisezimmer gebeten. Lebhafte Gespräche waren im Gange, als ich anklopfte.

»Herein.« Bei meinem Eintritt riefen alle zusammen: »Willkommen in der Heimat!«

Ich war so befangen, daß ich nicht wußte wohin. Waltraud bemerkte meine Verwirrung und grinste, aber ich nahm mich zusammen und folgte ihrer Mutter zum oberen Tischende.

»Sie sind unser Ehrengast«, sagte sie und zog einen Stuhl vom Tisch weg.

Eine Vorstellung war überflüssig. Ich erinnerte mich an alle: die Italiener vom zweiten Stock, den Inhaber des Lebensmittelgeschäfts gegenüber, den Friseur, seine Frau – etwa fünfzehn Personen waren um den ausgezogenen Tisch in unserem ehemaligen Speisezimmer versammelt. Willis Bild war verschwunden. Der Geschäftsinhaber am anderen Ende des Tisches bat um Ruhe:

»Lieber Ernst. Wir alle hier, die wir deine Eltern gekannt haben, möchten dir sagen, wie leid es uns getan hat, als wir erfuhren, was ihnen widerfahren ist. Wir wissen ganz genau, daß Frau Schwenk und viele andere von uns den Deutschen vor sieben Jahren zugejubelt haben. Aber niemand hatte sich damals vorgestellt, daß sie unschuldige Menschen umbringen würden. Worte, die dir Trost spenden könnten, gibt es nicht, aber wir möchten, daß du weißt, du bist unter Freunden. Solltest du irgend etwas brauchen, sind wir in jeder Hinsicht bereit, dir zu helfen. Leider ist es nicht viel, womit wir unser Mitgefühl ausdrücken können, aber wir haben ein paar kleine Geschenke für dich, nur um zu zeigen, daß wir es ehrlich meinen.« Bei diesen Worten gab er mir ein Päckchen. Nach kurzem Beifall überreichte einer nach dem anderen mir seine Gaben, die ich schweigend entgegennahm. Niemand stellte eine Frage, niemand sagte ein Wort. Wir aßen, ohne zu reden. Bis mein Freund, der Italiener, fragte, ob ich noch Italienisch könne. Als Kinder hatten wir oft zusammen gespielt, und dabei hatte ich ein wenig Italienisch gelernt.

»Ma, certamente.« Alle lachten. Wir tauschten ein paar Kindheitserinnerungen aus, die Stimmung wurde besser, und als wir mit dem Essen fertig waren, reichten mir alle die Hand und wünschten mir alles Gute für die Zukunft. Ich solle doch einmal zu Besuch kommen.

In meinem Zimmer öffnete ich die Päckchen. Rasierzeug. Nähzeug. Ein Nagelnecessaire – für einen Mann? Die Schere konnte ich vielleicht brauchen, um mir künftig die Nägel *schneiden* statt abbeißen zu können. Bei den Reiters würde ich auf solche Dinge bestimmt achten müssen. In einer Geschenkpackung fand ich drei Taschentücher. Von Frau Schwenk. Das größte Paket stammte vom Hausbesitzer. Ich schnitt die Schnur auf, drinnen befanden sich ein paar Meter feldgrauer Uniformstoff. Ein kleiner Zettel lag dabei: »Herr Hufnagel wird Dir einen Zivilanzug daraus machen. Als Geschenk.« Der Schneider von gegenüber. Ein Patient meines Vaters.

Bei ihm schellte ich am anderen Morgen als erstes.

Auf seine Frage, wie es mir ergangen sei, fiel mir keine richtige

Antwort ein, aber er schien auch keine zu erwarten. Er führte mich in die Werkstatt und begann Maß zu nehmen.

Anschließend reichte er mir ein Modejournal. Mir gefiel ein Sportanzug. Das Modell mit vier aufgesetzten Taschen und Gürtel sah aus wie ein Waffenrock.

»Nächste Woche ist er fertig.«

»Danke schön, Herr Hufnagel.«

Zum Mittagessen ging ich in den Goldenen Adler. Ich durfte noch immer kostenlos dort essen, doch ich fürchtete, daß man mir die DP-Lebensmittelkarte entziehen und für das Essen Geld verlangen würde, sobald herauskäme, daß ich bei einer Familie wohnte.

Wladek wollte wissen, wo ich so lange gesteckt hätte, und als er gerade fragte, ob ich vielleicht eine Schickse gefunden hätte, erschien Fred.

»Du, dein Freund hier, der hat ein Verhältnis. Er ist einfach verschwunden. Kommt nur mehr, wenn er etwas braucht.«

Fred lachte. »Stimmt das?«

Beeindruckt von seiner glänzenden Uniform brachte ich kein Wort heraus. Chaskel kam an unseren Tisch. »Guten Tag Jekke, lebst du auch noch?« Alle lachten und fingen an, über den Dollarkurs zu reden.

Nach dem Essen wollte Fred mich in seinem Jeep nach Hause fahren.

»Ich gehe lieber zu Fuß«, sagte ich, um Fragen auszuweichen, aber er packte mich beim Arm und sagte freundlich: »Komm, mach keine Umstände«, während er mir auf den Sitz half.

»Willst du mir nicht zeigen wie du dich eingerichtet hast?« fragte er, als wir bei mir zu Hause ankamen und ich mich rasch verabschieden wollte.

Ich fühlte, wie ich rot wurde. Es gab keinen Ausweg. Ich führte ihn hinauf und erzählte ihm, daß ich die Schwenks wieder in die Wohnung gelassen hatte.

»Soll ich dir etwas sagen?«

»Was?«

»Chaskel hat recht. Du bist wirklich ein Jekke-Potz.«

18 Einordnung

Auszuziehen war schwerer als einzuziehen. Ich hatte Eigentum erworben. Zwei Kartons voll schleppte ich die Treppen hinunter, nachdem ich die Schlüssel auf dem Küchentisch zurückgelassen hatte. Unten stapelte ich sie übereinander, befestigte eine Schnur an dem unteren Karton und zog ihn wie einen beladenen Schlitten hinter mir her. Die Leute gafften.

Eiselerstraße 35. Die Hauptstraße geradeaus, dann die vierte rechts. Die Häuser waren alle von sauberen Gärten umgeben. Die meisten hatten Schilder an den Toren »Achtung! Bissiger Hund!« Bei Nummer 33 mußte ich stehenbleiben. Ein riesiger Sankt Florian war an die Wand gemalt. Vom Giebel bis zum Erdboden. Breitbeinig stand er wie ein Riese über einem brennenden Häuschen und goß aus erhobenem Scheffel Wasser darüber.

Kein Hund begrüßte mich am nächsten Haus. Auch kein Heiliger. Es gab zwei Briefkästen: Reiter und Schulz. Und zwei Klingeln. Ich drückte auf den Reiterknopf, und das Gittertor sprang auf. Um den säuberlich geharkten Kies auf dem Pfad zum Haus zu schonen, trug ich meine Kartons einzeln bis vor die Haustür. Anna öffnete. »Komm, ich helfe dir.« Sie nahm einen Karton und ging die Treppe hinauf. Ich folgte ihr mit dem zweiten und hoffte, daß sie meine Schätze nicht sah. Sonst hätte ich womöglich eine Dose Corned beef hergeben müssen. Oder gar einen Karton Zigaretten.

Ein Geruch nach Bohnerwachs und Pellkartoffeln füllte den Korridor. Durch das Speisezimmer gelangten wir auf eine Veranda. Ein Sofa, ein kleiner Schrank, ein Schreibtisch, ein Stuhl. Für mehr war kein Platz. Schwere Spitzenvorhänge verwehrten die Aussicht.

»So, das wäre dein Zimmer.« Wir stellten die Kartons ab und gingen wieder ins Vorzimmer. Ohne sie zu öffnen, wies Anna auf die verschiedenen Türen: »Unser Zimmer, Vaters und Mutters Schlafzimmer, Klosett, Badezimmer, und hier ist die Küche.« Sie machte die Tür auf.

Die Familie saß bei Tisch. Annas Vater stand auf, schüttelte mir kräftig die Hand, und wir setzten uns. Die Küche war fast so groß wie das Speisezimmer. Jesus Christus hielt mir mit beiden Händen ein strahlendes, dornenbekränztes blutendes Herz entgegen, und erst als mir ein Teller vorgesetzt wurde, wandte ich den Blick von dem Bild ab.

»So, und was wirst du jetzt machen, wo du wieder zu Hause bist?« fragte mich der Oberst.

Alle sahen mich an. Ursula und ihre Mutter lehnten ihre Löffel an den Tellerrand. Annas schnippisches Lächeln war verschwunden. Auch sie wartete. Oder verglich sie mich mit jemand anderem?

»Ich weiß nicht«, sagte ich. Die Wahrheit fiel mir leichter als die Erfindung eines Lebenszwecks.

»Wie alt bist du jetzt?«

»Siebzehn.«

»Ich glaube, das Beste wäre, du würdest wieder zur Schule gehen. Um etwas zu werden.«

Etwas zu werden. War ich denn nichts? Und zur Schule? Allein der Gedanke verursachte mir Herzklopfen. Ihren stechenden Blikken ausgesetzt, erwiderte ich schnell: »Ja, ich denke auch.«

»Geht in Ordnung. Ich werde das Nötige unternehmen.«

»Danke, Herr Oberst.«

Anna zwinkerte mir zu. Scheinbar hatte ich die erwartete Antwort gegeben.

Nach dem Essen kamen die Vorschriften: Aufstehen – halb sieben. Um sieben – Frühstück. Mittagessen um eins. Abendessen um sechs.

»Und wenn ich nicht frühstücke? Ich bin nämlich nicht gewöhnt, in der Frühe zu essen.«

»Dann kannst du bis halb acht im Bett bleiben. Aber dann stehst du auf und hilfst der Mutter aufräumen.«

Ursulas Ton ließ mich zweifeln, ob ich das Richtige getan hatte. Ich stand auf. »Ich gehe ein bißchen spazieren.«

»Komm nicht zu spät nach Hause. Um zehn gehen wir schlafen.«

»Könnte ich einen Schlüssel bekommen?«

»Den brauchst du nicht. Es ist immer jemand daheim.«

Ich schlenderte durch die Nachbarschaft. Das Zwielicht verwandelte die Berge in schwere, düstere Schatten. Der Wind jagte die Wolken über den grau werdenden Himmel. Die Hunde bellten mir nach. Sankt Florian goß Wasser herab, aber das Häuschen zwischen seinen Beinen brannte weiter. Um halb neun war ich wieder zurück. Ich läutete, das Tor schnappte auf, dann die Haustür. Die Wohnungstür stand leicht offen, aber es war niemand da. Das Badezimmer war frei, die Küche leer – alle waren in ihren Zimmern. Jemand hatte mir das Bett gemacht. Da ich nichts zum Lesen hatte, konnte ich bloß jede Viertelstunde die Glockenschläge zählen und warten, bis ich einschliefe. Aber ich fand keinen Schlaf. Im Speisezimmer nebenan tickte eine Standuhr und rasselte jedesmal metallisch, kurz bevor sie zu schlagen begann. Die Kirchturmuhren schwiegen zumindest immer für eine Viertelstunde, aber die Uhr im Speisezimmer machte keine Pause. Tuck – tack, tuck – tack, rastlos. Durch die geschlossene Tür, durch das Kissen, unter dem ich mich vergraben hatte, bis in die entlegensten Ecken meines Gehirns drang das Geräusch. Es machte mich rasend. Ich sah mich, wie ich die Standuhr mit einer Axt mittendurch spaltete und kurz und klein schlug. Und nicht nur die Uhr.

Zum Schluß schlich ich auf Zehenspitzen ins Speisezimmer. Das Parkett ächzte. Ich fürchtete, jemand könnte mich überraschen, während ich vorsichtig die Glastür öffnete und das Pendel der Uhr anhielt.

Ein Uhrmacher wurde geholt. Er nahm das Werk auseinander, säuberte und ölte es, doch vergeblich. Er kam noch einige Male, aber die Uhr blieb immer wieder stehen.

An einem der darauffolgenden Tage ging ich zur Polizei, um mich als Heimkehrer eintragen zu lassen. Ein Polizist prüfte meine Dokumente und verschwand mit ihnen in einem anderen Zimmer. Ein helles Rechteck an der Wand verriet mir den Platz, an dem früher das Bild des Führers gehangen hatte. Der Polizist kam wieder und sagte, er benötige zwei Paßbilder von mir.

Ich ließ mich fotografieren, und um die Lebensmittelkarte für ehemalige KZ-Insassen zu bekommen, mußte ich dem Bund der

Opfer nationalsozialistischer Unterdrückung in Tirol beitreten. Ich war überrascht, dort einige Nichtjuden zu treffen, die ebenfalls im KZ gewesen waren. Kommunisten. 1938 festgenommen, umerzogen, 1939 eingezogen, waren sie jetzt beides: Heimkehrer und »Opfer mit ausgestandener Konzentrationslagerhaft«, wie es auch auf meiner Mitgliedskarte stand. Man gab mir ein vergoldetes emailliertes Abzeichen – ein rotes Dreieck wie das Dreieck der politischen KZ-Häftlinge, mit einer goldenen Dornenkrone darüber. Ob ich als Jude dieses christliche Abzeichen tragen sollte? Aber ich hatte ja Schlimmeres getan. Und Abzeichen hatte ich schon immer gern gehabt. Ich steckte es an und trug es stolz. 1938–1945 stand noch darauf. Das Jahr 1945 war zwar noch nicht um, aber die vier KZ-Monate von Januar bis April 1945 wurden wahrscheinlich als volles Jahr berechnet.

19 Schule

In den letzten Augusttagen hatte der Oberst mich als Gastschüler für die siebte Klasse der Städtischen Realschule angemeldet. Weil ich nie Latein gelernt hatte, wollte mich kein Gymnasium. Und da ich vier Schuljahre verloren hatte, mußte ich jetzt mit Sechzehnjährigen eine Klasse unter meiner Altersstufe anfangen. Ich hatte richtige Angst. Besonders vor dem Rechnen. Noch nie habe ich den Ausdruck ›die Schönheit der Mathematik‹ verstehen oder auch nur die einfachste Rechenaufgabe ohne Hilfe lösen können. Ich konnte nachts nicht schlafen und begann, unter allen möglichen Vorwänden nicht zum Mittagessen zu kommen. Ich aß im Goldenen Adler.
Am Vorabend des ersten Schultages fragte mich Ursula, was mit mir los sei.
»Nichts«, erwiderte ich und ging hinunter.
Um halb neun ging ich ins Bett. Ich erinnerte mich, wie mein

Vater mich so lange geprügelt hatte, bis ich das Einmaleins auswendig konnte. Und jetzt sollte ich *Algebra* lernen.

Plötzlich fing ich an zu weinen. Keine Träne war mir gekommen, als ich erfahren hatte, daß meine Mutter in Auschwitz ermordet worden war, aber jetzt weinte ich, weil ich wieder in die Schule mußte.

Erinnerungen an Tod und Erniedrigungen lösten einander ab, bis ich nicht mehr wegen der Algebra weinte, sondern weil ich so allein war. War es nicht einerlei, ob man zur Schule ging oder ob man einfach wartete, bis der Tod alles erledigte? Sterben mußte man ja ohnehin.

Plötzlich öffnete jemand vorsichtig die Tür. Es war stockfinster; ich glaubte, ein Nachthemd zu sehen.

»Anna?«

»Soll ich sie rufen?« Es war Ursula.

»Nein, nein. Rufe niemanden«, sagte ich schnell und ärgerte mich über meine dumme Voreiligkeit.

»Hast du geweint?« Ich rang noch immer mit den Tränen.

Sie setzte sich, wartete ein wenig, dann schlug sie die Decke hoch und legte sich neben mich.

Sie legte mir den Arm unter, zog mich an sich und sagte leise: »Schlaf jetzt.«

Meine Tränen versiegten, aber ich wurde unruhig.

»Warum hast du geweint?«

In einem von Schluchzen unterbrochenen Schwall von Erinnerungen erzählte ich ihr alles.

Als alles vorüber war, ging sie wieder, und ich fühlte mich etwas erleichtert, aber immer noch einsam und verlassen.

Eine Stunde später stand ich auf.

In meinem feldgrauen Anzug, das Abzeichen mit der Dornenkrone wie ein Eisernes Kreuz erster Klasse auf der linken Jackentasche, zog ich los. Anna begleitete mich. Sie war auf Arbeitssuche.

Wir nahmen die Straßenbahn, und bevor sie ausstieg, fragte sie schnell: »Willst du, daß ich dich abholen komme?«

»Ja!« Ich wollte sie umarmen.

Der Gestank in der Konzentrationslagerlatrine war nicht so widerlich gewesen wie die ekelerregende von Schweiß und Lysol getränkte Luft in dem Klassenzimmer. Die hohen Fenster waren geschlossen, und die Morgenfrische war vergessen.

Ich wählte eine Bank in der entferntesten Ecke, so weit wie möglich weg vom Lehrerpult. In die grünlackierte Schreibplatte waren Hakenkreuze verschiedener Größe und Tiefe eingeritzt, die dem Versuch der Überstreichung widerstanden hatten. In dem hellen, vom Führerbild zurückgelassenen Rechteck über der Tafel hing wieder ein Kruzifix.

Deutsch. Geschichte. Geografie – die Stunden schlichen. Es gelang mir, das meiste zu notieren, aber in Mathematik kam ich nicht mit. Mit schwindelerregender Geschwindigkeit quietschte die Kreide über die Tafel und schrieb komplizierte Formeln, die weggewischt wurden, bevor ich sie abschreiben konnte.

Ich begann, die anderen zu beobachten: Der Lehrer trug mit piepsiger Stimme Ziffern vor, als wären sie Orakel. Meine Mitschüler stellten ab und zu Fragen, bekamen kurze Antworten, deren Ton deutlich mahnte: »Stör mich nicht!« Als endlich das letzte Klingelzeichen des Tages ertönte, schwitzte ich genauso wie die anderen. Ich hoffte nur, daß Anna es nicht merkte, wenn sie mich abholen kam.

Als wir den Schulhof überquerten, fing es an zu regnen. Wir drängten uns unter einer Schaufenstermarkise zusammen, und ich stand dicht neben dem einzigen Mädchen unserer Klasse. Sie saß in der ersten Reihe, und das wenige, das ich an ihr bemerkt hatte, war eine große schwarze Schleife, die ihr Haar zusammenhielt. Jetzt sah ich zwei dunkle braune Augen, eng beieinander, die mich prüfend musterten.

Ihr Haar war kastanienbraun, ihre Backen glänzten rosig frisch. Ein kleiner weißer Kragen umschloß ihren Hals wie ein Lätzchen, darunter hing an einem dünnen Kettchen ein kleines goldenes Kruzifix.

Sie lächelte, als die anderen den triefenden Unterschlupf verließen und mit ihren Schulmappen über dem Kopf zur Haltestelle rannten.

In diesem Augenblick erschien Anna mit einem riesengroßen Schirm und winkte mir.

»Deine Mutter hat dir einen Schirm gebracht.«

»Das ist nicht meine Mutter«, sagte ich ärgerlich, bevor ich in den Regen hinaustrat. Sie kicherte.

»Wer ist die mit der schwarzen Masche?«

»Ein Mädchen aus meiner Klasse.«

Uns unter dem Schirm aneinanderdrängend, warteten wir auf die Straßenbahn. Nach dem Mittagessen kam sie in mein Zimmer und fragte, wie es in der Schule gelaufen sei.

»Schlecht.«

Sie lachte. »Du wirst dich schon dran gewöhnen.«

Als sie meine Notizen aus der Mathematikstunde sah, sagte sie: »Sehr schlimm. Ich werde dir Nachhilfestunden geben müssen.«

»Du?«

»Na, wer denn sonst?« Es ist ganz einfach. Du mußt nur wissen wie.«

Sie holte sich einen Stuhl aus dem Speisezimmer. – »Also, fangen wir an.«

»Ich bin hungrig.«

»Red keine Dummheiten. Wir haben ja gerade gegessen.«

»Ich bin immer hungrig.«

»Laß den Unsinn. Du mußt viel nachholen, wenn du etwas werden willst.«

Schon wieder! Etwas werden! Ich haßte den Ausdruck. Ich versuchte, ihren Erklärungen zu folgen, konnte mich aber nicht konzentrieren. Nach einer Stunde hatte ich noch nichts verstanden. Nur das Wurzelzeichen konnte ich. Zum Schluß begriff ich, daß zwei die Wurzel aus vier war. Damit sollte ich etwas werden? Meine Gedanken schweiften ab.

»Morgen machen wir weiter.«

Im Englischen ging es besser. Während die meisten Schwierigkeiten mit dem »th« hatten, konnte ich es mühelos aussprechen. Wenn der Lehrer mich aufrief, um der Klasse zu zeigen, wie man die Zunge am Gaumen zurückzog, drehte das Mädchen aus der ersten Reihe sich nach mir um. Veronika Parravicini. Ich fragte mich, wo sie den italienischen Namen her hatte.

Der Englischlehrer war jung, blond und hatte harte Augen wie ein Offizier. Weil er so gut Englisch sprach, verglich ich ihn jedoch nicht, wie gewöhnlich, mit einem Konzentrationslagerkommandanten.

Sein Unterricht war mein einziger Trost an grauen, verregneten, kalten Morgen, wenn Aufstehen wie ein Gang zur Hinrichtung war.

20 Eine kleine Nachtmusik

Anna fand eine Stelle. Hinter dem Schalter der Bank sah sie aus, als sei sie dort angekettet. Sie arbeitete bis fünf, und manchmal holte ich sie ab. Ich war ganz stolz auf sie. Die neidischen Blicke ihrer Kollegen gaben mir ein Gefühl von Überlegenheit. Der erste Schnee war gefallen, und Anna trug einen schweren schwarzen Mantel und einen schwarzen Hut mit grüner Kordel und Feder.

Eines Abends, kurz nach dem Abendessen, klopfte sie an meiner Zimmertür.

»Ich habe eine Überraschung für dich.«

»Was?«

»Wir gehen ins Konzert. Vater leiht dir eine Krawatte.«

»Ich habe selber eine.«

»Ich weiß. Die kenn' ich. Die sieht aus wie ein toter Papagei.«

Ich war beleidigt, außerdem wollte ich ihrem Vater nicht dauernd zu Dank verpflichtet sein.

»Ich gehe nicht.«

»Warum nicht? Wegen der Krawatte?«

»Nein.«

»Warum dann nicht? Ich dachte, du liebst Mozart.«

Ich wollte nicht darüber reden. Ich spürte, wie mir die Tränen kamen.

Das Klavier. Der Blüthnerflügel. Plötzlich sah ich ihn. Neben dem Notenpult hatte ich die zu Mozarts 150jährigem Todestag erschienene Sondermarke in einem Rahmen aufgestellt.

Noch wohnten wir außerhalb des Ghettos, wußten aber, daß unsere Tage gezählt waren. Ich hatte aufgehört Klavier zu spielen, als der Krieg ausbrach und die Litauer anfingen, Juden auf offener Straße zu ermorden. Mozarts Bild hatte ich aufs Klavier gestellt, weil ich dachte, er hätte damit nichts zu tun. Er verkörpere die deutsche Kultur, hatte mein Vater einmal gesagt. Nur mein kleiner Bruder spielte weiter. Er mußte! Er könne einfach nicht anders, behauptete er.

Er klimperte gerade, als es klingelte und ein Offizier ins Zimmer stürmte. Er betastete die Möbel, bemerkte das Bild, inspizierte es näher und steckte es ein. Dann gab er uns zwei Stunden zum Packen.

»Komm. Mach dich fertig. Von mir aus kannst du dir den Papagei umbinden.«

Ich wünschte, Ursula wäre bei mir gewesen statt Anna. Die verstand mich, wenn ich niedergeschlagen war. Aber so, wie Anna mich mit ihren Augen zwingen konnte, beim Rechnen sitzen zu bleiben, so brachte sie mich jetzt dazu, Sergeant Heinemanns Krawatte umzubinden und ins Konzert zu gehen.

Draußen fragte sie: »Was hast du denn?«

»Ich sag' es dir später.«

Die Eröffnung der kleinen Nachtmusik in dem von Kristall-Lüstern und elektrischen Kerzen erleuchteten Konzertsaal ließ mich erschauern. Wieder kamen die Erinnerungen: Ich saß neben meinem Vater in der ersten Reihe zwischen Obersturmbannführer Goecke und dem Ghettoältesten in einer halb zerstörten Synagoge im Kowner Ghetto. Es spielte das Ghettosymphonieorchester. Nur jüdische Komponisten waren erlaubt. Mendelssohn, Meyerbehr – ob der Ghettokommandant als Arier von Juden komponierter Musik zuhören durfte, war mir nicht ganz klar.

Stille. Zweiter Satz. Romanze. Langsam, wie einen unergründlichen Kummer beklagend, jedoch in Licht und Lauterkeit entstanden, versetzte die Musik mich in eine andere Welt. Ich legte meine Hand auf Annas Hand.

Als wir nach dem Konzert ins Freie traten, hatte der Wind aufgehört und Sterne standen über den Bergen. Schweigend gingen wir Hand in Hand durch die leeren Straßen. Zu Hause sagten wir uns kurz gute Nacht und verzogen uns in unsere Zimmer.

Etwa eine Stunde mochte vergangen sein, in der ich unter dem Eindruck der Musik noch wachgelegen hatte, als ich das Parkett ächzen hörte. Die Türklinke quietschte leise – war es Ursula? Diesmal wartete ich.

»Schläfst du?«

Anna. Ich breitete die Arme aus, sie schlüpfte unter die Decke und drückte sich fest an mich.

Der Duft ihrer Haare umfing mich, und ich versank in einem Traum.

Plötzlich fragte sie: »Warum hast du geweint?«

Ich begann zu erzählen. Vieles war wahr, manches übertrieben, wieder anderes erfunden oder von anderen aufgeschnappt.

Anna kam fast jede Nacht. Ein verstohlener Blick über den Küchentisch hinweg genügte als Besuchsankündigung. Meist kreuzten sich unsere Blicke, und die Sache war abgemacht. Nur während der Mathematik-Nachhilfestunden durfte ich mir nichts anmerken lassen. Als ich es einmal tat, blieb ich zur Strafe drei Nächte lang allein.

War das endlich die ›wahre‹ Liebe? Körperliche Befriedigung? Die anschließende Leere ließ mich daran zweifeln.

21 Siegesfeier

»Wenn die Soldaten
durch die Stadt marschieren,
öffnen die Mädchen
die Fenster und die Türen ...«

Es ging genauso zu wie damals, als die Franzosen kamen. Die Straßen waren verstopft, die Straßenbahnen konnten nicht weiter, der Verkehr wurde umgeleitet.

Nicht weit von der Schule, in der Nähe von Annas Bank, gab es einen großen Auflauf. Soldaten sangen und tanzten mitten auf der Straße. Blauweiße Abzeichen mit gelbem Davidstern am Ärmel englischer Uniformen kennzeichneten sie als Angehörige der Jüdischen Brigade.[13] Aber warum tanzten sie? Wenige Monate zuvor waren Tausende von Juden ermordet worden, ohne daß ihnen eine Jüdische Brigade zu Hilfe gekommen wäre, und jetzt tanzten sie? Die Engländer, deren Uniformen sie trugen, blockierten die Küste Palästinas, so daß kein Überlebender hineingelangte, und sie feierten?

Chaskel und ein paar andere aus dem Goldenen Adler standen dabei, sangen und klatschten im Takt.

»Was ist los?«

»Es ist ihre erste Station auf deutschem Boden. Sie werden aus Italien nach Deutschland verlegt. Jetzt zeigen sie's ihnen.«

Was sie ihnen ›zeigen‹ wollten, war mir nicht ganz klar. Auch die Zuschauer schienen nicht recht zu wissen, worum es ging. Etwas weiter entfernt glaubte ich, Anna in einer Gruppe von Kollegen aus der Bank zu sehen.

Nach kurzer Zeit beendete die Militärpolizei den Reigen, alles nahm wieder seinen normalen Lauf. Ich folgte Chaskel in den Goldenen Adler.

Im Speisesaal ging es hoch her. Eine Weile schaute ich mir die Feiernden, darunter viele jüdische Soldaten, an, wie sie Gläser schwingend mehr grölten als sangen.

Ich war überrascht, als ich nach Hause kam und einer von ihnen mit Anna auf meinem Bett saß. Seine Uniformjacke hing über meinem Stuhl, seine Mütze lag auf dem Tisch. Ich wurde wütend. Anna merkte es, und noch bevor ich explodierte, sagte sie schnell: »Das ist Heini. Er ist extra wegen dir gekommen.«

»Wegen mir?«

»Ja.« Heini stand auf und streckte mir lächelnd die Hand entgegen. »Schalom!«

Heini. Zum Teufel, wer war das? Ich sagte »Schalom«, und er setzte sich wieder aufs Bett. Ich mußte den Stuhl nehmen.

»Ich kannte dich, als du noch ganz klein warst. Herr Mendel gab mir deine Adresse. Du warst doch im Konzentrationslager, nicht wahr?«

Ich schaute ihn an.

»War es schlimm? Ich hörte, daß deine Eltern tot sind.«

Noch einer, der gern Geschichten hören wollte.

Ich wartete, was noch käme.

»Du erinnerst dich doch an mich, oder?« Langsam kam mir sein Gesicht bekannt vor.

»Deine Eltern hatten ein Schuhgeschäft?«

»Stimmt. Sag mal, was hast du für Pläne?«

»Pläne?«

»Ich meine, willst du nicht nach Palästina?«

»Nein.«

Nach einem kurzen Blick zu Anna fragte er: »Gefällt es dir hier?«

»Was geht das dich an?«

Anna war betroffen. »Warum sagst du's ihm nicht?« fragte sie.

Ich stand auf. »Ich gehe jetzt hinunter.«

»Nein, nein. Bleib da. Heini hat uns zum Ball eingeladen.«

»Was für ein Ball?«

»Die Siegesfeier.«

»Habt ihr den Sieg nicht schon am 8. Mai gefeiert? Wir haben doch schon Ende Oktober.«

»Dies ist das erste Mal in der Geschichte, daß wir als Sieger nach Deutschland kommen.« Mit dem ›wir‹ meinte er ›wir Juden‹.

»Ich gratuliere. Aber ich bin nicht als Sieger gekommen, und deswegen habe ich keinen Grund zu feiern.«

»Sei doch kein Spielverderber. Warum mußt du alles so ernst nehmen? Laß doch die Vergangenheit ruhen und uns am Samstag abend tanzen gehen.«

Diesmal war es Annas Blick, der Heinis Zustimmung suchte.

Um ihn endlich loszuwerden, versprach ich mitzukommen.

Ich wartete, bis Anna Heini hinausbegleitet hatte, bevor ich sagte: »Du weißt doch, daß ich nicht tanzen kann. Also wozu das?«

»Ich werde es dir beibringen.«

»Wann denn? Morgen ist schon Freitag!«

»Dann bleiben uns noch drei Tage. Wir fangen gleich an.«

Sie holte ihr Koffergrammophon, machte Platz im Speisezimmer und legte eine Platte auf. Glenn Miller. Ich hatte keine Ahnung. Sie kurbelte, und los ging's.

»In the Mood.« Sofort packte mich der Rhythmus. So etwas hatte ich noch nie erlebt. Anna führte, und als die Platte zu Ende war, fühlte ich mich ganz sicher.

Dann zeigte sie mir einen Walzer. Ohne Musik. »Eins-zwei-drei, Eins-zwei-drei.« Es ging ganz gut, aber ich wollte wieder »In the Mood« hören.

»Wo hast du die Platte her?«

»Mike hat sie mir geschenkt.«

Mike. Ihn hatte ich ganz vergessen. Aber jetzt war er wieder da. Ebenso wie Toni. Und Heini.

»Was hast du denn schon wieder?«

»Nichts. Glaubst du, daß ich jetzt wirklich tanzen kann?«

»Es wird schon gehen.«

»Wirst du nur mit *mir* tanzen?

»Das kann ich dir nicht versprechen.«

Etwas in mir riß. Ich war genauso hilflos wie vor einem Jahr, als ich unter einem Sack Zement zusammenbrach und nicht mehr aufstehen konnte. Nur diesmal blieb mein Stolz intakt: »Dann gehe ich nicht.«

»Wie du willst.«

In der Nacht kam sie nicht. Auch nicht in der nächsten. Am Samstag ging sie mit Heini, und ich blieb daheim.

Stundenlang wartete ich auf sie. Wütend, voller Haß gegen alle und mich selbst, wälzte ich mich im Bett hin und her und konnte nicht einschlafen. Ich lauschte auf die Schritte der späten Passanten, aber alle verhallten. Ich hoffte, daß Ursula vielleicht käme. Aber das war vollkommener Unsinn. Sie hatte sich mit einem U-Boot-Kommandanten, der aus der Gefangenschaft zurückgekehrt war, verlobt. Nein. Bei ihr konnte ich keinen Trost mehr suchen.

Als der Morgen graute, schlief ich endlich ein.

Ich träumte, daß sie hinter mir her waren. Ich rannte. Weiter, immer weiter, mit schwindender Kraft, aber es gab keinen Ausweg. Gleich hinter dem Stacheldraht ragten riesige Berge empor und verwehrten mir jede Flucht.

Ein eisernes Tor schob sich langsam auf. Hier werden sie mich nicht erwischen, dachte ich erleichtert, aber als ich über die Schwelle trat, erblickte ich die Duschen. Die Gaskammer! Ich machte kehrt, aber es war zu spät. Das Tor schlug dröhnend zu. Ich erwachte und hörte, wie jemand die Haustür zuschloß.

Anna.

Sie ging direkt in ihr Zimmer.

22 Sonntag

Ich stand spät auf. Nach der Kirche saß der Oberst in der Küche, rechnete oder schnitt von den gesammelten Kippen das Angebrannte ab, entfernte das restliche Papier und rollte den Tabak zu Zigaretten. Keine Faser ging verloren. Auch ich ließ mich in der Küche nieder. Die anderen räumten ihre Zimmer auf.

Oft schmuggelte ich heimlich Kippen von mir in seine Dose. Zwar hätte ich ihm hin und wieder eine ganze Schachtel schenken können, aber Geschenke ohne Veranlassung wären reine Verschwendung gewesen. Womöglich hätte er sie aus Stolz gar nicht angenommen. Außerdem hatte ich ihnen meine Lebensmittelkarte gegeben. Vom Joint-Paket behielt ich nur die Zigaretten. Den Rest verkaufte ich auf dem Schwarzen Markt. Die starken Fünf- und Zehn-Dollar-Noten gaben mir Sicherheit.

Der Oberst klagte über die schlechte Qualität der französischen Kippen. Mit »Chesterfield« oder »Lucky Strikes« waren die »Gauloises« in der Tat nicht zu vergleichen. Aber da war nichts zu machen. Nachdem die Amerikaner abgezogen waren, lagen eben nur noch französische Kippen auf der Straße.

Während ich ihm beim Zigarettendrehen half, erzählte er mir vom Ersten Weltkrieg. Besonders von der Schlacht am Isonzo. Dort hatten seine Soldaten ihre Geschütze im Schneesturm auf die Berge geschleppt und die Italiener fast besiegt.

Nachdem er mit den Kippen fertig war, begann er Rechnungen anzustellen. Dabei mußte absolute Ruhe herrschen.

Er kalkulierte die Ballistik von Artilleriegeschossen. Mit gesenktem Kopf, oft leise schnaufend, zeichnete er mit einem langen, scharf gespitzten Bleistift die Bahnen der Geschosse auf Millimeterpapier, schob das Fenster seines Rechenschiebers hin und her und übertrug die Resultate sorgfältig in Tabellen, während ich Zeitung las.

Als ich ihn einmal fragte, warum er diese Berechnungen mache, sah er mich streng an, stand auf und verließ die Küche. Nach ein paar Minuten kehrte er mit einem großen, flachen Etui zurück. Er schob seine Papiere beiseite, legte das Etui auf den Tisch und öffnete es feierlich.

Wie Juwelen auf Purpur gebettet, funkelten große Sterne, emaillierte Kreuze und Medaillen aus Silber und Gold mit bunten Bändern.

»Die hat mir der Kaiser für meine Leistungen verliehen. Ich hätte noch mehr geleistet, wenn ich meine Geschütze damals anders plaziert hätte. Hier sind die Beweise dafür.« Er tippte mit dem Zeigefinger auf die Tabellen, aus denen scheinbar hervorging, daß der Stillstand am Isonzo in einen überwältigenden Sieg hätte verwandelt werden können, nachdem dort 250 000 österreichische und 500 000 italienische Soldaten gefallen waren.

War der Oberst verrückt? Einen Krieg weiterzuführen, der vor dreißig Jahren beendet worden war?

Es klopfte.

Es war Ursula. »Dürfen wir jetzt das Mittagessen vorbereiten?« Mürrisch packte der Oberst seine Sachen zusammen und verließ die Küche.

Der Ball vom Vorabend wurde beim Essen nicht erwähnt. Das alte überlegene Lächeln erschien wieder auf Annas Lippen, als unsere Blicke sich trafen. Um Anna vor ihrer Mutter in Verlegenheit zu bringen, fragte ich Ursula, wann ihre Schwester am Abend nach Hause gekommen sei. Sie gab mir einen Tritt und sagte schnell: »Wie immer. Gegen halb zwölf.« Anna wurde nicht einmal rot.

Am Nachmittag mußte ich Mathematik nachholen, da ich drei Tage mit Tanzunterricht verloren hatte. Da ich Anna nicht bitten wollte, mir zu helfen, versuchte ich, allein damit fertig zu werden, aber meine Gedanken schweiften ab. Was waren das für Leute, die interessierte, wieviel Stunden fünf Arbeiter brauchten, um einen Graben auszuheben, wenn zwei Arbeiter es in sechs Stunden schafften?

»Das hängt vom Boden ab«, ging's mir durch den Kopf, denn ich erinnerte mich an die festgefrorene Erde in Landsberg, wo wir einige Monate zuvor mit Pickel und Schaufel die oberste Schicht unter größter Mühe ein wenig hatten abkratzen können.

Ich starrte noch eine Zeitlang durchs Fenster und verfolgte einzelne Schneeflocken. Aus Langeweile nahm ich das *Manifest der Kommunistischen Partei* in die Hand, das mir ein Heimkehrer beim Bund der Opfer angedreht hatte. Da ich nie über die Vorworte der verschiedenen fremdsprachigen Ausgaben hinausgelangt war, öffnete ich die Broschüre wahllos in der Mitte: »Die Bourgeoisie hat dem Familienverhältnis seinen rührend-sentimentalen Schleier abgerissen und es auf ein reines Geldverhältnis zurückgeführt.« Dann erschien Anna.

»Was machst du?«

»Ich lese.«

»Du solltest Aufgaben machen.«

»Wozu?«

»Fang mir ja nicht *damit* wieder an. Ich habe keine Zeit zum Philosophieren. Komm, mach Platz. Ich helfe dir.«

Der Sonntag war vorbei.

23 Veronika

Zweiter November. Allerseelen. Die ganze Nacht hatte es geschneit. In der Frühe waren die Fenster mit paradiesischen Eisblumen bedeckt. Durch einen kleinen freien Fleck sah ich den Schneeflocken nach. Am Nachbarhaus hingen lange, dünne Eiszapfen.

Am Ende hatte ich vom Oberst den schweren Regenmantel als Geschenk angenommen. Er war in den Schultern etwas zu weit, außerdem etwas zu lang, aber draußen zerrte der Wind ihn zurecht, und niemand merkte, wie schlecht er mir paßte. Daß der Oberst ihn am Isonzo getragen hatte, tröstete mich, und ich stapfte stramm durch die Kälte. Die Berge, soweit man sie durch Nebelfetzen sehen konnte, waren in Weiß gehüllt.

Nach meiner Rückkehr und dem Mittagessen begleitete ich die Familie auf den Friedhof.

»Du brauchst nicht zu beten oder so«, hatte Frau Reiter mir gesagt. »Aber Vater würde sich freuen. Du könntest bei der Gelegenheit den jüdischen Friedhof besuchen.«

Es hatte aufgehört zu schneien. Schweigsam ging ich hinter ihnen her und bewunderte Ursulas Pelzkappe, die wie eine weiße Krone auf ihrem glänzenden Haar thronte. Ich hatte nicht einmal ein Käppchen dabei. Mir war ganz entfallen, daß ich eine Kopfbedeckung brauchte, wenn ich auf den jüdischen Friedhof wollte. Wenigstens meine KZ-Mütze hätte ich mitnehmen sollen. Aber es war zu spät. Mein Taschentuch mußte reichen. Aber ich brauchte es nicht. Der jüdische Friedhof war verschlossen. Durch das schmiedeeiserne Gitter sah ich verschneite Grabsteine mit verwischten Inschriften. Niemand, den ich kannte, war dort begraben.

Am nächsten Morgen zog Nebel durch die Straßen. Es war finster.

In der Schule brannte Licht. Es war geheizt und die Luft war stickig, obwohl die Fenster nachts geöffnet wurden. Trotz der Düsternis herrschte lebhafte Stimmung.

»Du, Haber, wie sagt man *Distel* auf englisch?« Es hatte gerade geklingelt, und der Lehrer mußte jeden Moment kommen.

»Thissl«, antwortete ich, das »th« fast wie ein »S« aussprechend, und buchstabierte: »t-h-i-s-t-l-e.«

»Falsch! *Alle* Buchstaben müssen ausgesprochen werden«, und damit ging der Krawall los: »Tischtell, tischtel«, erschallte es im Chor.

»Ruhe! Sofort aufhören! Hier geht es ja zu wie in einer Judenschule!«

Das Geschrei brach jäh ab. Alle drehten sich zu mir um und warteten auf meine Reaktion, aber ich setzte mich, als sei nichts geschehen. Komisch – ich fand, er hatte recht. Ich erinnerte mich, wie ich mich immer gesträubt hatte, in die Synagoge zu gehen. Der Lärm, die Hitze, der dumpfe Geruch – auch dort hatten sie mich gestört.

»Was war denn los?« wollte er wissen. Niemand antwortete.

»Haber!«

»Jawohl, Herr Lehrer.«

»Bitte kommen Sie nach dem Unterricht ins Lehrerzimmer.«

»Jawohl, Herr Lehrer.«

Im Lehrerzimmer sagte er: »Tut mir leid, Haber. Ich war sehr aufgeregt. Es lag nicht in meiner Absicht, Sie zu beleidigen.«

»Ich verstehe.«

»Danke.«

Er schüttelte mir die Hand, und ich rannte hinaus. An der nächsten Ecke stand Veronika. Sie lächelte, und mir war klar, daß sie auf mich gewartet hatte. Sie fragte gleich: »Hat er sich entschuldigt?«

Ich war überrascht. Warum wollte sie das wissen?

Während die anderen getobt hatten, war sie ruhig auf ihrem Platz geblieben, hatte in einem Heft geblättert und sich um nichts gekümmert.

»Warum fragst du?«

»Weil es sich gehört hätte. Komm, begleite mich zur Bahn. Ich möchte meinen Zug nicht versäumen.«

»Wohin fährst du?«

»Heim. Ich wohne in Jenbach.«

Zuerst zögerte ich, aber ich wollte sie nicht vor den Kopf stoßen, also ging ich mit.

»Ich habe meiner Mutter erzählt, daß wir einen Juden in der Klasse haben, der im Lager war. Als ich deinen Namen nannte, hat sie geweint.«

»Warum?«

»Ich kann mich nicht genau erinnern, weil ich noch sehr klein war. Aber als mein Vater krank war und im Sterben lag, sollte meine Mutter den jüdischen Doktor holen, und der hat ihm das Leben gerettet. Dein Vater.«

»Und was macht dein Vater jetzt?«

»Er ist tot. Die Franzosen haben ihn umgebracht.«

»Die Franzosen?« Im ersten Moment dachte ich an die Besatzung.

»Als er in Frankreich einmal nachts auf Wache war, wurde er von hinten erstochen.«

Ich sagte nichts. Sie fuhr fort: »Wenn die Deutschen nicht zu uns gekommen wären, würde er bestimmt noch leben.«

»Was heißt ›die Deutschen‹? Bist du denn keine?«

»Nur eine halbe. Mein Vater war ein Welscher. Bevor ich auf die Welt kam, ist er aus Italien hergekommen. Dann hat meine Mutter ihn kennengelernt.«

Wir waren am Bahnhof.

»Pfüeti!« Dann lief sie zur Sperre.

Wir gingen fast täglich zusammen zur Bahn. Wir sprachen über unsere Kindheit, unsere Schulkameraden, unsere Schwierigkeiten mit den Aufgaben. Sie hatte es schwer in Englisch und sogar in Deutsch. Sie mußte zur Realschule, weil sie Latein nicht schaffte.

Unsere kurzen Spaziergänge erinnerten mich an die ersten zwei glücklichen Jahre in Litauen, als ich mit einem Mädchen aus der Schule zusammen nach Hause gegangen war. Aber diese Erinnerung mußte ich unterdrücken. Die Litauer hatten sie totgeschlagen, noch bevor die Deutschen 1941 die Stadt besetzten.

»Willst' zu uns auf Weihnachten kommen?« fragte sie mich eines Tages.

Es hätte mir gefallen, allein schon, um der wegen Anna gedrückten Stimmung im Reiterhaus zu entgehen. Doch ich zögerte.

»Ich kann nicht.«

»Warum nicht?«

»Weil ich bei den Leuten bleiben muß, bei denen ich wohne.«

»Du bleibst einfach am Heiligabend bei ihnen, und am ersten Weihnachtstag kommst du zu uns. Du kannst bei uns übernachten, und in der Frühe fährst du zurück.«

Sie hatte recht.

»Habt ihr einen großen Christbaum?«

»Den größten.«

24 Weihnachten

Die Tage waren sonnenklar. Der Schnee war hart und glatt. Nachts warf der Mond ein unheimliches Licht auf die Berge. Ich hätte gern über sie hinweggeschaut, aber Tag und Nacht türmten sie sich in bedrückender Masse vor mir auf, begrenzten meine Aussicht und engten mich ein. Ich mußte fort. Raus aus der Schule, raus aus meinem neuen Heim.

Alle waren nett zu mir. Sie fragten mich sogar, was ich mir zu Weihnachten wünschte. Gar nichts. Ich wünschte mir nur, daß Anna nachts wieder zu mir käme. Ich versuchte, es mit Blicken auszudrücken, wagte jedoch nicht, direkt darum zu bitten; eine Ablehnung hätte mich mehr gekränkt als ihre Verabredung mit dem jüdischen Soldaten. Ich saß wie früher neben ihr und tat so, als ob ich mich bemühte, das Unverständliche zu verstehen, doch ich war nur an ihren Brüsten, ihrem Körper interessiert, den ich zwar gefühlt, aber nie gesehen hatte. Sie wußte das ganz genau, aber es schien ihr boshaften Spaß zu machen, eine Stunde täglich neben mir zu sitzen, mich zu reizen und mir dann das zu versagen, was als Vergnügen begonnen hatte und zu einer Sucht geworden war. Im Goldenen Adler hatte ich vom Bordell hinter dem Bahnhof gehört, aber dorthin traute ich mich nicht. Es mußte Liebe dabei sein. Und ich liebte Anna, zumindest glaubte ich es, denn ihretwegen litt ich.

Am Heiligabend standen Kerzen auf dem Tisch und Pakete lagen unter dem Weihnachtsbaum. In Anbetracht des Regenmantels, der Galoschen und der ganzen Gastfreundschaft spendierte ich einen ganzen Karton Zigaretten und legte ihn dazu. »Meiner lieben Familie« schrieb ich auf ein mit einem Tannenzweig und einer roten Kerze geschmücktes Kärtchen. Aus zwei Silbermünzen hatte ich für die Mädchen Anhänger mit eingravierten Initialen angefertigt.

Die Kerzen wurden angezündet, dann kam »Sti-i-lle Nacht, heilige Nacht ...«, und wieder mußte ich Erinnerungen verscheuchen. Nur ein Jahr war vergangen, seit ich frierend im Lager Zehn unter einem Christbaum zum Appell gestanden hatte.

Nachdem sie die Geschenke geöffnet hatten, bekam ich von jedem Mädchen einen Kuß. »Unser kleiner Bruder« nannten sie mich. Dann machte auch ich das Paket mit meinem Namen auf: Ein schwarzer Pullover mit fünf großen, weißen Sternen auf der Brust. Die Mädchen hatten ihn abwechselnd aus einem alten Wollkleid gestrickt.

Wir setzten uns zum Gebet. Anna, Ursula und ihre Mutter im schönsten Sonntagsstaat, der Oberst in ordensgeschmückter Uniform und ich in meinem feldgrauen Anzug.

Ob ich mit zur Mitternachtsmesse käme.

»Nein. Ich kann nicht. Ich muß morgen ganz früh zur Bahn.«

»Was für eine *Bahn*?« fragte Anna.

»Ein Schulkamerad hat mich zu sich nach Hause eingeladen.«

»Der *Schulkamerad* mit der schwarzen Masche, stimmt's? Die kleine Sennerin!«

Ich spürte, wie mir das Blut ins Gesicht schoß.

»Stimmt.«

Später, in der Nacht, ich war fast eingeschlafen, schlich Anna sich in mein Zimmer.

»Los, mach Platz!«

Kein Wort fiel, bis es vorüber war. »Damit du mit deinem Bauernmädel keinen Unfug treibst«, sagte sie anschließend nur noch, bevor sie wieder davonhuschte.

Noch ganz verwirrt, versuchte ich einzuschlafen, doch es begann schon zu dämmern. Ich stand auf und ging zum Bahnhof.

Der Zug fuhr langsam den Fluß entlang. Das Ufer war stellenweise vereist, dahinter lagen weite Felder, schneebedeckt, die bis an den Rand des Waldes reichten. Verstreute Hütten, bis zum Giebel eingeschneit, ragten aus dem Schnee heraus. Plötzlich Finsternis. Ein Tunnel. Dann auf einmal wieder blendender Sonnenschein, und der Zug hielt an.

Veronika winkte vom Bahnsteig.

Sie hakte sich bei mir ein und hielt sich an mir fest, bis wir durch die engen Gassen zwischen frisch zur Seite geschaufeltem Schnee zu ihrem Haus kamen. Es stand auf einem Hügel, von dem aus man das ganze Tal überblicken konnte. Die Sonne spiegelte sich in zugefrorenen, vom Wind blank gefegten Teichen. Einzelne Krähen suchten die Felder ab, ließen sich kurz nieder, erhoben sich mit schwerem Flügelschlag und flogen weiter.

Veronikas Mutter öffnete. Sie war freundlich, robust, genauso wie ich sie mir vorgestellt hatte. Instinktiv suchte ich das unvermeidliche Kruzifix. Es hing in einer Ecke hinter dem bis zur Decke ragenden Weihnachtsbaum. Ich betrachtete die in allen Farben glitzernden Kugeln und vergaß fast, Frau Parravicini ihr Geschenk zu überreichen. Zigaretten natürlich und für Veronika einen weißen Schal vom Schwarzen Markt.

Sie holte ein kleines Päckchen unter dem Christbaum hervor und überreichte es mir. Eine Skimütze. Eine schwarze Skimütze mit drei Zipfeln. Ich setzte sie auf – sie paßte ganz genau.

Veronika hielt mir einen Spiegel hin.

Mit herunterhängenden Ohrenzipfeln und dem Dreieck über der Stirn, das zur Nase wies, sah ich wie der Teufel aus und mit hochgeklappten Zipfeln wie ein Hofnarr.

»Die Skier sind draußen. Nach dem Essen kannst du sie ausprobieren.«

Mit den Skiern ihres Vaters auf der Schulter und in seinen Skischuhen folgte ich Veronika nachmittags den Hügel hinauf, dann in einen Wald bis zu einer Lichtung. Acht Jahre waren vergangen, seit ich das letzte Mal Ski gefahren war. Damals war ich neun gewesen. Ich schnallte die Bretter an und fuhr Veronika nach. Ich war überrascht, wie leicht es ging. Aber dann geschah es: Wir waren schon fast unten, als ich eine Hecke umfahren wollte. Meine Brillengläser beschlugen, ich konnte nichts mehr sehen und stürzte.

Mein Knöchel schmerzte stark. Ich bekam die Skier nicht auseinander. Beide steckten über Kreuz in der Hecke, und ich konnte nicht aufstehen. Veronika hatte nichts gemerkt. Erst als sie die ersten Häuser erreichte und mich nicht kommen sah, ahnte sie, daß etwas passiert sein mußte. Sie machte kehrt und stapfte zu mir zurück. Sie löste meine Bindungen, half mir auf, aber ich konnte nicht weiter. Mein Knöchel war verstaucht. Sie fuhr wieder hinunter und brachte einen kleinen Schlitten. Ihre Skier hatte sie bei Bekannten untergestellt. Dann zog sie mich nach Hause.

»Kalte Umschläge«, befahl ihre Mutter. Sie half mir die Treppe hinauf in das Zimmer ihres Mannes. Alle zwei Stunden wechselte sie den Umschlag. Das Essen brachte sie mir ans Bett.

Es gab kein Telefon, und ich konnte die Reiters nicht benachrichtigen. Frau Parravicini und Veronika baten mich eindringlich, bei ihnen zu bleiben, bis ich wieder richtig gehen konnte. Aber nachdem ich mich einen Tag und eine Nacht lang ausgeruht hatte, bat ich Veronika, mir zur Bahn zu helfen.

»Aber wie willst du die Skier tragen?« Ich hatte nicht gewußt, daß auch sie ein Weihnachtsgeschenk waren.

»Sobald mein Fuß wieder in Ordnung ist, hole ich sie mir.«

Doch ich wußte, daß ich es nicht tun würde. Das einzige, was ich mitnahm, war ein alter Spazierstock, mit dem ich neben Veronika zum Bahnhof humpelte. Sie wartete, bis der Zug kam, half mir aufs Trittbrett und winkte, bis sie mich nicht mehr sah.

25 Neujahr

Anna verbarg ihre Schadenfreude nicht. Grinsend nahm sie mir den Verband ab, der Oberst betastete meinen Knöchel, ich sagte, wo es weh tat, und er erklärte: »Nichts!« Ein paar weitere kalte Umschläge würden alles wieder in Ordnung bringen.

Am Abend kam Ursulas Bräutigam zu Besuch. Nach dem Essen meinte er, wir sollten alle zusammen das neue Jahr auf dem Land feiern. Im Jagdhaus des Gauleiters. Der sei seit Kriegsende verschwunden, und das Haus stehe leer. Kein Mensch kümmere sich darum.

Der Oberst runzelte die Stirn, seine Frau blickte entrüstet erst zu ihm, dann zu ihrem künftigen Schwiegersohn. Der hatte den Grund der Mißbilligung sofort erfaßt und fügte schnell hinzu, daß es genügend Zimmer gäbe und jeder in seinem eigenen übernachten würde.

»Auf Ihre Verantwortung. Ihr Ehrenwort als Offizier.«

»Selbstverständlich, Herr Oberst.«

Frau Reiters Bedenken schwanden nicht. Die Zustimmung ihres Mannes machte sie sprachlos. Sie schüttelte den Kopf, gab aber schweigend nach.

Wir fuhren ganz früh mit der Bahn aufs Dorf, und von dort aus gingen wir zu Fuß. Obwohl ich noch immer hinkte, hielt ich tapfer mit.

Ich erinnerte mich noch gut an das Dorf. Es lag an einem See, der jetzt zugefroren war – wie damals, als ich mit meiner Mutter im Winter hingefahren war, um zwei Karpfen freizulassen, die wir seit Ostern in der Badewanne hatten schwimmen lassen.

Wie jedes Jahr hatte mein Vater sie lebend gekauft, um sie bis zu den Feiertagen frisch zu halten. Dann pflegte er ihnen die Köpfe abzuhacken. Als mein Vater diesmal das Wasser aus der Wanne ließ, um sie zu fangen, begann mein Bruder zu weinen. Aus Mitleid überredete meine Mutter meinen Vater, die Fische nicht umzubringen. Wir feierten jene Ostern ohne Fisch, und bis Weihnachten fütterten wir sie, bis sie so fett und kräftig waren, daß wir sie nur schwer erwischen konnten, um sie in einen Eimer zu werfen, wenn jemand baden wollte.

Es wurde beschlossen, sie zum See zu bringen und freizulassen. Mein Bruder war schwächlich und durfte im Winter nicht lange draußen sein. Deswegen mußte ich als Zeuge mitfahren.

Nun ging ich nur am See entlang und folgte Anna und den anderen. Mein Knöchel begann wieder zu schmerzen, und ich wurde müde.

Ich setzte mich. Wie ein Jahr zuvor, als wir vom Lager Zehn ins Lager Eins laufen mußten. Nur hatte ich damals keine richtigen Schuhe. Und es war nicht an einem See vorbeigegangen, sondern an einem weiten, verschneiten Feld, auf dem zwei einsame Raben umherstapften und nach Futter suchten. Dann brach ich zusammen. Ich träumte, ich sei ein Rabe, der immer höher stieg, um nie mehr zurückzukommen.

Damals halfen zwei Häftlinge mir wieder auf die Beine. Jetzt war es Anna, die zurückkam und mich aufrüttelte. Den Rest des Weges legte ich auf dem Proviantschlitten zurück. Die Sonne ging gerade unter, als wir das Jagdhaus erreichten.

Ich kletterte vom Schlitten und half Anna, Brennholz aus dem Schuppen zu holen.

Nachdem Ursulas Bräutigam eine Scheibe eingeschlagen und das Fenster geöffnet hatte, stiegen wir alle ein, und er wies uns, wie versprochen, separate Zimmer zu. Anna und ich schliefen unten, er selbst und Ursula im ersten Stock. Wir heizten überall und gingen dann in die Küche. Die Mädchen beschäftigten sich am Herd, während Kapitänleutnant Rack und ich Zigaretten rauchten. Strom gab es keinen, aber Kerzen waren ohnehin gemütlicher.

Auf mein Opferabzeichen deutend, fragte er: »War es schlimm?« »Ich hoffe, daß es jetzt besser wird.« Er lachte: »Ich auch.« Kameraden. Er im U-Boot, ich am Straßenrand im Schnee.

Die Mädchen brachten Spiegeleier und Malzkaffee. Dann spülten wir die Teller ab und gingen schlafen. Wir waren zu müde, um bis Mitternacht zu warten und uns zum neuen Jahr zu küssen.

Die Pritsche hatte nur eine Matratze, und ich fürchtete, mir würde zu kalt werden. Aber das Feuer hatte den kleinen Schlafraum gut durchwärmt. Ich wickelte mich in eine Wolldecke, legte mich hin und wartete. Sie mußte ja kommen! Aber ich schlief ein. Krähen verfolgten mich wild kreischend. Ich erwachte, die Tür knarrte, und Anna stand vor mir.

Langsam zog sie sich aus, ließ ein Kleidungsstück nach dem anderen auf den Boden fallen, dann stand sie nackt im flackernden Schein des Feuers vor mir.

Ich wünschte, die Nacht dauere ewig. Doch alles war schnell vorüber, und ich wollte sterben. Verzweifelt flüsterte ich zum ersten Mal: »Ich liebe dich«, als ob dieser Satz mich aus der Ohnmacht reißen könnte, die mich im Morgengrauen befiel.

»Ich liebe dich auch«, sagte sie, aber ihre Worte spendeten weder Trost noch Hoffnung. Sie konnten nicht verhindern, daß aus Gegenwart Vergangenheit wurde.

26 Die Verlobung

Obwohl ich meine Beziehungen zu Gott abgebrochen hatte und aus Rache für das mir Zugefügte an Jom Kippur nicht fastete, hielt ich mein Gelübde: Sollte ich das Lager jemals lebendig überstehen, würde ich jedes Jahr am Tag meiner Befreiung fasten.

Der Schnee war fast überall verschwunden. Einzelne Flecken hielten sich noch in schattigen Ecken, aber auch sie wurden nach und nach vom Regen weggeschwemmt. Laut Kalender war schon Frühling, doch es regnete dauernd.

In den Isonzo-Mantel gehüllt, verließ ich das Haus in der festen Absicht, nicht in die Schule zu gehen. Ich war des Ganzen überdrüssig, und am Jahrestag meiner Befreiung dort sitzen zu müssen, wäre wie eine Rückkehr ins Lager gewesen.

Der Regen und die düsteren, oft hinter Wolkenfetzen nur kurz sichtbar werdenden Berge steigerten meine Niedergeschlagenheit, bis ich es fast bedauerte, am Leben geblieben zu sein.

Ziellos irrte ich durch die Straßen, bis ich unter den Lauben Zuflucht fand.

Am Rathaus hing ein riesiges Plakat:

MELDE DICH ZUR FREMDENLEGION!

Ein französischer Soldat mit weißem Käppi stand stramm unter strahlendem Himmel und winkte mir zu.

Zur Fremdenlegion! Das war die Lösung. Soldat werden. Keine Schule mehr. Keine Lebensmittelpakete. Schießen. Kämpfen. Die Welt sehen. Indochina! Da gingen sie hin! Afrika! Mit Männern durch die Wüste ziehen. Nicht mit Kindern die Schulbank drücken. Anna? Mädchen gab es auch in Indochina. Das wollte ich werden. Soldat. Vielleicht sogar Offizier. Das Gesicht des Soldaten auf dem Plakat faszinierte mich; es war leicht, sich mit ihm zu identifizieren.

Der Regen ließ nach, und ich trat wieder auf die Straße und ging zum Goldenen Adler.

Als ich den Speisesaal betrat, begrüßten mich Chaskel und Moische lärmend. Wladek war nicht da. Ich setzte mich zu ihnen.

»Ein schönes Luder hast du dir als Freundin zugelegt«, sagte Chaskel gleich.

Ich sprang auf und stürzte mich auf ihn. Ich war ganz wild. Doch Moische packte mich von hinten und hielt mich fest.

»Es stimmt. Laß ihn in Ruhe.«

»Du auch? Was heißt, *es stimmt?*«

»Wenn du zum Ball gekommen wärst, hättest du es selbst gesehen.«

»Weil sie mit dem jüdischen Soldaten getanzt hat, ist sie ein Luder?«

»*Getanzt* hat sie? Selbstverständlich hat sie getanzt; einen Matratzentango! Bei ihm. Er hatte ja das Zimmer neben mir, und ich habe gesehen, wie sie hineingegangen sind. Wie hieß er nur gleich, der Jekke?«

»Heini«, half ihm Chaskel.

»Richtig. Heini.«

Wenn das stimmte, würde ich mich sofort zur Legion melden. Gleich morgen früh.

Wütend, hungrig und durchnäßt fuhr ich nach Hause. Die schäbigen Kleider der Leute in der Straßenbahn, ihre leeren, müden Gesichter – ich mußte fort.

Bei Reiters ging ich direkt auf mein Zimmer. Ob ich nicht zum Essen käme, fragte Frau Reiter. Ich erklärte ihr kurz, warum ich fastete.

»Ach so.«

Sie mußte es weitergesagt haben, denn Anna kam nicht, um mir bei den Aufgaben zu helfen.

Sie kam in der Nacht.

»War's schwer, das Fasten?«

»Es ist vorbei.«

»Heute warst du nicht in der Schule, was?« Sie wußte alles. Alles was ich tat, alles was ich dachte.

»Nein.«

»Warum nicht?«

Ich antwortete nicht sofort. Ich hielt mich zurück und überlegte, wie ich sie richtig ausfragen könnte. Doch ich konnte mich nicht beherrschen und platzte mit allem heraus. Was Chaskel gesagt hatte, was Moische gesehen hatte. – »Das ist doch alles wahr, nicht?!«

»Ich konnte nichts dafür.«

»*Du konntest nichts dafür*?! Warst du betrunken? Er hat dich doch nicht vergewaltigt.«

»Wir haben nur ein paar Bier getrunken.«

»Und deswegen bist du mit ihm ins Bett?«

»Ach laß das. Du weißt doch, daß ich nur dir gehöre.«

Was folgte, ließ Gespräche und Gedanken verstummen, änderte aber nichts. Mir schien, alles wäre verloren. Die Fremdenlegion. Das einzige, was mir übrigbliebe.

Ein kühler Wind wehte, als ich mich am Morgen auf den Weg machte. Er hatte die Wolken vertrieben, und die Sonne teilte die

Berge scharf in Licht und Schatten. Mit der Schultasche auf dem Rücken ging ich erst einmal spazieren. Ich mußte nachdenken. Aber es fruchtete nichts. Ich setzte mich in den Park und schaute den Spatzen zu, wie sie ihre Schnäbel in besonnte Pfützen tauchten, herumhüpften und nach Regenwürmern pickten. Zum Schluß versteckte ich meine Tasche hinter einem Strauch und ging zum Rathaus.

Im Hof standen Männer in Gruppen oder saßen am Boden und warteten. Viele rauchten. Mehrere trugen zerschlissene Uniformen mit überflüssigen Knöpfen auf den Schultern, dort wo einst die Achselstücke gesessen hatten. Tornister lagen in einer Ecke aufgestapelt. Ich stieg die breite Marmortreppe hinauf. An einem langen, schweren Marmortisch mit vergoldeten Beinen saßen zwei französische Offiziere und befragten die Neuankömmlinge. Sie sprachen Deutsch.

Die schulterklopfende Kameradschaft der Männer unten bedeutete wahrscheinlich, daß sie bereits angenommen waren und auf ihren Abtransport warteten. Ihr rauhes Lachen, die heraufziehenden Rauchschwaden ließen mich plötzlich den Wahnsinn erkennen, den ich im Begriff stand zu begehen. Ich bekam einen solchen Schreck, daß ich fast gestolpert wäre, als ich die Treppen hinunterrannte und davonlief. Im Park holte ich meine Tasche aus dem Versteck und teilte meine Frühstückssemmel mit den Spatzen.

Doch der Drang davonzulaufen, ließ nicht nach. Wenn nicht zur Fremdenlegion, dann vielleicht doch nach Palästina. Wenigstens wäre es dort schön warm. Aber nicht ohne Anna. Trotz allem. Schließlich war ich ja selbst schuld daran. Ich hätte einfach mitgehen sollen, dann wäre nichts passiert.

Immer noch unter dem Zauber der Neujahrsnacht, wollte ich sie nur für mich. Zur Liebe gehörte ja auch das Vergeben. Und die Bereitschaft, *Opfer* zu bringen. Also mußte ich sie heiraten.

Am Freitag fragte ich den französischen Militärrabbiner im Goldenen Adler, ob er uns trauen würde. Da Annas Mutter Jüdin sei und die Taufe keine Gültigkeit habe, sei Anna Jüdin und …

Nein. Dagegen sei nichts einzuwenden. Ich bräuchte nur zwei

Zeugen und einen Minjan, dann sei er gern bereit, die Trauung zu vollziehen. Er wolle lediglich die Braut kennenlernen, um Fragen jüdischer Lebensführung mit ihr zu besprechen.

Ich bedankte mich und lief mein Paket vom Joint Committee abholen.

»Da ist ein Brief für dich«, sagte Herr Mendel. Ich faltete das längliche, blau-weiß-rot gestreifte Kuvert zusammen und steckte es in die Tasche.

»Willst du ihn nicht aufmachen? Er ist von deiner Tante.«

»Ich habe jetzt keine Zeit. Ich muß nach Hause. Besten Dank.«

An der Haltestelle las jemand Zeitung.

NÜRNBERGER GERICHT ENTHÜLLT WEITERE GREUELTATEN DEUTSCHE FÜHRUNG VERANTWORTLICH[14]

Die deutsche Führung. Sonst niemand. Als ob diese Leute zu einem längst verschollenen, fremden Volk gehörten. Ihre Verbrechen konnten auf dem Mond begangen worden sein.

Aber in gewisser Weise hatte die Zeitung recht. Die Siegermächte sonderten einige wenige aus und sagten uns: »Das sind die Schuldigen.« Alle anderen waren entlastet.

Es war höchste Zeit, daß ich dieses verlogene Land verließ. Vielleicht war Palästina wirklich das einzig Richtige für mich.

»Ich gehe nicht mehr in die Schule.«

»Was?!« Anna schaute mich groß an.

»Ich gehe nicht mehr in die Schule.«

»Aber du mußt doch etwas werden!« Schon wieder. *Etwas werden.*

»Ich bin etwas.«

»Red keinen Blödsinn.«

»Ich bin ja Schlosser. Und wenn mich das im Lager vor dem Verhungern bewahrt hat, wird es mir auch in Palästina helfen.«

»Palästina?! Ich dachte, du willst nicht nach Palästina.«

»Ich will aber auch nicht hierbleiben.«

»Liebst du mich denn nicht mehr?«

»Das hat damit nichts zu tun. Du weißt ganz genau, daß ich dich liebe. Und wenn du mich auch liebst, dann heiraten wir und gehen zusammen.«

»Heiraten?!«

»Ja. Heiraten.«

»Aber du hast doch nicht einmal die *Schule* absolviert.« Sie zog das Wort in die Länge, als wäre es das wichtigste der Welt. Aber ich wollte mich nicht auf weitere Diskussionen einlassen. Wir hatten oft genug darüber gestritten. Ich wollte sie heiraten, weil ich sie dauernd neben mir haben mußte. Ohne sie fühlte ich mich verloren. Und wenn ich allein fortginge, könnte ich sie verlieren.

»Menschen, die sich lieben, heiraten. Ich bin ein guter Schlosser, und ich kann für uns sorgen. Ich habe schon mit dem Rabbiner gesprochen.«

»Meine Eltern würden das nie zulassen.«

»Dann heiraten wir eben heimlich.«

»So etwas gibt es nur in Romanen.«

»Liebst du mich denn überhaupt nicht?«

»Doch. Mehr als du glaubst. Ich werde dir etwas sagen: Du gehst nach Palästina, suchst dir eine Beschäftigung mit gutem Einkommen, und ich komme nach.«

»Versprichst du mir das wirklich?«

»Ganz im Ernst.«

»Dann sind wir sozusagen verlobt.«

»Ja. Aber du darfst es niemandem erzählen.« Sie berührte meine Stirn leicht mit den Lippen.

27 Die erste Abreise

Der Brief meiner Tante enthielt fünf Dollar und ein Dokument. Er begann mit den Worten: »Gott sei Dank, daß Du lebst«, und endete fast flehentlich, ich solle doch zu ›meiner Familie‹ kommen und ein neues Leben beginnen. Das Dokument enthielt eine Garantie über 10 000 Dollar für meinen Lebensunterhalt in den Vereinigten Staaten. Die Reisespesen würden aus einer Joint-Anleihe bestritten werden. Alles was ich zu tun hätte, wäre, die Garantie beim nächsten amerikanischen Konsulat einzureichen und auf die Einreisebewilligung zu warten. In Chicago würde ich dann wieder in die Schule gehen und etwas werden. Da war es schon wieder. Die Worte hingen mir zum Halse heraus. Meine Tante schrieb weiter, es sei am besten, ich wartete bei ihrer Schwester in Paris, bis ich das Visum bekäme. Sie sei bereit, mich zu beherbergen.

So ein Unsinn. Ich konnte ja kein Wort französisch! Und ich müßte dauernd danke sagen und höflich sein! Trotzdem schrieb ich mir die Adresse auf. Man konnte ja nie wissen.

Ich schrieb nach Paris, schilderte einige meiner schlimmsten Erlebnisse und bedankte mich für die Einladung. Mir war noch nicht ganz klar, was ich eigentlich wollte, deshalb erwähnte ich nichts von meinen Absichten. Erst als ich nach Amerika schrieb, entschloß ich mich. Ich erzählte ausführlich, was ich durchgemacht hatte. Und ich schrieb, was den Juden in Europa passiert sei, könne eines Tages auch in Amerika geschehen. Deswegen hätte ich mich entschlossen, nach Palästina zu gehen. Dort würde ein Jude nicht Gefahr laufen, umgebracht zu werden, nur weil er Jude war.

Von der Post ging ich direkt zu Wladek.

»Zigaretten oder Dollar?« fragte er gleich.

»Palästina.«

»Was?«

»Ich will nach Palästina.«

»Was ist passiert?«

»Gar nichts. Ich will fort.«

»Bist du sicher?«

»Ja.«

»Wann kannst du fertig sein?«

»Sofort.«

»O. K. Du weißt, daß alles streng geheim bleiben muß.«

»Selbstverständlich.«

»Jetzt paß auf: Ein Transport geht in einigen Tagen ab. Ich schlage vor, du siedelst gleich ins Transitlager über. Sagen wir morgen abend?«

»Geht in Ordnung.«

»Und was geschieht mit deiner Freundin?«

»Die kommt nach, wenn ich eine anständige Arbeit gefunden habe.« Ich zeigte ihm den Verlobungsring, den ich gekauft hatte.

Er schüttelte sich vor Lachen, aber als er merkte, daß ich beleidigt war, hörte er auf und sagte: »Mach dir nichts draus. Ich werde den Leuten im Lager sagen, daß du kommst.«

Am Nachmittag ging ich mit Anna ins Kino. Der Film handelte von einem jüdischen Arzt, der ein junges Mädchen verführt hatte. Sie wurde schwanger, die Eltern verstießen sie bei Wind und Wetter, und sie holte sich eine Lungenentzündung und starb. Da es nun keine jüdischen Ärzte mehr gab, konnten solche Tragödien sich nicht mehr zutragen. Anna erklärte mir, daß es keine neuen Filme gebe und man deswegen die alten zeige.

Wir verbrachten die Nacht mit Erinnerungen, schworen uns ewige Liebe und bestätigten uns gegenseitig unsere ›Verlobung‹.

Bevor ich das Haus verließ, bedankte ich mich bei Annas Eltern und verabschiedete mich von Ursula.

Ein kleiner Gasthof mitten im Wald, einige Autobushaltestellen entfernt, diente als Kaserne. Nach einem kurzen Verhör wies mir der Mann, wahrscheinlich ein Soldat der Jüdischen Brigade in Zivil, einen Schlafplatz zu, und ich fuhr nochmals in die Stadt, um mich von Veronika zu verabschieden.

Ich war in der Schule einfach fortgeblieben und befürchtete, sie könnte denken, ich sei krank.

Es fiel mir schwer, ihr die Sache mit Palästina zu erklären. Sie hing an meinem Arm, als wollte sie ihn nie wieder loslassen. Als wir uns dem Bahnhof näherten, standen ihr Tränen in den Augen. »Pfüeti Gott, Ernschtl«, sagte sie beim Abschied. Sie blickte zu mir hoch und ich fühlte, daß sie auf einen Abschiedskuß wartete. Aber ich konnte nicht.

Sie drehte sich noch einmal um und sagte: »Wenn du wiederkommst, kannst du bei uns wohnen.« Der Zug fuhr ab, sie winkte aus dem Fenster, und ich kehrte in die Kaserne zurück.

Die ganze Nacht dachte ich darüber nach, warum ich das alles tat. Die anderen schnarchten auf den Pritschen über mir und neben mir. Sie störten mich nicht beim Schlafen, nur beim Denken. Später jedoch, als ich endlich eingeschlafen war, schreckte mich das Schnarchen auf. Ich erinnerte mich an die Uhr im Speisezimmer. Die hatte ich anhalten können. Und Anna? Würde sie ihr Versprechen halten?

Ein Gefühl wehmütiger Reue überkam mich. Doch es war zu spät.

Gleich nach dem Frühstück wurden wir abgeholt.

28 Via Unione

Man sagte uns nichts, aber wir wußten genau, daß es nach Italien ging und von dort nach Palästina. Eretz Israel – wie Moka ein Jahr zuvor in München gesagt hatte.

Während wir durch die Stadt fuhren, wurde gesungen. Meistens russische Lieder mit hebräischen Worten. Manche kannte ich noch aus Litauen, doch ich sang nicht mit. Es war erst sechs Uhr früh, und ich war schlecht aufgelegt. Außerdem brachten die bekannten Straßen Erinnerungen: Ursula, Anna und seltsamerweise hauptsächlich Veronika.

Ich döste, als das Wort ›Schalom‹ wiederholt an mein Ohr drang und mich aufrüttelte. Ich öffnete die Augen – wir waren an der Grenze. Italienische Polizisten konferierten mit Soldaten der Jüdischen Brigade. Ich mußte austreten.

»Ruhe! Sitzenbleiben!«

Erst eine Stunde später, tief in Italien, ließ uns der Soldat für eine Viertelstunde vom Lastwagen absteigen. Er verteilte Brötchen, ein paar Flaschen Arranciata, und dann fuhren wir weiter.

Durch die verschnürte Plane war nicht viel zu erkennen. Immerhin sah ich, daß die Berge verschwunden waren und die Sonne grell über der Ebene hing. Es wurde heiß. Heißer, als mir je gewesen war. Ich dachte an meine erste Reise nach Venedig – mit meinem Bruder und den Eltern. Ging es dorthin? Niemand wußte etwas: Aber als uns am Nachmittag die Sonne entgegenschien, wußten wir, es ging westwärts. Wir erhaschten einen Blick auf einen Wegweiser: MILANO; kurz vor Sonnenuntergang erreichten wir die Stadt.

Mailand sah aus, als sei nie Krieg gewesen. Der Rummel in den Straßen, mit Obst überladene Stände, bemalte Eiswägelchen mit glitzernden Hauben, Verkäufer, die den Straßenlärm übertönten: »Gelati, Gelati ...«

Wir kletterten vom Wagen. Vor uns ragte der Dom empor. Die obersten Spitzen leuchteten in der feurigen Abendsonne kurz auf, dann versank die dunkle Masse im Schatten der umliegenden Gebäude.

»Los! Weiter! Du, der Letzte, hör auf zu träumen!«

Gebannt bewunderte ich die das Portal flankierenden Statuen, als der hebräische Befehl mich aus meiner Ehrfurcht riß.

Ich folgte den anderen in eine Seitenstraße – ›Via Unione‹. Der Soldat führte uns in einen Hof, wies uns eine Ecke zu, wo wir uns hinsetzen und auf Registrierung und Verpflegung warten sollten.

Das Tor stand offen, und ich beschloß, einen kleinen Spaziergang zu machen. Ich war nicht besonders hungrig, und es lohnte sich nicht, auf ein Stück Brot und Malzkaffee zu warten. Ich wollte einen großen, gelben Pfirsich, wie ich sie auf den Obstständen gesehen hatte. Ich fand einen, fast so groß wie eine Melone. Als ich hineinbiß, rann der Saft mir übers Kinn und tropfte auf den Boden. Wie in Venedig. Ich wollte zurück zum Dom, doch ich hatte mich verlaufen. Plötzlich stand ich in einer weiten, hell erleuchteten Allee vor einem Geschäft mit einer Leuchtreklame. In hell erleuchteten Schaufenstern lagen Berge von Süßigkeiten, standen Körbe voller kandierter Früchte, Bonbonieren, Schokolade. Aus einem weit geöffneten Eingang strömte Kaffeeduft. Es war das größte Geschäft, das ich je gesehen hatte. Nebenan hatte ein Juwelier vier Schaufenster voller Uhren, Ringe und Ketten.

Nein. Ich würde nicht nach Palästina gehen. Die anderen konnten ohne mich hin. Ich wollte erst einmal eine Uhr. Und Anna! Ich mußte ihr vorher zeigen, wie die Welt *wirklich* aussah hinter den verdammten Bergen. Ich fahre zurück. Sie muß mit mir kommen! Ohne sie gehe ich nirgends hin.

»La Via Unione, per favore.«

»La terza a destra.«

»Grazie.«

Die dritte rechts. Zehn Minuten später war ich zurück. Ich ging zu meinem Platz und legte mich hin. Anscheinend hatte mich niemand vermißt. Ich schlief ein wenig, und als das Tor aufgeschlossen wurde, stand ich auf und machte mich davon. Nachdem ich mich nach dem Weg zum Bahnhof erkundigt hatte, warf ich einen letzten Blick auf den Dom, der schwer und grau im Morgenlicht ruhte.

Der Bahnhof war nicht weit entfernt. Ich rasierte mich im Waschraum, kaufte mir zwei Brötchen, noch einen Pfirsich und ging mir einen Zug Richtung Norden suchen.

Um nach Norden zu kommen, mußte man zuerst nach Verona. Bahnsteig zwei. Noch während der Zug einfuhr, kletterten die Menschen auf die Trittbretter, und als der Zug hielt, stiegen viele durch die Fenster ein. Es herrschte ein schreckliches Gedränge, und es gab kaum ein Durchkommen. Ich hatte keine Fahrkarte gelöst und kletterte auf einen Puffer. Als der Zug abfuhr, saßen wir zu viert zwischen den zwei Waggons. Der Zug hielt an jeder Station, aber wir kamen dennoch rechtzeitig nach Verona, so daß ich etwas essen konnte und den Zug zum Brenner noch erreichte.

Diesmal war genügend Platz, aber ich wollte nicht zahlen. Ich wählte wieder einen Puffer und fuhr weiter. Fast betäubt vom Dröhnen und Quietschen, stieg ich bei jedem Halt ab, um nicht vom Schaffner erwischt zu werden.

Als der Zug endlich nach langer Fahrt an der Grenze hielt, war es stockfinster.

29 Ein Wiedersehen

Ich wollte mich gerade am Bahnhof in den Wald schlagen, als jemand mich von hinten am Kragen packte.

»Dove?!«

Ich war so erschrocken, daß ich kein Wort herausbrachte.

»Avanti!«

Jemand stieß mich vorwärts und brachte mich aufs Revier. Ich mußte mich auf einen Stuhl setzen.

»Parla italiano?«

Ich stellte mich taub. Spielte den dummen Deutschen – oder Österreicher.

»Du sprekken Deutsch?«

»Ja.«

»Wohin du gehen?«

»Nach Hause.«

»Wie du gekommen?«

»Ich war Bergsteigen. Ich habe mich verirrt.«

»Ich dich gesehen kommen mit Zug.«

»Das war wahrscheinlich jemand anderes.«

»Papiere.«

Ich zeigte ihm meinen österreichischen Ausweis.

»Va bene.«

Der Frager gab ihn mir zurück und sperrte mich ein. In der Zelle stand eine Pritsche ohne Matratze, von der Decke hing eine Glühbirne herab. Nach einer Stunde kam der Polizist mit Suppe, zwei Scheiben Brot, einer Tomate und einem Stückchen Käse zurück.

In der Frühe kam ein anderer Polizist mit Kaffee und einer Scheibe Brot. Ich sollte mich beeilen, weil man mich ins Lager bringen müsse. *Ins Lager?!* Hatte er wirklich ›Lager‹ gesagt?

Eine Viertelstunde später saß ich mit ihm auf der Ladefläche eines Transporters. Es ging wieder südwärts, und nach etwa zwei Stunden kamen wir in eine weite, sandige Ebene. Der Wagen bog ab, fuhr noch einige hundert Meter weiter und stoppte.

Mir wurde schwindelig. Ich stand am Tor eines riesigen Lagers mit Wachttürmen, Stacheldraht – ganz wie in Deutschland.

Der Italiener führte mich zur Wache. Der Posten wies auf ein Schild an einer Baracke in der Nähe: REGISTRATION. Das Schreibmaschinengeklapper, das mir aus den offenen Fenstern entgegentönte, beruhigte mich ein wenig. Als ich drinnen vor einem englischen Offizier stand, hatte ich aufgehört zu zittern.

Neben ihm saßen ein Sergeant und ein Kriegsgefangener in Offiziersuniform. Von den Achselstücken waren nur die Knöpfe übrig. Nachdem sie meinen Ausweis geprüft und sich meine erfundene Geschichte angehört hatten, schickten sie mich in Block Nummer sieben.

Bis auf den Blockältesten und die gestreiften Uniformen war alles wie in Deutschland. Ein paar Männer lasen Zeitung, einige saßen an einem Tisch in der Mitte des Schlafraumes und spielten Karten. Es waren einfache Soldaten. Nur einige dunkle Dreiecke auf manchen Ärmeln verrieten abgetrennte Gefreitenabzeichen. Ich hoffte, daß keine SS-Männer dabei waren.

Plötzlich stand einer auf: »Ernst! Kamerad! Komm mal her!« Ich erkannte den Mann zuerst nicht. Doch als er auf mich zukam und mich umarmte, fiel mir ein, wer er war: der Schlosser aus Gelsenkirchen, unter dem ich am Kownoer Flugplatz erbeutete Kanonenrohre kalibriert hatte. Obergefreiter Dietrich Lohse.

Wir hockten uns auf seine Pritsche.

Ich erzählte ihm nichts von Palästina. Ich wiederholte, wie ich mich am Brenner verirrt hätte, und erzählte ihm alles über Anna. Als ich ihm den Ring zeigte, lachte er: »Steck ihn schnell wieder ein, wenn du nicht willst, daß dich alle auslachen. Du bist ja noch viel zu jung, um verlobt zu sein.«

Ich kam mir lächerlich vor und fürchtete, daß er womöglich recht hatte. Ich zog den Ring ab und steckte ihn in die Tasche. Wir sprachen von den ›guten alten Zeiten‹, bevor er an die Ostfront mußte, wo er verwundet wurde. Von dort sei er dann nach Italien gekommen und in englische Kriegsgefangenschaft geraten. Seine Einheit sei eingekesselt worden und hätte sich einige Tage vor Kriegsende ergeben.

Er führte mich an den Tisch und stellte mich vor: »Ein Kamerad aus Rußland.« Sie schüttelten mir die Hand, und ich setzte mich zu ihnen. »Wenn sie uns nach Hause schicken, machen wir zusammen eine Werkstatt auf.«

Für Dietrich Lohse war ich ›etwas‹. Trotzdem wollte ich nicht mit ihm nach Gelsenkirchen, wie wir es uns damals ausgemalt hatten, als ich jeden Tag vom Ghetto unter Bewachung zum Flugplatz gebracht worden war.

»Gelsenkirchen ist doch ganz zerstört!« meinte jemand.

»Gerade deswegen müssen wir dorthin. Handwerker werden gebraucht. Tischler, Schlosser, Zimmerleute – alles muß wieder aufgebaut werden.«

Dietrich besorgte mir einen Blechteller, Gabel und Löffel. Bei der Essenausgabe drängelte niemand, jeder wartete ruhig, bis er an die Reihe kam. Nach dem Essen legten wir uns hin. Ich zog meine Jacke aus, die von allen bewundert wurde. Ich hoffte, meine ›Kameraden‹ glaubten mir, daß ich den feldgrauen Anzug in Österreich erstanden hatte, nachdem ich aus dem Krieg zurückgekehrt war. Die Geschichte der irrtümlichen Grenzüberschreitung wurde akzeptiert, und mit der Zeit glaubte ich sie sogar selbst.

Am Abend spielte ein blonder Hüne aus Hamburg Mundharmonika und ich sang begeistert mit: »Und wir fa-ahren, und wir fa-ahren, und wir fahren, gegen Engel-land, Engel-land.«

»Bald kommst du auch an die Reihe«, wurde mir nach ungefähr acht Tagen mitgeteilt. »Wir warten nur noch, bis genügend Österreicher für einen Lastwagen zusammen sind.«

Als alle Österreicher nach einer Woche per Lautsprecher aufgefordert wurden, zwecks Abtransport am Tor anzutreten, tat es mir fast leid, wieder fortzumüssen. Ich verabschiedete mich von Dietrich; wir versprachen uns zu schreiben, und als ich ihm mein letztes Päckchen »Chesterfield« zusteckte, zog er mich an sich und hielt mich fest, als ob er mich nicht fortlassen wollte.

Der Wagen rollte langsam aus dem Lager und bog nach Norden ab. Es dauerte nicht lange, bis die Bergketten sich hinter mir schlossen und ich wieder in dem trostlosen Kessel war, aus dem ich zwei Wochen zuvor geflohen war.

30 Der Kurort

Ich wunderte mich, daß der Bahnhofsplatz sich nicht verändert hatte. Eigentlich wollte ich sofort zu Anna, aber ich traute mich nicht so recht. Wie konnte ich ihren Eltern meine plötzliche Rückkehr erklären?

Ich ging zum Joint. Ohne Italien zu erwähnen, sagte ich Herrn Mendel, daß ich beschlossen hätte, nach Amerika zu gehen, und zeigte ihm den Brief meiner Tante.

»Und wo ist die Garantie?«

»Die habe ich zu meinen Verwandten nach Paris geschickt – fürs amerikanische Konsulat. Jetzt muß ich hier auf die Einreisebewilligung nach Frankreich warten.«

»Und was möchtest du nun von *mir*?«

»Eine Anweisung für den Goldenen Adler.«

»Der existiert nicht mehr.«

»Was?!« Mendel lachte.

»Ja, ja. Ihr habt dort so viel Schleichhandel getrieben, daß die Behörden es bei den Franzosen durchgesetzt haben, alle DPs aus der Stadt zu entfernen.

»Gibt's nichts anderes?«

»Was ist denn mit deiner Freundin? Habt ihr euch zerstritten?«

»Ich möchte lieber mit unsereins zusammensein.«

Er schaute mich groß an und sagte zögernd: »Es gibt vielleicht etwas. Außerhalb der Stadt. Eine Stunde mit der Bahn.«

»Macht nichts. Übrigens – könnte ich mein Lebensmittelpaket von voriger Woche bekommen?«

»Das Magazin ist geschlossen. Ich gebe dir eine Anweisung, und du kannst es dir oben abholen. Es ist ein ganz netter Kurort.«

Er gab mir eine Anweisung für Lebensmittelpakete und einen Quartierschein: »Gasthof Jäger«.

Der letzte Zug war schon fort. Ich versuchte, im Wartesaal zu schlafen. Ein paar Heimkehrer spielten Karten, und bei dem Licht, das die ganze Nacht über brannte, konnte ich nicht einschlafen. Ich wünschte, ich wäre wieder in der Eiselerstraße, aber das hatte ich mir verdorben. Die würden mich nicht zurücknehmen, auch wenn ich meinen Stolz überwand und darum bat. Ich war einfach zu undankbar gewesen. Obendrein genierte ich mich. Sie hätten bestimmt gedacht, erst will der Kerl nach Palästina, und noch bevor er das Meer sieht, scheißt er in die Hosen. Außerdem, wie sehr ich mich auch nach Anna sehnte, ich wollte meine Freiheit.

Mit dem ersten Zug fuhr ich in das Dorf im Gebirge.

Dort schien es nur Hotels und Andenkenläden zu geben. Französische Soldaten, hauptsächlich Offiziere, spazierten auf der Straße auf und ab und schäkerten mit den Mädchen.

Den Gasthof, ein einstöckiges Bauernhaus, fand ich weiter entfernt auf einer bewaldeten Anhöhe. Von dort aus konnte man das Dorf und einen kleinen See überblicken, in dem sich die dahinter liegenden, weit in den Himmel ragenden Berge spiegelten.

Die Eingangstür war gesperrt. Ich läutete, klopfte, rief – niemand kam. Ich ging nach hinten, alles war verschlossen. Ich hockte mich auf einen Baumstumpf im Schatten und öffnete meine letzte Dose Corned beef. Hunger weckt immer Erinnerungen, aber diesmal wurden sie von dem Namensschild ausgelöst: GASTHOF JÄGER. Standartenführer Jäger, Chef der Gestapo in Litauen, Befehlshaber der Einsatzgruppen, die Befehl gehabt hatten, die ansässigen Juden zu vernichten. Einen großen schwarzen Hund hatte er darauf abgerichtet, den Leuten auf Befehl an die Gurgel zu springen. Gab es da einen Zusammenhang? Gehörte der Gasthof ihm? Oder seinen Verwandten?

Das fettige Fleisch mit den Fingern aus der Dose zerrend, versuchte ich, an etwas anderes zu denken. Mit jedem Bissen besserte sich meine Stimmung, bis plötzlich ein schwarzer Hund erschien. Mein Fleisch wollte er! Schnell stellte ich die Dose auf einem Ast ab, nahm einen Stein und schleuderte ihn nach dem Tier. Am Kopf getroffen, lief er heulend davon. Ich wünschte, ich hätte damals, als die Hunde den Müttern ihre Kinder entrissen, Steine werfen können.

Das Tier kehrte mit seinem Herrn zurück.

»Warum haben Sie den Hund geschlagen?«

»Er hat mich angefallen. Wer sind *Sie* denn!« fuhr ich ihn an. Der preußische Befehlston wirkte immer noch.

»Ich bin der Hausverwalter.«

»Warum ist der Gasthof geschlossen?«

»Ich mußte den Hund begleiten.«

»Ach so. Könnten Sie jetzt bitte aufsperren?« Ich dachte, es wäre besser, wenn ich anfing, höflich zu werden, und überreichte ihm die Anweisung.

»Aber selbstverständlich. Bitte, kommen Sie.«

Er zeigte mir mein Zimmer, den Flur mit Badezimmer und Abort und gab mir zwei Schlüssel, einen für die Haustür, einen für das Zimmer. »Ich wünsche einen angenehmen Aufenthalt.«

»Danke.« Ich holte mir den Rest des Corned beefs.

Der Gasthof hatte weder Empfangsschalter noch Speisezimmer. Die einzige Tür im Erdgeschoß führte zur Wohnung des Verwalters. Daneben gab es ein Fenster, hinter dem er saß und den Eingang überwachte. Er öffnete es, als ich wieder hereinkam.

»Wohnt hier noch jemand?« fragte ich.

»Gewiß. Mit Ihnen sind jetzt alle vier Zimmer oben besetzt. Noch zwei Herren und ein Fräulein. Tagsüber sind sie unterwegs. Übrigens, wenn Sie heißes Wasser brauchen, wir haben immer einen Kessel in der Küche. Hier, hinter den Stiegen.«

»Könnten Sie mir eine Tasse geben?«

»In jedem Zimmer gibt es eine Tasse.« Damit schloß er das Fenster.

Da ich keine Zigaretten und kein Fleisch mehr hatte, wurde ich nervös. Mendel hatte gesagt, ich würde alles ›oben‹ bekommen. Aber wo? Gab es da ein Büro? Ich hatte angenommen, daß er den Gasthof meinte.

Ich machte mich wieder auf den Weg. Der Hund lag nun in der Sonne vor seiner Hütte, öffnete ein Auge, sah mich an, stand auf, reckte sich und legte sich etwas weiter weg wieder hin.

Auf dem Feldweg kam mir ein Mädchen entgegen. Ganz in Weiß.

»Grüß Gott«, sagte ich landesüblich.

»Guten Tag«, erwiderte sie, um sogleich Abstand zu schaffen.

»Entschuldigen Sie, wohnen Sie im Gasthof?«

»Ja. –?«

»Ich auch. Ich bin gerade angekommen. Könnten Sie mir bitte sagen, wo das Büro vom Joint ist?« Sie lachte.

Durch Brillengläser prüften mich zwei stahlgraue Augen, aber ihr Lachen gefiel mir. Sie hatte blondes, kurzes Haar. Ob sie Jüdin war, mit ihrem ungarischen Akzent?

»Die haben kein Büro. Einmal die Woche kommt jemand und verteilt die Pakete.«

»Wann?«

»Jeden Donnerstag. Wenn Sie sich beeilen, können Sie ihn noch erwischen. Er sitzt im Hotel Edelweiß.«

»Schönen Dank. Auf Wiedersehen.«

Ich hatte das Hotel mit seiner Terrasse, den bunten Sonnenschirmen und den Geranien, die üppig rot auf Balkons und Fensterbrettern wuchsen, bereits bei meiner Ankunft bemerkt.

Im Garten saßen vier und spielten Karten. Ohne genau hinzuschauen, ging ich direkt zum Empfang. »He, Jekke, wohin denn?« Es waren Moische, Chaskel, Wladek und noch einer, den ich nicht kannte. »Wir dachten, du wärst schon in Palästina!«

»Ich hab's mir überlegt. Wißt Ihr, wo ich den Mann vom Joint finden kann?«

»Wozu brauchst du ihn?«

»Ist er drin?«

»Ich bin *da*.«

Er nahm meine Anweisung, zog noch einen Stuhl vom Nachbartisch heran und sagte: »Komm, setz dich zu uns. Wenn wir fertig sind, schließe ich das Lager auf und gebe dir dein Paket.«

»Danke.« Ich setzte mich. Ungern. Gezwungenermaßen.

»Was heißt du hast's dir *überlegt*?« wollte Moische wissen.

»Ich gehe lieber nach Amerika.«

»Wie bist du aus Italien zurückgekommen?«

»Mit der Bahn.«

Sie schauten mich kurz an und spielten weiter. Nach ein paar Minuten fragte Wladek: »Spielst du Rummy?«

»Nein.«

»Ich werd' es dir beibringen. Du wohnst doch im Gasthof, oder?«
»Ja. Sag mal, wer ist diese Ungarin, die hier wohnt?« Alle lachten.

»Das ist seine Nekeive«, sagte Chaskel und deutete mit dem Daumen auf Wladek. »Ihr *Vaater*« (er zog das Wort in die Länge) »war Jude«, womit er betonte, daß sie Nichtjüdin war. »Das hat er jedenfalls dem Mendel erzählt, damit sie das Zimmer bekäme.«

»Geh, halt's Maul. Das geht dich einen Dreck an. Hier, Rummy!« Wladek breitete seine Karten aus und steckte das Geld ein. Sie standen auf, und ich ging mein Paket holen.

»Vielleicht bleibst du da zum Abendessen. Wir können dann zusammen zum Gasthof zurückgehen«, sagte Wladek.

»O. K.«

Über der Doppeltür zum Speisesaal hing ein riesiger Hirschkopf. Trotz ihrer Starre schienen die Glasaugen vorwurfsvoll zu schauen.

»Komm, drinnen sind noch mehr.« Wladek zog mich leicht am Ärmel.

Tatsächlich hingen ringsherum über der Täfelung Köpfe von Gemsen und Rehen, die alle denselben vorwurfsvollen Blick aus Glas hatten.

»Die hat der Inhaber alle selbst geschossen. Er *heißt* auch Jäger, komisch, was? Der soll noch irgendwo in Gefangenschaft sein.« Ich dachte an den schwarzen Hund. Da war bestimmt ein Zusammenhang.

Chaskel und Moische setzten sich zu uns, und abgesehen von den toten Tieren an der Wand war alles wie im Goldenen Adler. Sogar die Kellnerin. Weniger Leute, weniger Rauch, weniger Lärm, aber kein Kruzifix. Statt dessen hing zwischen zwei Geweihen über dem Eingang ein großes Ölgemälde: Der heilige Hubertus, Patron der Jäger. Samt Hirsch und strahlendem Kreuz zwischen den Hörnern.

»Du mußt ihnen deine Lebensmittelkarte geben, wenn du hier essen willst.«

»Selbstverständlich.«

»Wie geht es Anna?«

»Gut.«

»Habt ihr Krach gehabt?«

»Nein.«

Auf dem Heimweg sprachen wir wenig. Der Hund schlief in seiner Hütte und knurrte nur ganz leise, als Wladek die Tür aufschloß. Aus der Küche drang etwas Licht, und wir schauten nach, wer da war.

Das ungarische Mädchen und ein älterer Herr spielten Karten. Eine Lampe mit dunkelgelbem Schirm hing niedrig über dem Tisch und verbreitete gemütliches Licht. Der Rest der Küche lag fast im Dunkeln. Der Wasserkessel zischte leise auf dem Herd.

Wladek stellte vor: »So, das sind Magda und Herr Janowski, und das ist David, ein alter Freund von mir. Komm, setz dich zu uns, wir bringen dir das Spiel bei. Abends gibt es hier nichts anderes.«

Am nächsten Morgen hätte ich beinahe den Zug versäumt, um meine Lebensmittelkarte von den Reiters zu holen. Was Anna wohl sagen würde?

Alle vom Hotel Edelweiß und Janowski vom Gasthof warteten am Bahnhof, nur Wladek und das Mädchen fehlten. Ich wollte mich nicht wieder absondern, also setzte ich mich zu Chaskel und Moische ins selbe Abteil. Es stellte sich heraus, daß die Ausbürgerung aus dem Goldenen Adler weder den Schwarzen Markt noch den Devisenhandel eingeschränkt hatte. Jeder fuhr am Morgen in die Stadt, machte seine Geschäfte und kehrte am Abend wieder zurück – außer samstags und sonntags. Wie Angestellte.

Je näher ich der Bank kam, desto schneller schlug mein Herz. Ich hatte Angst. Ich traute mich nicht durch die Drehtür. »Wünschen Sie etwas?« fragte der Wächter. Um mich nicht verdächtig zu machen, ging ich sofort hinein.

Sie wurde blaß.

»Wieso bist du wieder da?!«

Die Worte blieben mir im Halse stecken. Jemand stellte sich hinter mir an; ich mußte mich beeilen.

»Ich brauche meine Lebensmittelkarte.«

»Um fünf. Ich hol sie dir in der Mittagspause.«

Als ich nachmittags kam, gab sie mir die Karte und sagte schnell:
»Du, jetzt hab ich's eilig. Komm am Montag wieder. Dann können wir reden.«

Zuerst wollte ich ihr nach, ließ es aber bleiben. Die Angst, sie würde mir einfach sagen, alles sei aus, hielt mich zurück.

Ich ging zum Bahnhof.

31 Ein neues Leben

Ich hatte mein Zeitgefühl vollkommen verloren. Als man mir im Hotel die Quittung für die Lebensmittelkarte gab, überraschte mich das Datum: 24. 5. 1946. Mein Geburtstag. Auf einmal war ich achtzehn.

Der Speisesaal hatte sich verändert. Die Tische waren in der Mitte aufgereiht, weiß gedeckt, und zwei Kerzen beleuchteten Herrn Janowski unter einem breiten schwarzen Hut. Er sprach den Kiddusch, wir sangen »A-a-men«, er legte den Hut wieder ab, die Kellnerin trug die Suppe auf, und alles war wie früher: Devisenkurse, Zigarettenpreise usw. Nach dem Essen spielten wir Karten, und sie sprachen von ›Chajelech‹. Ich wußte, daß das Wort ›kleine Tierchen‹ bedeutete, aber es dauerte eine Weile, bis ich begriff, daß es sich um Mädchen handelte. Es war Samstag. Abends gab es Tanz, und alle bereiteten sich prahlend auf die Jagd vor, zogen Vergleiche und tauschten Erfahrungen aus.

Das Verbrüderungsverbot war aufgehoben worden, und obwohl die Franzosen nicht so beliebt waren wie die Amerikaner, tanzten die Mädchen gern mit ihnen – solange sie das Bier bezahlten.

Sie setzten sich an einen Tisch, an dem gerade Platz war, oder auf die Bank an der Wand. Etwas befangen setzte ich mich zu einer Gruppe von Einheimischen. Es wurde hauptsächlich Walzer getanzt. Ich überwand meine Schüchternheit und fragte ein Mädchen, ob sie mit mir tanzen wolle. »Aber gern.«

Die Musik gefiel mir und das Mädchen mit seinen schneckenförmig über die Ohren gewundenen Zöpfen ebenfalls. Als wir uns wieder setzten, bot ich ihr eine »Lucky Strike« an. Jemand fragte, ob ich wisse, wo man welche kaufen könne.

»Wie viele?«

»Nur zwei. Eine für mich und eine für meine Freundin.«

Ich verkaufte ihm zwei Zigaretten für den doppelten Preis eines Zwanzigerpäckchens. Daß man amerikanische Zigaretten einzeln kaufen konnte, sprach sich schnell herum, so daß ich all meine Zigaretten verkauft hatte, bevor der nächste Foxtrott einsetzte.

Ich tanzte immer mit demselben Mädchen, und als sie mich fragte, wo ich wohne, dachte ich, daß sie vielleicht mitkäme. Sie hieß Herta und folgte mir so natürlich, als wären wir zusammengewachsen. Drei Tage und drei Nächte verließen wir nicht das Zimmer. Wir ernährten uns aus meinem Paket, tranken Tee und Kaffee und blieben im Bett. Ich gab ihr alles, was ich hatte. Außer den Zigaretten. Die waren mein Kapital.

Am Dienstag fuhr ich zu Anna. Mir war klar, daß ich einen Tag zu spät dran war, machte mir aber nicht viel daraus, da ich jetzt wußte, daß es auch mit anderen Mädchen klappte.

»Warum bist du nicht gestern gekommen?«

»Ich hatte einiges zu erledigen. Komm, wir gehen nach Hause. Ich werde dir alles erzählen.«

»Du kannst nicht mit zu mir nach Hause kommen.«

»Ich möchte nur mit dir reden. Wenn du nicht willst, können wir spazierengehen.«

»Es ist nicht wegen mir. Meine Mutter hat irgend etwas gerochen und ist wütend auf uns. Ich habe ihr nicht einmal erzählt, daß du zurückgekommen bist.«

»Ich bin nicht *zurückgekommen*. Ich bin lediglich gekommen, um dich abzuholen. Ich kann ohne dich nicht sein. Komm, wir heiraten und gehen.«

»Ich kann nicht.«

Nichts konnte sie überzeugen. Weder die Wunder von Mailand

135

noch meine Fähigkeit, mit dem Lebensmittel- und Zigaretten-
handel Geld zu verdienen. Ich flehte, ich versuchte sie zu überreden, für einen Moment kamen mir sogar die Tränen; sie jedoch wiederholte, daß sie ihr Versprechen nur halten würde,
wenn ich eine *richtige* Stelle hätte. Dann könnte auch ihre Mutter nichts mehr dagegen haben.

Irgendwie war ich erleichtert. Ich hatte meine Bitte teils aus Ge-
wohnheit teils aus einem gewissen Schuldgefühl heraus wiederholt. Ich dachte, wenn man ein Mädchen liebte, müßte man es
auch heiraten. Nach Herta war ich nicht mehr so sicher.

Ich versprach, sie bei Gelegenheit wieder einmal abzuholen, »nur
um zu reden, um ein bißchen zusammenzusein.«

Als ich zurückkehrte, hing ein großes Plakat am Hotel:

> Der Bürgermeister
> lädt die Gäste des Hotel Edelweiß
> zu einem Festessen ein
> anläßlich der Rückkehr
> unseres verehrten Herrn
> GUSTAV JÄGER
> aus der Kriegsgefangenschaft

Obwohl wir nur etwa zehn Personen im Speisesaal waren, ging
es sehr laut zu. Erst als Herr Janowski mit dem Löffel gegen
seinen Teller klopfte, wurde es ruhiger. »Es hat gar keinen Sinn,
daß wir uns streiten«, fing er an. »Wer will, der geht, und wer
nicht will, der läßt es bleiben. Der Goi ist das alles nicht wert.«
Erst nachher beim Kartenspielen, meinte er, daß alle kommen
müßten. Der französische Militärgouverneur sei Ehrengast und
werde Anstoß daran nehmen, wenn wir nicht erschienen. Außerdem sei der Jäger nie Nazi gewesen. Er sei Hauptmann bei der
Wehrmacht, und schließlich wohnten wir bei ihm. Weder Wladek noch ich glaubten ihm. Wäre Jäger kein Nazi gewesen, hätten die Franzosen nicht ausgerechnet sein Hotel mitsamt Gasthof requiriert; aber mir war es egal. Wladek zögerte zuerst, bis
Magda ihn überredete. Sie wollte unbedingt dabeisein.

»Und was ist mit Moische und Chaskel?« fragte ich.

»Die kommen auch«, erwiderte Janowski.

»Woher wissen Sie das?«

»Ich habe vor dem Abendessen mit ihnen gesprochen.« Janowski hatte alles in der Hand. Dabei fiel mir etwas ein. Ich würde ihnen etwas vorspielen. Wie in Landsberg. Janowski sagte ich nichts davon, aber als ich mit Wladek darüber sprach, war er so begeistert, daß er selbst zum Bürgermeister ging und ihm meinen Auftritt als unseren Beitrag zur Feier antrug.

Am Samstag gingen wir wie immer tanzen. Ich verkaufte zwei Stangen Zigaretten, die ich bei Janowski erstanden hatte, und Herta kam wieder zu mir. Mit ihr war alles viel einfacher. Wir waren vollkommen glücklich. Kein Wort über Ehe und Zukunftspläne. Am Sonntag mieteten wir ein Boot und schauten den kleinen Fischen nach, die an uns vorbeiflitzten. Oft zogen wir die Ruder ein und sonnten uns. Wolken zogen einzeln über den tiefblauen Himmel, und jedesmal, wenn die Sonne hinter einer Wolke verschwand, wurde es kühl, und wir klammerten uns aneinander, um uns zu wärmen.

Am Mittwoch gingen alle direkt zum Gemeinderat. Überall hingen Fahnen und Girlanden. Auf einem großen Transparent über der Hauptstraße stand »Willkommen in der Heimat!« Auch der große Sitzungssaal war festlich hergerichtet.

Es folgten Reden. Der Bürgermeister. Der Förster. Der französische Ortskommandant. Janowski. Jäger saß ganz oben und starrte geradeaus. Seine Frau legte ihre Hand auf seine und hielt sie fest, als ob sie fürchtete, er könnte wieder verschwinden. Sieben Jahre war er fort gewesen. Er dankte allen kurz, dann wurde das Essen aufgetragen.

Es folgte mein Auftritt. Auf dem Kopf einen schwarzen Tirolerhut mit Hahnenfedern und eine gebogene Pfeife zwischen den Zähnen, mimte ich einen alten Bauern.

»Grüß Gott, alle miteinand'. Jetzt sind wir wieder einmal beisammen. Daß uns der liebe Herrgott den Herrn Jäger zurückgeschickt hat, das wollen wir Ihm ganz besonders danken. War ja ein Blödsinn das Ganze. Ich hab's immer zu meiner Alten g'sagt: Nannerl, hab ich g'sagt, das wird kein gutes Ende nehmen, die ganze Marschiererei. Und als unser Rudi nachher heimkam und statt ›Grüß Gott‹, mit der Hand in der Höh' ›Heil Hitler‹ sagte, hat er eine erwischt, daß er die Stern' g'sehn hat. Als er aber dann zur SS gegangen ist, hab' ich zu ihm g'sagt ›Rudi, paß auf, daß sie dich bei Nacht nicht überfahren mit dem schwarzen Zeug.‹«

Die Gäste bogen sich vor Lachen. Ich fuhr fort:

»Ist schon wahr, daß wir alle für den Führer gestimmt haben. Er hat ja gesagt, daß uns heute Deutschland und morgen die ganze Welt gehören würde.«

Ich summte die Melodie: »Denn heute gehört uns Deutschland und morgen die ganze Welt!«

»Und es hat ja ausg'schaut, als ob er Recht gehabt hätte. Nannerl, hab' ich damals g'sagt, ist doch nett, daß der Rudi an uns denkt. Jetzt kriegen wir ein Paket aus der Tschechei, aus Polen – und kannst du dich an den Ring und an das silberne Besteck er- innern, das er uns aus Lublin mitgebracht hat, als er auf Urlaub kam? So was Schönes hab' ich mein Leben nicht gesehen. Aber jetzt sagt meine Alte, daß sie nichts mehr haben will. Nur, daß der Rudi wiederkommt. So wie der Herr Jäger.«

Die Darbietung brachte mir viele Lacher ein, und am Ende applau- dierten alle. Nur Herr Jäger saß mit zusammengepreßten Lippen da und stierte vor sich hin.

Als der Bürgermeister Janowski auf die Schulter klopfte, erin- nerte ich mich wieder an Obersturmbannführer Goecke beim Konzert im Ghetto. Zwar war *ich* der Mittelpunkt, aber irgend- wie war es dasselbe: Wir unterhielten sie noch immer. Trotzdem fühlte ich mich ganz wohl dabei.

Am Samstagabend wurde ich gefeiert. »Spiel den Bauern«, ba- ten mich alle, und ich wiederholte meine Vorstellung noch ein- mal im Tanzsaal. Herta umarmte mich.

Es war ein neues Leben. Ohne Deutsch, ohne Mathematik, ohne die Verpflichtung, *etwas zu werden*. Alles was ich brauchte, wa- ren Tanz, ein Mädchen, Bier und Zigaretten.

32 Der zweite Aufbruch

Neues nutzt sich sehr schnell ab. Mein neues Leben wurde bald zur Routine. Hin und her mit der Eisenbahn zum ›Markt‹: kaufen, verkaufen, Karten spielen, die Mädchen wechseln – ich begann mich zu langweilen, wurde unruhig und sehnte mich wieder nach Anna. Ich überredete sie, mich an einem Sonntag zu besuchen, und sie kam. Vom Heiraten wollte sie nichts hören. Das war ein für allemal erledigt. Erst müßte ich einen richtigen Beruf haben. Wir gingen zum See, dann auf mein Zimmer, mit dem Resultat, daß ich mich wieder in sie verliebte, so daß ich jedesmal Gewissensbisse bekam, wenn ich mich mit einer anderen traf. Um Eindruck zu schinden, hatte ich mir eine Armbanduhr gekauft. Die Mädchen bewunderten sie, und ich wußte endlich, wie spät es war, ohne auf die Kirchenglocken hören zu müssen. Fünfzehn US-Dollar plus meinen Verlobungsring hatte ich dafür hergeben müssen, mehr vielleicht, als mein Vater für seine Omega bezahlt hatte, als er mir zu meinem dreizehnten Geburtstag seine alte gegeben hatte.

Ich schrieb meiner Tante nicht, daß ich mir von ihrem Geld eine Uhr gekauft hatte. Es war für die Fahrkarte nach Paris bestimmt gewesen, und einen Teil davon veruntreut zu haben, verursachte mir Gewissensbisse. Meine Tante arbeitete in einer Fabrik, um ihrem Sohn das Universitätsstudium zu ermöglichen. Ihr Geld war schwer verdient, und es war ihr sicher nicht leichtgefallen, es für mich zu sparen.

Eines Tages kam es im Speisesaal zu einer großen Diskussion über den Krieg in Palästina. In der Zeitung hieß es:

JÜDISCHE TERRORISTEN SPRENGEN
BRÜCKEN IN PALÄSTINA

Janowski sagte, es handele sich um Verbrecher. Mit ihren Anschlägen erreichten die Juden nur, daß die Engländer sie nie nach Palästina lassen würden. Hunderttausend Soldaten dort sorgten dafür, daß es nie zur Gründung eines jüdischen Staates käme. »Was heißt ›die Juden‹? Sind Sie etwa Arier?« fragte ich.

»Da schaut euch den Jekke an! Jetzt ist er plötzlich wieder Zionist.«

»Ich bin nicht *plötzlich* wieder Zionist. Ich war *immer* Zionist. Und wenn wir nicht dafür kämpfen, werden wir nie zu einem eigenen Staat kommen.«

»Warum bist du dann aus Italien wieder zurück? Du hättest ja dort warten können, bis du nach Palästina gekommen wärst, wenn du so ein großer Held bist.«

Moische hatte recht. Und ich wußte keine Antwort. Aber Wladek kam mir zu Hilfe: »Er ist zurückgekommen, weil seine Verwandten wollen, daß er zu ihnen nach Amerika kommt. Vielleicht überlegt er es sich noch.«

»Genau«, sagte ich und sah mich plötzlich eine Maschinenpistole abfeuern. Die Fremdenlegionsphantasien waren wieder da, komplett mit Wüstenlandschaft.

Es begann zu donnern, und Wladek wollte in den Gasthof zurück, bevor uns der Regen erwischte. Aber zu spät. Vollkommen durchnäßt erreichten wir das Gasthaus und stürzten in die Küche.

Nach einer halben Stunde kam auch Janowski. Er trug einen schwarzen Ledermantel und Stiefel.

»Nun, wo sind die Karten?«

Magda, die gelesen hatte, schloß das Buch, schob die Karten in die Mitte des Tisches und sagte: »Ich habe heute keine Lust. Komm, Wladek, wir gehen ins Bett.« Sie stand auf, wartete, doch Janowski sagte: »Ich habe eine Idee. Wir machen eine Flasche Cognac auf. Das wird uns wärmen und unsere Laune aufbessern.« Er holte die Flasche, stellte vier Gläser auf den Tisch und schenkte ein.

»Lechaim!«

»Lechaim!«

Ich trank mein Glas in einem Zug aus, wie ich es bei den Russen gelernt hatte, schenkte mir wieder ein und sagte: »Auch ich habe keine Lust zum Spielen. Wir könnten uns ja ein wenig unterhalten.«

Magda war einverstanden, aber Wladek begann, die Karten zu

mischen. »Ihr beide braucht ja nicht mitzuspielen. Ich spiele mit Janowski Poker.«

»Poker?! Bist du verrückt? Nein! Kommt nicht in Frage!« rief Magda ganz außer sich.

Erst dachte ich, sie wäre nur etwas hysterisch, doch als sie blaß wurde und ihr die Augen fast aus den Höhlen sprangen, sah ich, daß es ihr ernst war. Aber was ging es sie an?

»Komm«, sagte Wladek besänftigend, »sei nett und setz dich neben mich. Du bist ja mein Schutzengel.«

»O. K. Ich bleibe noch *ein* Mal bei dir. Aber wenn du verlierst, spreche ich kein Wort mehr mit dir.« »Nicht *ein* Wort«, wiederholte sie und rollte drohend das »r« zur Bekräftigung.

Magda starrte auf den Geldhaufen, der mit jedem Einsatz wuchs. Sie rauchte eine Zigarette nach der anderen und sah eindringlich zu mir herüber, als wollte sie mich bitten, meinen Freund vom Weiterspielen abzuhalten, doch ich dachte nur daran, wie es wäre, mit ihr zu schlafen.

Als die Kirchturmuhr zwei schlug und eine Stunde später drei spielten sie immer noch.

»Komm, laß uns gehen«, flehte sie, aber Wladek zog ein neues Bündel Banknoten hervor und warf es, ohne zu zählen, auf den Tisch.

Langsam zogen sie eine Karte nach der anderen, bis Janowski dann plötzlich sein Blatt ausbreitete und den Geldhaufen einstrich. Er stand auf, zog seinen Mantel an, nahm seinen Hut und ging wortlos hinaus.

»Du kannst ohne mich nach Palästina gehen!« schrie Magda, wischte die Karten vom Tisch und verließ wütend die Küche.

Wladek brach zusammen. Schluck um Schluck trank er den restlichen Cognac aus und weinte. Die Karten lagen verstreut am Boden.

Ich versuchte ihn zu trösten und erzählte ihm, wie Anna mich behandelt hatte. Es half nichts.

»Magda, Magda«, wimmerte er immer wieder.

Dann hob er den Kopf: »Wenn ich nach Palästina gehe, kommst du mit?« fragte er, sein Schluchzen unterdrückend.

»Ja, nur hör jetzt auf zu weinen.«

»Du erzählst es niemandem?«

»Nein. Natürlich nicht.«

Ich begleitete ihn auf sein Zimmer und sagte: »Klopf doch bei ihr an, sie läßt dich bestimmt hinein.«

»Nein. Das tut sie nicht. Sie hat kein jüdisches Herz.«

Das hatte auch Anna nicht, die eine jüdische Mutter hatte. Als ich ihr erzählte, daß ich mich zur jüdischen Untergrundbewegung gemeldet hätte, sagte sie lediglich: »Na, ja. Wir werden ja sehen, was draus wird.«

Wladek hatte in jener Nacht sein ganzes Geld verspielt. Alles was ihm blieb, waren einige italienische Banknoten und etwas österreichisches Geld.

Eine Woche später machten wir uns auf den Weg. Wladek, Chaskel, Moische und ich. Janowski blieb zurück und nahm das Zimmer neben Magda.

Er war jetzt der Bankier.

Italien

33 Der Kibbuz

Wladek hatte uns überredet, lieber dem Irgun beizutreten als
der Hagana[15], die nur zum Schein gegen die Engländer kämpfe
und Mitglieder des Irgun, der mittels Terroraktionen gegen die
fremde Besatzung vorging, an die Engländer ausliefere. Ich war
schon vor dem Krieg bei der nationalistischen Jugendbewegung gewesen, die jetzt die meisten Freiwilligen für den Irgun
stellte. Die Ideologie und das politische Programm waren mir
geläufig und sagten mir zu. Auch das Konspirative zog mich an.
Nur gab es beim Irgun gewisse Schwierigkeiten. Da er von den
offiziellen jüdischen Organen in und außerhalb Palästinas boykottiert und verfolgt wurde, waren seine Mittel beschränkt und
dienten hauptsächlich der Beschaffung von Waffen. Deshalb
gab es nur wenig Lastwagen, und wir mußten per Bahn bis an
die Grenze, unbemerkt zu Fuß hinüber und dann weiter. Wir bekamen Fahrkarten, und ein Mann kam, um uns nach Italien zu
bringen.

Wir waren alle Wladeks Ratschlag gefolgt und hatten Zigarettenpapier gekauft, an dem man dort gut verdiente und das leichter zu tragen war als andere zollpflichtige Waren. Der Übergang
über die österreichisch-italienische Grenze war für ein Uhr nachts
angesetzt. Um keinen Verdacht zu erwecken, stiegen wir eine
Station vor dem Brenner aus, und unser Begleiter führte uns hinauf in den Wald, wo wir den Rest des Tages verbrachten. Nachts
ging es weiter. Für eine Weile lief alles reibungslos. Wir waren
bereits drüben und hatten unseren Abstieg begonnen. Plötzlich
ertönte Hundegebell, und Taschenlampen blitzten zwischen
den Bäumen auf.

»Los, werft das Zigarettenpapier weg«, flüsterte Wladek, »wenn sie uns damit erwischen, kommen wir noch wegen Schmuggel ins Gefängnis.«

Wir warfen die Packungen fort und begannen zu laufen, bis wir an eine Lichtung kamen, von der ein Pfad in ein Dorf hinunterführte. Wir mieden das Dorf und hielten uns an den Waldrand bis zur nächsten Stadt. Um nicht aufzufallen, betraten wir den Bahnhof, einer nach dem anderen. Als der Zug kam, stiegen wir unbehelligt ein.

Wir sollten nach Cascina Nuova, einem kleinen Dorf in der Nähe von Mailand. Als wir in Verona umstiegen, fragte mich Wladek, ob das nicht der Ort sei, wo Romeo und Julia gelebt hätten.

»Genau«, sagte ich, »aber nicht lange.«

»Ich weiß.«

Er schaute durchs Fenster und sah den letzten Häusern nach, die hinter uns verschwanden.

Wir näherten uns einem Fluß, der Zug verlangsamte seine Fahrt und fuhr vorsichtig über eine provisorische Holzbrücke. Diesmal sah ich die Spuren des Krieges. Zertrümmerte Pfeiler ragten aus dem Wasser wie abgebrochene Zähne. Die Brücke lag halb versunken daneben. Ganz langsam, wie um an die Vergangenheit zu gemahnen, kroch der Zug über die ächzenden Gleise.

In Deutschland hätte der Anblick Schadenfreude geweckt, aber nicht in Italien. Ich war froh, als wir den Fluß hinter uns hatten und in die Ebene kamen. Die Felder lagen verdorrt in der Sonne, und Vogelscheuchen ließen wie schwarze, in den Boden gesteckte Geister ihre Ärmel flattern. Wurde ich nun abergläubisch? Oder war es die Ungewißheit des Bevorstehenden, die mich bedrückte? Erst der Rummel in der Mailänder Bahnhofshalle und die Lichter munterten mich wieder auf.

»Du, schau dir das Chajele an«, rief Chaskel und zeigte auf ein Mädchen. Sie erinnerte mich an Veronika, und ich ärgerte mich über das Wort. Ich empfand den vulgären Ausdruck als beleidigend.

»Halt's Maul«, sagte ich zu ihm.

»Na, was ist denn los, Jekke? Willst du vielleicht Mönch werden, jetzt, wo wir in Italien sind?«

146

Moische, der während der ganzen Reise den Mund nicht aufgemacht hatte und sich jetzt vor Müdigkeit nur noch mitschleppte, fand plötzlich die Kraft, seinen Kumpel zu unterstützen:

»Jawohl, stimmt ganz genau. Vielleicht solltest du wirklich einer werden. Die zahlen gut. Auch wenn du dich nur taufen läßt. Ein Bekannter von mir hat es dreimal getan.«

»So was gibt's doch nicht.«

»Doch. Jedesmal in einer anderen Stadt. Dreihundert Dollar hat er auf diese Weise verdient.«

»Jetzt seid aber still. Wenn sie unsere Papiere verlangen, bevor wir auf dem Bauernhof sind, können sie uns festnehmen. Also kein Wort mehr. Alle vier. Verstanden?!«

»Er hat recht«, sagte Wladek. »Kommt, wir gehen zur Straßenbahn.«

Ein Bauernhof! Das hatte mir noch gefehlt! Moische und Chaskel hatten wahrscheinlich auch etwas anderes erwartet: ein Hotel Edelweiß oder etwas ähnliches, denn bis zur Endstation sprachen sie kein Wort mehr.

Nicht einmal den Dom hatte ich gesehen. Oder einen Pfirsich gegessen. Die Straßenbahn fuhr durch endlose Häuserschluchten, und ich sann darüber nach, wie es wohl in Paris aussehen mochte.

Unser Begleiter stieß mit dem Stiefel an ein schweres eisernes Tor.

»Kennwort?«

»Jericho.« Man ließ uns ein.

Wir legten uns gleich schlafen, und erst am anderen Morgen dämmerte uns, worauf wir uns eingelassen hatten.

Wladek, der auf der Pritsche über mir schlief, schnarchte noch, als uns plötzlich der Ton einer mit einem Gegenstand angeschlagenen Eisenbahnschiene weckte, wie im Konzentrationslager. Gleich danach stürzte unser Begleiter in den Schlafraum.

»Los! Auf! Appell in einer halben Stunde! Decken gerade! Beutel unterm Bett! Jalla![16]«

»Hast du das gehört?« fragte ich Wladek, der noch immer gähnte und seine Schuhe suchte. »Was heißt ›Jalla‹?«

147

»Du bist doch derjenige, der Hebräisch kann!«

»Nie gehört. Vielleicht ist es so etwas wie ›kadima‹ – vorwärts.«

»Ihr beide da hinten. Aufhören mit dem Geschnatter! Fertigmachen!«

Wir strichen unsere Decken glatt, gingen in den Waschraum und dann zum Appell. Um sieben Uhr früh. Die waren ja verrückt.

»Still-stand! Rührt euch. Still-stand! Rührt euch.«

Wie in Deutschland.

»Rechts um! Vorwärts marsch! Links, zwo, drei, vier – links, zwo, drei, vier …«

Dreimal ging es um den Hof herum, und nachdem die Fahne gehißt und die Nationalhymne gesungen worden war, verlas unser Begleiter die Lagerordnung. Es stellte sich heraus, daß er der Kommandant war.

»Erstens: Niemand verläßt den Kibbuz ohne Erlaubnis.« Ein Kibbuz?

»Zweitens: Jeder erscheint um Punkt sieben zum Appell und nimmt an den Schulungskursen teil. Auch die Frauen.« Eine einzige Frau stand zwischen den fünfzehn Männern.

»Drittens: Mittagspause – eins bis drei. Viertens: Licht aus – zehn. Die Tagesordnung steht angeschlagen und muß genau befolgt werden. Krankmeldungen sind vor sechs Uhr früh im Büro zu erstatten. Fragen?« Keine.

»Rechts um! Abtreten.«

Während sich die anderen um den Anschlag drängten, ging ich den ›Kibbuz‹ besichtigen.

Eine hohe, oben mit Glasscherben gespickte Mauer umschloß den Hof von drei Seiten. Die vierte war von einem einstöckigen Gebäude blockiert. Es gab weder Bäume noch Sträucher. Über dem Tor – eine Rolle Stacheldraht. Im Erdgeschoß – ein Büro, die Fenster vergittert: ein Lagerraum – abgesperrt. Im ersten Stock – zwei Schlafsäle, der Waschraum, Duschen und ein kleinerer Raum – »Zutritt nur für Frauen.«

Von den Fenstern sah man über ein dürres Feld zum Dorf hinüber. Aus irgendeinem Grund lugten Lautsprecher aus den Kirchturmfenstern. Das Kreuz auf dem niedrigen, pyramidenförmigen Blechdach war leicht verbogen. Ein Vogel segelte in den Kirchhof hinunter, flatterte aber gleich wieder auf das Kreuz hinauf und faltete die Flügel.

Das Klappern von Besteck erinnerte mich ans Frühstück. Fast hätte ich es versäumt. Die zuvor verschlossene Tür war nun offen und führte in Küche und Speisesaal.

Es gab Brot, Margarine, Oliven, Quark, Marmelade und echten Kaffee.

»Nicht schlecht, Jekke, was?« rief Moische vom anderen Tischende und zeigte mit der Gabel auf die Oliven.

»Wer ist ein Jekke?« wollte jemand wissen.

»Sprecht Hebräisch!« fuhr der Kommandant dazwischen. Er wußte, daß nur wenige von uns Hebräisch konnten, aber so konnte er Wortwechsel über die Herkunft der einzelnen verhindern, die oft zu Streitereien führten.

Die Frage, wer ein Jekke sei, blieb unbeantwortet. Nach dem Frühstück mußten wir wieder hinaus. Auf dem Plan standen Marschieren, Schießübungen mit Luftgewehren und das Auseinandernehmen und Zusammensetzen einer Pistole, die so schwer war, daß ich sie beinahe fallen ließ.

Mittags gab es kaltes Fleisch und Kartoffelpüree. Um drei machten wir weiter. Wir hockten auf dem Boden, und der Kommandant hielt einen Vortrag über jüdische Geschichte, Zionismus und den Krieg gegen die Engländer. Fragen waren erwünscht, Diskussionen jedoch verboten. Nach dem Abendessen hatten wir frei. Einige bekamen die Erlaubnis, das Lager zu verlassen, doch die meisten blieben im Speisesaal. Die Frau, die sich um die Küche kümmerte, und zwei Männer sangen russische Lieder. Moische und Chaskel waren überrascht, als auch ich mitzusingen begann, und natürlich rief Moische gleich: »Da schaut her, auf einmal ist der Jekke ein Russe.«

Nachts mußte ich zwei Stunden Wache schieben. Mit Luftgewehr und Signalpfeife schritt ich im Hof die Mauern ab, bis die Ablösung kam.

Nach einer kalten Dusche versuchte ich einzuschlafen, aber die

Moskitos summten mir dauernd um die Ohren und landeten auf meinem Gesicht.

Nachdem ich endlich eingeschlafen war, hetzte mir Standartenführer Jäger im Traum seinen Hund auf den Hals. Ich wollte fliehen, aber Janowski packte mich am Arm und hielt mich fest. Wladek schüttelte mich, und ich wachte auf.

Draußen bellte ein Hund. Unaufhörlich.

34 Der Dienst

Ein Zeitungsausschnitt hing an der Tafel:

JÜDISCHE TERRORISTEN TÖTEN
ACHTZIG IN JERUSALEMER HOTEL

Aus der Schlagzeile hätte man schließen können, daß die Opfer achtzig Gäste des Hotels seien, doch weiter unten stand kleingedruckt, daß es sich um das ›King David Hotel‹ handelte, in dem die britische Mandatsregierung für Palästina residierte und sich das Hauptquartier der englischen Streitkräfte in Palästina befand. Verantwortlich für den Anschlag war der Irgun.

Ich fühlte mich nicht beteiligt; noch war ich begeistert, und irgendwie entsprach die Nachricht nicht meinen Fremdenlegionsphantasien, in denen ich in den Dünen mit der Maschinenpistole hinter flatternden Fahnen herschritt.

Auch konnte ich keinen richtigen Haß auf die Engländer empfinden. Mir hatte nie einer etwas getan. Bomben? Das war etwas Heimtückisches; außerdem waren sie viel zu gefährlich. Eine falsche Bewegung, und man flog selbst in die Luft.

Beim Appell erklärte uns der Kommandant die Wichtigkeit unseres ersten großen Sieges, warnte uns, mit niemandem darüber zu sprechen, unsere Zugehörigkeit zum Irgun weiterhin streng geheimzuhalten und auf keinen Fall Genugtuung zu zeigen. »Alles klar?« Alle: »Jawohl, Herr Kommandant.«

150

Nach dem Frühstück befahl er mich in sein Büro.

Hinter ihm hing ein Bild von Schlomo Ben Josef, der von den Engländern 1938 erhängt worden war. Er hatte mit einem Revolver auf einen arabischen Autobus gefeuert. Als Vergeltung für die Ermordung von sechs Juden. Zwar hatte er nicht getroffen und niemanden verwundet oder getötet, aber gehängt wurde er trotzdem. Zur Abschreckung. Er wurde unser Vorbild.

»Ich habe gehört, du kannst Englisch?«

»Stimmt, Herr Kommandant.«

»Alles was ich dir jetzt sage, ist streng geheim.«

»Jawohl, Herr Kommandant.«

»Weißt du, warum wir uns ›Kibbuz Cascina Nuova‹ nennen?«

»Nein, Herr Kommandant.«

»Damit wir von der ›Sochnut‹[17] als landwirtschaftliches Schulungskollektiv anerkannt und vom Joint unterstützt werden.«

Ich starrte auf das Bild von Schlomo Ben Josef. Erhängt! Nur weil er geschossen hatte! Dabei hatte er nicht einmal getroffen! Beinahe spürte ich die Fasern des Stricks um den Hals.

»Hörst du zu?«

»Sicher höre ich zu.«

»Herr Kommandant.«

»Herr Kommandant.«

»Um Lebensmittel und Zigaretten zugeteilt zu bekommen, müssen wir dem Joint jede Woche eine Liste aller Mitglieder des Kibbuz vorlegen. Ankünfte, Abgänge, alles vom Vorsitzenden und dem Sekretär unterschrieben.« Er schob mir einen Bogen Papier und einen Füllfederhalter hin.

»Schreib: Protokoll. Die Generalversammlung des Kibbuz Cascina Nuova wählte am – heutiges Datum – die folgenden Mitglieder: Dan Markowitz – Vorsitzender. David Haber – Sekretär.«

»Was?«

»Ab heute bist du der Sekretär. Du wirst die Listen vorbereiten und zum Joint bringen. Jeden Freitag findet dort eine Sitzung sämtlicher regionaler Sekretäre statt. Außerdem wirst du das tägliche Schulungsprogramm und den Dienstplan aufstellen. Und was sonst noch zu tun ist.«

»Aber ...«

»Kein Aber. Befehl ist Befehl.«

»Ich kann zwar etwas Englisch sprechen, aber schreiben kann ich es nicht – Herr Kommandant.«

»Ich verstehe. Also, was willst du?«

»Ich will nicht schon um sechs zum Appell aufstehen, und ich will keinen Wachdienst machen.«

Er sah mich an, dachte nach und sagte: »Von mir aus kannst du um halb sieben aufstehen, aber zum Appell mußt du erscheinen, da du die Namen verlesen mußt, um zu kontrollieren, ob alle da sind. Dann mußt du stramm militärisch Bericht erstatten. Du kennst doch den Drill. Du warst doch im ›Betar‹[18], stimmt's?«

»Richtig – Herr Kommandant.« Fast hätte ich es wieder vergessen. So ein Blödsinn.

»Du brauchst nicht zu exerzieren, aber beim Schußwaffenunterricht und den Schießübungen mußt du dabei sein.«

»Zu Befehl, Herr Kommandant. Aber ich kann nicht Listen machen und dann auch noch Wache stehen. Ich muß ja auch schlafen.«

»Du bist vom Wachdienst befreit.«

»Danke, Herr Kommandant.« Fast hätte ich ›Herr Lagerkommandant‹ gesagt.

»So. Jetzt übersetze das Protokoll, schreibe zum Schluß ›Zeugen‹. Dann laß zwei Zeilen frei, damit sie Platz zum Unterschreiben haben.«

»Aber wer wird das unterschreiben? Wir hatten ja gar keine Wahlen.«

»Übersetze nur alles schön ins Englische und tu, was ich dir sage. Dann machst du die Liste: zwanzig Männer, eine Frau. Die Namen stehen im Hauptbuch.« Er übergab es mir.

»Aber hier stehen nur fünfzehn«, sagte ich, als ich die erste Seite überflogen hatte, »und Ihr Name erscheint überhaupt nicht – Herr Kommandant.«

»Die fünfzehn schreiben wir ab, fünf erfinden wir, und schon bekommen wir zwanzig Rationen.« Das betrügerische Verfahren ging mir gegen den Strich. »Warum erfinden wir nicht gleich zehn, dann kriegen wir fünfundzwanzig?« fragte ich zum Spaß, aber er nahm mich ernst. »Nächste Woche. Wir müssen es nach und nach machen. Sonst schöpfen sie Verdacht und schicken jemanden, um zu kontrollieren. – So. Das ist alles. Setz dich jetzt an meinen Tisch und fang an zu arbeiten. Jalla!«

Ich war wieder ›privilegiert‹. Lagerschreiber. Nein – Rapportführer! Vormals Lagerschlosser.

Moische und Chaskel unterzeichneten das Protokoll, Markowitz und ich die Liste. Er schrieb meinen Namen auf einen Vordruck der Sochnut, der mich auf englisch und auf italienisch als einen ihrer Obhut unterstehenden Flüchtling auswies und die Behörden ersuchte, mir in der Ausübung meiner Funktion behilflich zu sein.

Ganz stolz auf meine Ernennung, marschierte ich ins Dorf zur Straßenbahn.

Auf dem Dorfplatz, gleich an der Haltestelle, befand sich eine kleine Werkstatt. Der Rolladen war offen, irgendwo drinnen hämmerte und feilte jemand. Die Straßenbahn kam, und ich mußte einsteigen. Am Nachmittag würde ich wiederkommen. Feile und Hammer in die Hand zu nehmen, eine angenehme Vorstellung. Ich fühlte mich immer noch als Schlosser.

Die Menschen in der Straßenbahn waren anders als die Österreicher, jene graue Masse mit den leeren, verschlossenen Gesichtern. Hier scherzte man mit dem Schaffner, sprang auf oder ab, wenn die Straßenbahn langsamer fuhr, und mit meinen aufgekrempelten Ärmeln und dem offenen Hemdkragen fühlte ich mich fast zu Hause. Viel mehr als beim Joint.

Unter einem Bild von Harry S. Truman, mit einer rotgestreiften Fahne in der Ecke und einem Mann in Uniform wie Mendel am oberen Tischende begann die Sitzung.

Es ging um Gesundheitsfürsorge, Schwangerschaften, Mangel an frischer Milch für Kinder. Ich war froh, daß ich beim Irgun war. Da gab es wenigstens keine Kinder. Als ich an die Reihe kam, überreichte ich dem Vorsitzenden meine beiden Dokumente und wartete.

»Wo ist Rosenberg?«

Das war sicher mein Vorgänger. Sein Name stand auf der Liste.

»Er ist zurückgetreten.«

»Und Sie sind?«

»Haber. David Haber.«

»Woher?«

»Aus Österreich.«

»Alle kommen aus Österreich. Wo sind Sie geboren?«

»Ich bin in Österreich *geboren*«, und um mir sein Wohlwollen zu sichern, fügte ich schnell hinzu: »Sir.« Auf englisch. Aber er ging nicht darauf ein. »Ein Jekke!« rief er ganz erfreut auf jiddisch, und alle lachten. »Kennt ihr den Unterschied zwischen einem Jekken und einer Jungfrau?« Wir warteten. »Jekke bleibt Jekke! Ha, ha, ha.« Dann unterschrieb er meine Papiere, gab mir die Kopien und sagte: »Sie entschuldigen doch. War ja nur Spaß, nicht? Die Lebensmittel werden geliefert wie immer.«

»Thank you, Sir.« Es hatte ja keinen Sinn, sich aufzuregen.

Nach der Erörterung der Schwierigkeiten in den anderen ›landwirtschaftlichen Schulungszentren‹ gab man uns zu essen, und wir waren entlassen.

Ich ging zum Dom und kaufte mir einen Pfirsich.

35 Die Spieglein

Um fünf war ich wieder an der Werkstatt. Sie war noch offen. Ein junger Mann, etwas älter als ich, hämmerte an einem Amboß. Im Halbdunkel sah man die auseinanderstiebenden Funken kurz aufblitzen und wieder erlöschen.

Der Mann hob den Kopf. »Che cosa vuoi?« fragte er.

»Niente, soltanto guardare.«

»Sei Ebreo?«

»Si.«

Obwohl ich, wenn ich Italienisch sprach, darauf achtete, die R's zu rollen, schloß er wahrscheinlich aus meiner unverkennbar deutschen Aussprache, daß ich aus dem als Bauernhof getarnten Lager kam. Das Wort ›Ebreo‹ war sympathischer als ›Jude‹ oder ›Jew‹, und ich nahm keinen Anstoß daran.

Ich zeigte auf den Schraubstock, die Drehbank, die Bohrmaschine, und er sagte mir die italienischen Namen. Es gelang mir, ihm verständlich zu machen, daß ich im Konzentrationslager Schlosser gewesen war und daß ich gerne käme, um ein bißchen zu helfen, kostenlos natürlich. Er war einverstanden.

»Sono Mario«, sagte er. »Sono Ernesto.«

Die Abendglocke läutete, er ordnete seine Werkzeuge, und ich half ihm, den Rolladen herunterzulassen und die Schlösser vorzuhängen. Dann gingen wir in eine Trattoria. Ich sagte, daß ich noch nicht genau wüßte, wann ich wiederkäme, und er sagte, ich sei immer willkommen. Es gebe viel zu tun.

Markowitz verstand, daß ich Übung brauchte, wenn ich in Palästina Arbeit finden wollte, und befreite mich vom Nachmittagsdienst. Ich setzte den Waffenunterricht für den Vormittag an und verschob das Exerzieren und den allgemeinen Unterricht auf den Nachmittag. Um Punkt drei war ich in der Werkstatt.

Schlüssel, Türschlösser, Vorhängeschlösser, Scharniere, Fahrräder – ich feilte, hämmerte, bohrte, schweißte – bis zur Vesperglocke. Nach Feierabend saßen wir dann unter einem Baum im Garten der Trattoria.

Am Samstag arbeitete ich nicht. Statt dessen ging ich mit Mario ins Kino. Auch Laura kam mit, Marios Schwester. Sie war nicht das einzige Mädchen im Kino, aber das weitaus schönste. Wir sprachen kein Wort miteinander. Ich traute mich nicht einmal, sie richtig anzuschauen. Nur hin und wieder schielte ich heimlich im Dunkeln zu ihr herüber, ohne den Kopf zu wenden. Ihre Stimme und das immerwährende Lächeln in ihren Augen begleiteten mich später über das öde Stoppelfeld ins Lager.

Alle saßen noch im Speisesaal. »Guten Abend, Jekke!« Der Spitzname begann mich richtig zu ärgern. Fast wie ›Saujud‹. Ich verbiß mir ein ›polnisches Gesindel‹ (Markowitz war auch da), und fragte statt dessen: »Moische ist noch nicht zurück?«

»Der läßt sich gerade taufen«, sagte Chaskel.

»Red keinen Blödsinn.«

»Im Ernst. Er ist in die Schpigelech gegangen. Zum Eintauchen.« Sie brüllten vor Lachen.

»Schpigelech?« Spieglein? Ich hatte keine Ahnung, was sie meinten. Ich dachte, sie machten sich über mich lustig, und wollte gehen.

»Nein. Bleib da. Chaskel führt uns vor, wie es gemacht wird. Der geht jeden Tag.« Ich mußte mich zu ihnen setzen. Ich war ja der Sekretär. Markowitz hatte mir bereits mehrmals vorgehalten, daß ich mich zu sehr absonderte.

Chaskel zog die Hose aus, verzerrte seinen Mund zu einem krummen Lächeln, das durch die Lücke eines fehlenden Vorderzahns seine groteske Häßlichkeit noch stärker hervorhob, und tänzelte in Unterhosen um den Tisch herum, dabei schürzte er das Hemd wie eine Tänzerin, hob es mit den Fingern in die Höhe und sang dabei: »O mia bella Napoli …« Der Sinn der obszönen Pantomime war mir nicht ganz klar, aber ich ahnte, daß er ein Straßenmädchen imitieren wollte. Alle waren begeistert. Als jedoch Miriam, unsere Wirtschafterin, hereinkam, versteckte Chaskel sich unter dem Tisch. Markowitz mußte meine Mißbilligung der vulgären ›Vorstellung‹ gemerkt haben, denn er schickte uns schlafen, obwohl wir noch eine halbe Stunde Zeit hatten.

Für Sonntag hatte Mario mich zum Mittagessen eingeladen. Seine Eltern wollten mich kennenlernen. Ich kaufte eine große Flasche Chianti und machte mich auf den Weg. Die Haustür stand offen, und ich gelangte durch den Flur direkt ins Eßzimmer. Frau Pascoli bedankte sich für den Wein, und ihr Mann stand auf, reichte mir die Hand und bat mich, Platz zu nehmen.

»Mario, Laura, venite mangiare.«

Ich entschuldigte mich, daß ich nicht genügend Italienisch sprach, und schaute mich um. Statt eines Kruzifixes blickte Stalin wohlwollend von einer Wand herab.

Dann erschien Laura lächelnd, in sich gekehrt, ihr schweres langes Haar offen auf die Schultern herabfallend. Mario folgte, und als alle saßen, brachte Frau Pascoli eine riesige Platte mit dampfenden Spaghetti.

»Buon appetito!« sagte Herr Pascoli, und wir fingen an zu essen.

Mario zeigte mir, wie man die Spaghetti mit der Gabel aufrollte, nachdem ich versucht hatte, sie mit dem Messer zu zerschneiden. »Spaghetti zu zerschneiden ist wie sie zu ermorden. Das tun nur die Deutschen.« Ich lachte.

Daß Laura neben mir saß, war mir sehr recht. Hätte sie mir gegenüber gesessen, hätte ich dauernd wegsehen müssen, wenn sich unsere Blicke trafen, wollte ich mir doch meine Bewunderung für sie nicht anmerken lassen.

Ihre Mutter brachte das Fleisch, und Mario sagte, es sei Kalbfleisch. Mir war es egal, aber sie, die Kommunisten, die Katholiken, respektierten meine Religion. Ich blickte auf Stalin und erinnerte mich, wie mein Vater seinerzeit im russisch besetzten Litauen, nachdem alle Kirchen und Synagogen geschlossen worden waren, erklärt hatte, daß Religion nun vollkommen überflüssig sei und ihre Vorschriften keine Gültigkeit mehr hätten. Die Italiener waren da offenbar anders.

Die Pascolis wollten alles wissen: über meinen Vater, meine Mutter, ob ich Geschwister hätte, aber es störte mich nicht. Ich fühlte mich wie zu Hause.

Nach dem Essen holte Mario den Lieferwagen. »Wir fahren ins ›Casino‹.« Roulette? Eine Spielhölle? Der Wein und die Hitze machten mich schläfrig und ich blickte mit müdem Wohlbehagen auf die trockenen Felder und die Schlote der Fabriken, während ein heißer Wind durchs offene Fenster über mein Gesicht strich.

Wir kamen in einen Teil von Mailand, den ich noch nicht kannte. »Il Castello Sforzesco!« sagte Mario stolz, zeigte auf eine riesige Festung und hielt an. Wir stiegen aus und gingen rings um den ausgetrockneten Graben bis zum Turm. War das das ›Casino‹? Mario schüttelte sich vor Lachen. »Andiamo.«

Nachdem wir eine Weile durch leere Straßen gefahren waren, kamen wir am Dom vorbei und bogen noch einige Mal ab, bevor wir anhielten.

In einer kleinen Gasse standen Gruppen von Männern, rauchten, warteten scheinbar. Einige schielten zu uns herüber, drehten sich aber weg, als wir näher kamen, als wollten sie nicht erkannt werden. Im Gegensatz zur Heiterkeit um den Dom herrschte hier Bedrückung. Die Häuser waren unscheinbar, es roch nach Urin. Ich suchte immer noch das ›Casino‹, von dem ich eine Märchenpalast-artige Vorstellung hatte.

»Da«, sagte Mario. Wir traten in einen engen Eingang und stiegen eine schmale Holztreppe hinauf. Eine offene Tür führte in einen dunklen Raum. Uns gegenüber befand sich eine erhöhte Theke. Eine Lampe mit rotem Schirm warf ein schwaches Licht auf eine ältere Dame ganz in Schwarz, die hinter der Theke saß und den Raum überblickte. Hinter ihr gab es noch eine Treppe. Langsam gewöhnte ich mich an die Dunkelheit. Zuerst dachte ich, es sei ein Tanzsaal, aber wo blieb die Musik? Bis ich sah, daß alles eine optische Täuschung war. Die Wände waren von oben bis unten mit Spiegeln verkleidet. Dann bemerkte ich die Mädchen. Mario wies auf die Decke, in der sich alle umgekehrt sitzend spiegelten und wir uns mit gereckten Hälsen hinaufschauen sahen. Wir setzten uns auf eine mit rotem Plüsch überzogene Bank, und die Mädchen begannen lächelnd langsam an uns vorbeizuschreiten. ›Schpigelech‹, ›Casino‹, warum konnten die Leute die Dinge nicht beim Namen nennen?

»Die kosten alle dasselbe«, sagte Mario und wies auf ein Schild über der Theke. Damit stand er auf, nickte einem Mädchen zu, zahlte und verschwand mit ihr nach oben.

Ich suchte immer noch ein Gesicht, ein Lächeln, ein echtes, nicht nur ein Zähne zeigendes, wie das von Kellnerinnen beim Trinkgeldkassieren. Ich lehnte mich zurück und dachte an Anna.

Leute kamen, setzten sich eine Weile, standen wieder auf. Ich zitterte innerlich. Ein Gesicht fand ich nicht. Ich zündete mir eine Zigarette an und blies den Rauch vor mich hin, zu verlegen, mir selbst im Spiegel ins Gesicht zu schauen.

Zum Schluß erlöste mich ein Mädchen. Sie nahm mich sanft bei der Hand und führte mich zur Theke. Ich zahlte und folgte ihr die Treppe hinauf.

Ihr Zimmer, ganz in Rosa, mit schweren, roten Vorhängen, die nur wenig Licht einließen, roch nach Parfüm und Zigaretten. Sie zog sich aus, während ich starr auf dem Bett saß und vollkommen vergaß, daß ich mich ebenfalls auszuziehen hätte. Sie kniete vor mir, und ich suchte etwas in ihren Augen, fand aber nichts. Ich stand auf, küßte sie leicht auf die Wange und ging.

Mario wartete bereits. Ob es mir gefallen hätte. »Ja«, log ich und ärgerte mich den ganzen Heimweg über das hinausgeworfene Geld. In der Nacht aber kehrte das Mädchen wieder. Zu spät fiel mir ein, wie nett sie in Wirklichkeit gewesen war. Ihr Haar war so schwarz gewesen wie Lauras. Ich sah dauernd den dunklen Raum und die leicht verschleierten Gestalten vor mir, die sich wie im Traum im Kreis bewegten. Ich mußte dorthin zurück, allein.

36 Der Revolver

Noch ein Brief mit fünf Dollar kam aus Amerika. Mendel hatte ihn mir nachgeschickt. Ich rechnete mir aus, daß ich damit und mit dem, was ich noch übrig hatte, über ein Jahr lang zweimal wöchentlich ins Casino gehen konnte. Wochentags war nicht soviel Betrieb und Giulietta, das Mädchen mit den schwarzen Haaren, war immer da. Aber ich ging auch am Sonntagnachmittag mit Mario hin, genauso regelmäßig, wie seine Mutter und seine Schwester in die Kirche gingen. Er nahm ebenfalls immer dasselbe Mädchen. Wir freundeten uns so sehr an, daß er, als ich einmal nicht zum Mittagessen erschien, ins Lager kam, um nachzufragen, ob etwas passiert sei. Ob ich etwa krank sei. Am nächsten Tag erzählte er mir, daß auch Giulietta sich Sorgen gemacht habe.

Daß sie auch andere hatte, *viele* andere, störte mich nicht. Auch Anna hatte andere gehabt. Sie waren alle gleich: Herta, Ursula, Giulietta. Aber dann war da noch Laura. Die hatte *keine* anderen. Sie lächelte kindlich, sprach fast nie mit mir, und trotz der großen Auswahl im Casino war sie es, an die ich dauernd dachte. Sogar mehr als an Anna. Und so gern ich mich mit Anna in eine Ehe hatte stürzen wollen, um sie dauernd um mich zu haben, so sehr fürchtete ich jetzt, mit jemandem tatsächlich für immer leben zu müssen; denn nun sollte ich Laura heiraten. Mario hatte es sich genau ausgerechnet. Er wußte, daß ich sie bewunderte und sie mich ebenfalls sehr gern hatte. Er hatte mit seinem Vater darüber gesprochen, der es auch für eine gute Idee hielt. Er könnte endlich seine alte Schmiede zu einer Autowerkstatt erweitern, die wir zu dritt betreiben würden. Sogar eine Konzession für den Bau einer Tankstelle an der Mailänder Landstraße könnten wir bekommen. Fiat stellte wieder Autos her, und in kurzer Zeit würde es mehr Arbeit geben, als wir bewältigen könnten. Ich war ganz verwirrt. Mario lächelte verschmitzt. Ich trank noch ein Glas Wein und ging schlafen. Ich würde darüber nachdenken.

Ich mußte fort! Das war alles, was mir einfiel. Und Giulietta? Vielleicht würde ich klarer denken können, wenn ich bei ihr gewesen war. Sie reinigte mein Gehirn. Sogar von Palästina.

Es gab keinen Tag, an dem nicht etwas über die Situation in Palästina in der Zeitung stand. Markowitz meinte, daß es sich nur mehr um Monate handeln könnte, bis die Engländer gezwungen wären, ihr Mandat zu räumen. Dann würde die blauweiße Fahne Israels auf dem Tempelberg gehißt.

Ich war nicht so optimistisch. Ich wünschte, ich hätte einen Revolver. Im Jahr 1944, als Menschen aus dem Ghetto zu den Partisanen flüchteten, geschah es oft, daß manche wieder zurückgeschickt wurden, weil es nicht genügend Waffen für alle gab. Um sicher zu sein, daß man aufgenommen wurde, mußte man eine mitbringen. Daran dachte ich. Aber der wahre Grund für meinen plötzlichen Wunsch war, daß ich Macht wollte; ich wollte imstande sein, jemanden umzubringen, sogar mich selbst, wenn es nicht mehr weiter ginge. Und – um Eindruck zu schinden. Mit einem Revolver war man wer. Wie die Deutschen. Vor den Pistolen in den Halftern hatte man Respekt.

Ich fragte Mario, ob er mir eine Waffe besorgen könne.

»Bist du verrückt?! Wozu brauchst du sie? Willst du jemanden ausrauben?«

Ich erzählte ihm die Sache mit den Partisanen. Nun sei es genauso. Es gebe nicht genügend Waffen in Palästina, und das beste wäre, ich käme gleich mit meiner eigenen. Und die englischen Imperialisten zu bekämpfen läge ja auch in seinem Interesse. Da irrte ich mich aber. Er sei nicht Kommunist, um gegen weit entfernte englische Interessen zu kämpfen, sondern um *hier*, in Italien, soziale Gerechtigkeit zu schaffen.

»Aber ich möchte trotzdem einen Revolver.«

»Kannst du dir fünfzig Dollar leisten?«

»Nein. Aber vielleicht fünfunddreißig.«

»Vierzig. Ich verschaffe dir einen für vierzig. Aber einen kleinen. Und du mußt mir versprechen, ihn niemals bei dir zu tragen. Niemals!«

»O.K.«

Ein paar Tage später brachte er mir einen kleinen Revolver und zwei Schachteln Munition. Die Waffe paßte gut in meine Tasche. Zwar hatte ich ein Vermögen ausgegeben, aber es freute mich, zehn Dollar heruntergehandelt zu haben.

Zurück im Lager, ging ich sofort in den Obstgarten. Hinter den Bäumen versteckt, spannte ich den Hahn des Revolvers, zielte auf einen Ast und drückte ab. Der Knall war lauter als ich erwartet hatte, und ich war ganz erschrocken. Auch der heftige Rückstoß hatte mich überrascht. Ich fand die Stelle, an der die Kugel den Ast gestreift hatte, und dachte darüber nach, was wohl geschehen wäre, wenn ich auf meinen Kopf gezielt hätte. Hätte es weh getan? Hätte es etwas ausgemacht? Wären die Amerikaner ein paar Tage später gekommen, wäre ich sowieso jetzt schon längst tot.

Ich steckte den Revolver ein und ging ins Haus.

»Hast du meinen Mann gesehen?« fragte Miriam.

»Er ist sicher in die Schpigelech gegangen.« Sie verstand keinen Spaß.

»Sei nicht blöd. Ich habe ihn den ganzen Tag nicht gesehen. Und da draußen wurde gerade geschossen.«

»Geschossen? Das kann nicht sein.«

»Doch, doch. Vielleicht ist ihm etwas passiert.«

»Das einzige, was ihm passieren könnte, wäre, daß er sich taufen ließe.«

»Sei doch nicht so ordinär.«

»Verstehst du denn überhaupt keinen Spaß?«

»Schon, aber nicht, wenn draußen geschossen wird und Pjotr nicht nach Hause gekommen ist.«

»Niemand hat draußen geschossen. Komm, ich zeig' dir's. Kannst du ein Geheimnis hüten?«

»Du weißt ganz genau, daß es zwischen Mann und Frau keine Geheimnisse gibt.«

»Nicht *so* ein Geheimnis. Ich werde dir zeigen, woher der Schuß gekommen ist.«

»O. K.«

Ich führte sie in den Garten und zeigte ihr den abgesplitterten Ast, auf den ich gezielt hatte. Und den Revolver.

»Siehst du? Hier, riech mal, er riecht noch nach Pulver.« Sie wollte nicht riechen.

Als wir aus dem Garten kamen, hielt ein Taxi vor dem Tor. Chaskel und Pjotr stiegen aus, und bei meinem Anblick ging Pjotr auf mich los: »He, was macht ihr im Garten?« Bei den Partisanen hatte er Gefangene mit den Händen erwürgt, um Munition zu sparen.

»Du, paß auf, er hat einen Revolver!« rief Miriam.

Chaskel packte mich von hinten, Pjotr boxte mich in den Magen, sie warfen mich zu Boden, und während sie mich festhielten, zog mir Miriam den Revolver aus der Tasche.

Ich ging direkt zu Markowitz. Er nahm den anderen die Waffe ab, gab sie mir aber nicht zurück. »Erst in Palästina.«

Am Abend wollte Miriam sich entschuldigen. Sie hatte befürchtet, ich würde auf ihren Mann schießen.

»Hau ab!«

»Ich werde mit Markowitz reden und ihn bitten, dir den Revolver zurückzugeben.« Ich ließ sie stehen.

Der Spott nahm kein Ende. »Der Jekke wollte Pjotr erschießen und ihm die Frau wegnehmen. Wie König David.« Beim Appell erklärte Markowitz das »Mißverständnis«. Wladek redete ihnen zu, damit aufzuhören, aber Chaskel, Moische und die anderen zielten mit gespreiztem Daumen und Zeigefinger auf mich und ahmten Chaskel nach, der mich in sein Repertoire aufgenommen hatte und einen Mord mimte.

In derselben Nacht beschloß ich, nach Frankreich zu gehen. Ich besaß noch hundert Dollar, aber weil ich kein Visum besaß, rechnete ich damit, wieder schwarz über die Grenze zu müssen.

Als ich mich erkundigte, ob er vielleicht jemanden wisse, der mir über die Grenze helfen könnte, meinte Mario, er könne wegen des Revolvers nicht für mich bürgen. Ich sagte ihm, daß ich beschlossen hätte, die Sache mit Palästina zu verschieben und deshalb den Revolver Markowitz zur Verwahrung gegeben hätte.

»Warum willst du die Sache verschieben?«

»Bevor ich in einem neuen Krieg sterbe, möchte ich ein wenig von der Welt sehen. Ich möchte auch nicht in einem englischen Flüchtlingslager für illegale Einwanderer auf Zypern landen. Besonders nicht, wo ich auch in Paris leben kann.«

»Bravo!« Mario war begeistert. Wenn ich verspräche, zurückzukommen, würde Laura auch auf mich warten. Wir könnten dann heiraten, und er würde mit mir zusammen die Autowerkstatt aufmachen.

»Nein, Mario. Ich kann niemandem etwas versprechen. Du erinnerst dich doch daran, was ich dir von Anna erzählt habe?«

»Aber die hat doch mit anderen geschlafen!«

»Es ist nicht nur wegen Anna. Ich weiß eben noch nicht so recht, was ich eigentlich will.«

»Gut. Versprich mir nichts. Sag mir nur, daß du nicht nach Palästina gehen wirst. Niemals. Hast du schon gehört, was geschehen ist?«

»Nein –?«

»Im Radio hieß es, deine Leute hätten die britische Botschaft in Rom in die Luft gesprengt.«

Mit ›deine Leute‹ konnte nur der Irgun gemeint sein. Und im ganzen Dorf gab es keinen Italiener, der nicht genau wußte, zu wem wir gehörten. Die Polizei konnte jeden Moment hinter uns hersein.

»Ich werde dir etwas sagen: Wenn du mir hilfst, nach Frankreich zu gelangen, verspreche ich dir, nicht nach Palästina zu gehen. Aber Laura heiraten, das geht nicht. Ich bin überzeugt davon, daß deine Mutter sehr unglücklich wäre, wenn Laura einen Juden heiratete.«

Er sah mich nachdenklich an. Nach einer Weile ging er zur Theke, holte einen Bogen Papier, schrieb einige Worte darauf, adressierte das Kuvert und gab es mir. »Für meinen Cousin in Ventimiglia. Fünfzig Dollar wird dich das kosten. Weil wir verwandt sind. Sonst nimmt er fünfundsiebzig. Du kannst dich auf ihn verlassen wie auf deinen eigenen Bruder.«

Ich hatte keine Wahl. Die Italiener konnten jeden Augenblick kommen, um Verdächtige zu suchen, und als Sekretär war ich besonders gefährdet. Auch Wladek hatte von dem Anschlag auf die britische Botschaft gehört und schlug vor, mich während seiner Wache zwischen zehn und zwölf aus dem Lager zu lassen.

Es ging leichter, als ich gedacht hatte. Um halb zwölf schlich ich mich aus dem Schlafraum und ging zum Tor. Wladek umarmte mich und wünschte mir Glück.

Zehn Minuten später klopfte ich bei Mario an. Er fuhr mich mit dem Auto zum Bahnhof.

Auch er umarmte mich. »Ciao fratello.«

»Ciao. E grazie. Grazie tanto.«

La France aux Français!

Frankreich

37 Wieder fort

Diesmal riskierte ich nicht, auf den Puffern zu reisen, und kaufte eine Fahrkarte. Ganz elegant, in meinem feldgrauen Anzug und der bunten Krawatte, drängelte ich mit den anderen und eroberte einen Fensterplatz. Erwartungsvoll schaute ich hinaus, um etwas von der Landschaft zu sehen, aber da ich die Nacht im Wartesaal zugebracht und vor lauter Angst kein Auge zugemacht hatte, schlief ich sofort ein und erwachte erst in Genua. Der Zug nach Nizza fuhr gerade ein, aber er war so voll, daß es kaum noch Stehplätze gab, so blieb ich an der Tür.

Zur Rechten lag der Campo Santo, ein riesiger, an einem Abhang gelegener Friedhof. Die Gruften sahen aus wie Häuser; die Engel und Heiligen auf den Gräbern wirkten wie lebend erstarrt zwischen den Zypressen. Zur Linken lag das Meer. Ich setzte mich auf den Boden und aß die Brötchen, die Laura für mich gemacht hatte.

Ventimiglia. Polizisten. Soldaten. Bauern, alle schwer bepackt – ich hatte noch nie so viele Menschen auf einer so kleinen Station gesehen. Ich zeigte einigen Leuten im Bahnhofscafé die Adresse von Marios Cousin, und sie schickten mich einen Hügel hinauf.

Es war eine enge Gasse. Die Fensterläden der Häuser waren geschlossen, nirgends war ein Mensch zu sehen. Es war schrecklich heiß. Ich stieg weiter hoch und drehte mich ab und zu nach dem Meer um, das die Sonne in einen weiten Spiegel verwandelt hatte.

Es war drei Uhr, als ich zu Vincenzos Haus kam. Starker Fischgeruch lag in der Luft. Mein Klopfen hallte in der engen Gasse wider. Jemand von gegenüber öffnete einen Fensterladen, fluchte und schlug ihn wieder zu. Die Tür ging auf. Ein Mann in Hemdsärmeln und Hosenträgern überflog er meinen Brief und ließ mich ein. Mit zusammengekniffenen Augen musterte er mich von oben bis unten, bis sein Blick an meinem feldgrauen Rock und an meiner Krawatte hängen blieb.

»Parla italiano?«

»Un poco.«

»Sono Vincenzo.«

Er schüttelte mir die Hand, und wir setzten uns ins Eßzimmer. Spärliches Licht drang durch die geschlossenen Läden und ließ den Raum in kühler Dunkelheit.

»Hier. Mario sagte, ich solle Ihnen das geben.« Fünfzig Dollar. Er zählte das Geld, füllte zwei Gläser bis zum Rand, und wir prosteten uns zu. Danach führte er mich in den Keller.

Ein Stuhl, eine Pritsche, ein Kruzifix – seltsam beruhigend in der feuchten, schimmeligen Zelle, deren einzige Lichtquelle eine kleine vergitterte Öffnung unter der Decke war. Ich solle mich etwas ausruhen, bevor es nachher losgehe. Ich war froh, daß er mich nicht einsperrte. So heiß es draußen gewesen war, so kalt war es hier drinnen. Ich fröstelte und konnte nicht einschlafen, nur warten, bis es dunkel wurde und ich wieder hinaufkonnte.

Als Vincenzo die Tür öffnete, schrak ich hoch und wußte im ersten Moment nicht wo ich war. Er hatte eine Kerze in der Hand und leuchtete mir hinauf.

Wann ich wieder zurückkäme, fragte seine Frau mich beim Abendessen. Das hinge davon ab, wie es in Frankreich liefe, gab ich zur Antwort.

Nach dem Abendessen rauchten wir noch eine Weile, dann ging seine Frau schlafen, und wir zogen los.

Der Mond tauchte den Mörtel der Mauern in ein unheimliches, grünliches Licht. Wir stiegen die engen Gäßchen weiter hinauf, die Dächer der Häuser verschwanden eines nach dem anderen unter uns und ein mit Steinen übersätes Plateau öffnete sich vor uns, das wir überquerten, bevor wir unseren Abstieg begannen. Vorsichtig einen Fuß vor den anderen setzend, kamen wir an dichtes Gestrüpp. Vincenzo schob einen Ast zur Seite und zeigte mir eine Spur, die in eine von Sträuchern umwachsene Grube führte. Dort sollte ich bleiben, bis es hell würde. In der Frühe dürfte ich dann heraus. Wir seien bereits auf der anderen Seite, und bei Tag kontrolliere niemand den Wald. Sollte mich jemand anhalten, bräuchte ich nur zu sagen, ich ginge spazieren.

Auf einem Haufen abgebrochener Zweige sitzend, starrte ich in die Dunkelheit. Ich wartete auf die Sonne, und aus Furcht vor Schlangen lauschte ich auf jedes Geräusch.

Plötzlich kam starker Wind auf. Statt heller wurde es dunkler. Regentropfen drangen durchs Geäst, aber ich wagte nicht, mich zu rühren. Ich schüttelte mich vor Kälte. Die lange Nacht wollte kein Ende nehmen. Doch allmählich wurde es heller, und ich kroch aus dem Dickicht hervor und sah auf die Bucht hinunter. Der Himmel war noch bewölkt, die Sonne noch nicht aufgegangen, und das Meer erstreckte sich grau und ruhig bis zum Horizont. Zwischen den Bäumen hindurch erblickte ich unter mir die Stadt: den Bahnhof zwischen Meer und Promenade, die Häuser nahe an der Küste und die Landstraße, die mittendurch verlief.

Vorsichtig stieg ich, mich an Baumstämmen festhaltend, zwischen den glatten, vor Feuchtigkeit glänzenden Felskuppen ins Freie hinunter. Eine weiße, von Bougainvillea überflutete Mauer verbarg eine Villa. Dahinter fand ich einen schmalen, sich verbreiternden Weg, der zwischen Villen zur Stadt führte.

Ich ging direkt zum Bahnhof. MENTON stand über dem Eingang. Ich suchte mir eine Bank auf dem Bahnsteig.

»Monsieur!« Ich drehte mich um. Ein Polizist kam auf mich zu. Anscheinend fragte er mich etwas, und ich versuchte zu erraten, was es bedeutete. Am liebsten hätte ich ›Ciao‹ gesagt und dann das Weite gesucht. Aber ich konnte mich nicht von der Stelle rühren. Ohne zu wissen, warum, sagte ich das einzige französische Wort, das ich kannte: »Oui.« Nur hatte ich ›vui‹ gesagt. Zusammen mit meinem feldgrauen Anzug war dies mein Verhängnis. Er hielt mich für einen Deutschen. »Ah, oui? Allez hop!« Er führte mich zu einer Bank und bedeutete mir, mich zu setzen. »Ticket. Papiers.« Ich verstand kein Wort. Er zog seine Kennkarte aus der Tasche, zeigte darauf, und ich gab ihm meinen Flüchtlingsausweis.

»Ticket? Biglietto?« Ich überreichte ihm meine Fahrkarte. Er gab sie mir zurück, auch den Ausweis, und setzte sich neben mich. Ich stand auf, aber er packte mich am Arm und zog mich wieder auf die Bank.

»Toilette«, sagte ich zu ihm.

»Non.« Er zeigte auf die Uhr im Wartesaal.

Der Expreß nach Paris fuhr ein. Der Polizist stieß mich aufs Trittbrett und zog mich in ein Abteil erster Klasse. Dann lehnte er sich bequem zurück und zündete sich eine Zigarette an. Ich versuchte zu erraten, wohin es ginge.

Zuerst auf die Toilette. Die war so groß wie das Abteil. Es gab Seife und Handtücher. Ich rasierte mich, wusch mich gründlich und kämmte mich. Über eine halbe Stunde brauchte ich. Erst als mein Bewacher ungeduldig an die Tür pochte, kam ich wieder heraus.

Die Bremsen kreischten, der Zug verlangsamte seine Fahrt und kam mit einem Ruck zum Stehen. Wir waren in Nizza. Das Gedränge in der Bahnhofshalle war so groß, daß der Polizist mich für eine Sekunde losließ. Ich duckte mich, rannte in die Unterführung und sperrte mich in einer Toilette ein.

Ich beschloß, bis zum Abend in meinem Versteck zu bleiben.

Das schwere Dröhnen eines einfahrenden Zuges über mir war für mich das Zeichen, meinen übelriechenden Unterschlupf zu verlassen. Ich rannte hinauf und sah nach den Schildern an den Waggons.

Marseille – Lyon – Dijon
PARIS

Das war der richtige Zug. In einem Raucherabteil war noch ein Platz frei. Ich machte es mir bequem und hatte endlich Muße, etwas zu essen.

38 Paris

Nach der Fahrkartenkontrolle ging das Licht aus, und nur eine blaue Glühbirne tauchte alles in ein graues Halbdunkel. Draußen war es stockfinster. Ich streckte meine Beine vorsichtig aus, lehnte mich zurück und hoffte, einschlafen zu können.

Die monotonen Schläge der Räder, die im Takt über die Geleise donnerten, und das Rütteln der Wagen untermalten Traumfetzen, die jedesmal erloschen, wenn der Lärm nachließ und der Zug zum Stehen kam. Wenn er wieder anfuhr, schloß ich erneut die Augen und zählte die Schläge, die immer rascher aufeinanderfolgten und dann in mir versanken.

Bäume. Häuser. Der Morgen graute.

»Bonjour.« »Bonjour.« Allgemeine Freundlichkeit. Einer nach dem anderen reckten die Schläfer sich gähnend, einige gingen hinaus, und ich aß meine letzte Birne.

Paris. Wie würde ich meine Tante finden? Ich riskierte es und zeigte dem Mann neben mir die Adresse. Er wandte sich an die anderen, die sie herumreichten, bis einer einen kleinen Straßenführer aus der Tasche zog und dem Mann schnelle Erklärungen gab. Ich verstand kein Wort.

Dann erklärte der Franzose mir, daß ich die »Metro« nehmen müsse. Da er merkte, daß ich ihm kaum folgen konnte, schrieb er mir die Stationen zur Sicherheit auf einen Zettel auf.

METRO war das erste Schild, das ich sah, als ich in die Bahnhofshalle kam. Ich brauchte nicht einmal auf die Straße hinaus. Die Treppen führten direkt hinunter. Von dem französischen Geld, das ich mir in Italien beschafft hatte, blieb nicht viel übrig, nachdem ich die Fahrkarte gelöst hatte.

Während der Fahrt las ich die dunkelblauen, weiß beschrifteten Schilder zwischen den riesigen Reklametafeln an den Kachelwänden der Stationen, bis ich ›Bonne Nouvelle‹ entzifferte, wie es auf meinem Zettel stand.

Obwohl es regnete, blendete mich das Licht, als ich über die letzte der zahllosen Treppen ins Freie kam. Es war kurz vor zwölf.

Die Straße, die ich suchte, war nicht weit entfernt. Ich hatte sie auf dem großen Stadtplan, der am Geländer des Metroeingangs angebracht war, ausfindig gemacht.

So protzig die Geschäfte auf dem Boulevard waren, so schäbig waren die Bistros und Läden um die Ecke. Der Sprühregen drang langsam durch meinen Rock, und als ich das Haus meiner Tante fand, war ich naß bis auf die Haut.

Es gab weder Klingeln noch Namensschilder. Das schwere Tor war fest verschlossen und lediglich auf einem Emailleschildchen über einem Messingknopf stand das Wort CONCIERGE. Ich betätigte den Knopf, und der linke Torflügel sprang auf. Ich trat ein. Eine grauhaarige Frau saß hinter einem Fenster und musterte mich feindselig.

»Berger?« fragte ich.

»Berschee«, korrigierte sie mich, sagte noch etwas und wies mit dem Daumen nach oben. Ich hoffte, daß es nun Namensschilder gäbe.

Es gab sie. Meine Tante wohnte im vierten Stock, aber sie war nicht zu Hause. Ich zog meine Jacke aus und hockte mich auf die Treppe. Es war muffig, aber warm.

Würde sie mich erkennen? Würde ich *sie* erkennen? Als ich sie das letzte Mal gesehen hatte, war ich zehn und sie siebenundzwanzig gewesen.

Die Stiegen ächzten; Schritte stapften dumpf über den Läufer. Erst sah ich nur ihren Kopf, dann stand sie neben mir.

»Ernst! Ich dachte, du wärst in Palästina!«

Was konnte ich darauf erwidern?

Ich wartete, während sie nach den Schlüsseln kramte. Sie schloß auf, setzte die Einkaufstasche ab und ließ mich ein. Dann zog sie meinen Kopf zu sich hinunter und küßte mich auf die Wange.

»Komm, setz dich.« Sie wies auf eine Chaiselongue mit vergoldeten Armlehnen vor einem Fenster mit schweren Spitzenvorhängen.

»Hast du etwas gegessen?«

»Nein.«

»Bald kommt Onkel Gustav, dann essen wir zu Mittag.« Bei diesen Worten verschwand sie in einer winzigen Küche hinter einer Schiebetür. Hätte ich sagen sollen, daß ich schon *jetzt* hungrig war?

Alles war vergoldet. Nicht nur die Arm- und Rückenlehnen der Chaiselongue. Auch die Beine des Kaffeetisches, der Stühle, die Kanten und die Griffe an den geschwungenen, mit Pappelholz eingelegten Schubladen der Kommode. Auf der Marmorplatte standen zwei große, mit goldenen Schnörkeln verzierte Leuchter aus Porzellan, deren Kerzen ein Ölgemälde einrahmten. Die Möbel standen auf einem bunt gemusterten Perserteppich, der fast das ganze auf Hochglanz gebohnerte Parkett bedeckte.

Hinter der halb offenen Schlafzimmertür erspähte ich ein schneeweißes Doppelbett, mit verschlungenen goldenen Lianen und einem glänzenden lichtblauen Seidenüberzug. Wo *ich* wohl schlafen würde? Auf dem Fußboden? Dem Teppich?

Ein Schlüssel drehte sich im Schloß, die Tür ging auf, ein leichter Luftzug ließ die Kristallgehänge des Deckenleuchters klingen. Mein Onkel. Ich stand auf, er legte Handschuhe und Zeitung auf die Kommode, hängte seinen Mantel an einen der vier vergoldeten Haken neben der Tür, kam freundlich lächelnd auf mich zu und reichte mir die Hand. »Du bist bestimmt der Ernst. Komm, du brauchst nicht stehenzubleiben.«

»Reschin?«

»Ich bin in der Küche.«

Zu Hause hatte sie Malka geheißen. Daraus wurde Regina, und sie war Wienerin. Jetzt war aus dem harten ›g‹ ein weiches ›sch‹ geworden, und ein ›e‹ ersetzte das ›a‹ am Ende. Nun war sie Französin und hieß ›Régine‹.

Mein Onkel setzte sich und schlug die Zeitung auf. Seine Brillengläser vergrößerten seine freundlich blickenden dunklen Augen, die belustigt die Welt betrachteten. Erst viel später fand ich heraus, daß das freundliche, eher verschmitzte Lächeln, das nie ganz ernste Gebaren einen gerissenen, berechnenden Geschäftsmann verbargen, der immer wußte, wo sein Vorteil lag.

Er fragte mich nach meinen Plänen.

»Ich glaube, ich gehe nach Palästina.«

173

»Nach Palästina?! Bist du verrückt? Zuerst mußt du doch etwas werden!« Jetzt fing das wieder an.

Beim Essen sprachen meine Tante und mein Onkel wenig miteinander. Noch fragten sie mich aus.

Der Kaffee wurde in dünnen Porzellantassen serviert, die beinahe durchsichtig waren, so daß man beim Umrühren von der Seite die dunkle Flüssigkeit sich in der Tasse bewegen sehen konnte.

Am Nachmittag ging mein Onkel wieder fort, und meine Tante verzog sich ins Schlafzimmer. Ich schlief ein und erwachte erst am Abend. Wir aßen, und dann wurde ich in ›mein Zimmer‹ geführt, einen leerstehenden Geschäftsraum im Hof. Ein schmales Eisenbett, ein Schreibtisch, ein Stuhl, ein Waschbecken mit einem fast blinden, zersprungenen Spiegel darüber und ein kleiner Gasofen in der Ecke vermochten die Leere nicht auszufüllen. Auf dem Schreibtisch stand einsam ein verstaubtes schwarzes Telefon, die Wände waren von demselben Milchgrau, in dem das Schaufenster gestrichen war. Von der Decke hing an einer langen Schnur eine schwache Glühbirne herunter, die das Ganze fahl beleuchtete.

Meine Tante breitete ein Laken über die gestreifte, fleckige, in der Mitte eingefallene Matratze, dann noch eines darüber sowie zwei Decken und hängte ein Handtuch über den Stuhl.

»Mach den Ofen nicht an bei Nacht. Das ist zu gefährlich. Wenn du rechtzeitig aufstehst, kannst du zu uns zum Frühstück heraufkommen, um acht. Wenn nicht, wir essen um eins zu Mittag. Gute Nacht. Und schlaf gut.« Noch ein flüchtiges Lächeln, und sie war verschwunden. Ich schloß die Tür ab. Ich betupfte mit dem Finger die Wand. Feuchtigkeit. Vincenzos Keller war ein Gemach gewesen im Vergleich zu diesem Loch. Ich beschloß, daß es noch nicht ›Nacht‹ war, und zündete den Ofen an. Einige Stunden später, nachdem ich trotz der Gasflamme erfolglos gegen die Novemberkälte angekämpft hatte, rollte ich meine Jacke zusammen und stopfte sie in den Spalt unter der Tür, durch den ein eisiger Luftzug kam. Dann machte ich den Ofen aus und legte mich ins Bett, nur das Licht hatte ich vergessen. Mit bloßen Füßen lief ich über den kalten Betonboden zum Schalter und löschte es.

174

39 Legalisierung

Ich ging nicht hinauf zum Frühstück. Ich mußte raus. Ich wollte nicht wieder an den Geschäften vorbei und ging die trostlosen, grauen Häuser entlang, bog um eine Ecke, merkte mir die Straßennamen, ging weiter, bis eine Kirche mir den Weg verstellte, und kehrte wieder um.

Es fing an zu regnen, und ich verkroch mich in ein Bistro. Der betriebsame Lärm der Kaffeehäuser in Italien fehlte mir, aber vielleicht waren die Leute hier noch nicht ausgeschlafen. Mehrere standen an der Theke und tranken Kaffee oder Wein und schauten in den Spiegel. In Glasregalen standen Flaschen in allen möglichen Farben. Ich bestellte Kaffee und holte mir eine Ansichtskarte vom Ständer. Sie war zu klein um all meine Gefühle aufzunehmen, genügte jedoch, um Anna zu schreiben, wie sehr ich mich nach ihr sehnte und daß ich fürchtete, ohne sie sterben zu müssen. Doch als ich Eiselerstraße 35 schrieb, packte mich eine solche Wut, daß ich die Karte zerriß und statt dessen einen Brief an Frau Reiter schrieb. Ich dankte ihr für alles, was sie für mich getan hatte, erzählte ihr dann aber auch alles über mich und Anna. Die Sehnsucht, die ich in Italien unterdrückt hatte, wurde zu bitterem Haß. Der Gedanke an das Verlies, in das ich zurückmußte, erweckte Rachegelüste in mir. Daß ich das gemütliche Heim der Reiters aus eigenem Willen verlassen hatte, verstärkte noch die Wut gegen mich selbst, derer ich mich giftig, Zeile um Zeile, zu entledigen suchte. Sobald der Brief im Kasten war, tat es mir leid, ihn aufgegeben zu haben. Ich hatte meine Wut an jemandem auslassen müssen, hatte mir aber jemanden ausgesucht, der mir am meisten geholfen hatte.

Ich dachte, daß der unwiderrufliche Bruch mit Anna mich von meiner Sehnsucht befreien würde. Doch das war ein Irrtum. Diese Sehnsucht wurde zur Besessenheit.

Nachdem ich Briefmarken und Kaffee bezahlt hatte, war mein französisches Geld alle. Zwei Fünfdollarnoten waren alles, was mir noch blieb.

Ich ging Mittag essen. Meine Tante und mein Onkel saßen bereits bei Tisch.

»Wo warst du den ganzen Vormittag?« Meine Tante.

»Ich habe mir ein bißchen das Viertel angesehen.« Mein Onkel grinste hinter seiner Brille.

»Na, und hat es dir gefallen?«

»Mein Gott ...«

»Wieso, paßt dir etwas nicht?« fragte meine Tante und stand auf, um die Suppe zu bringen. Da sie aufgestanden war, ohne meine Antwort abzuwarten, überhörte ich ihre Frage.

Wir aßen, ohne zu sprechen.

»So«, fing meine Tante an, nachdem sie abgeräumt hatte, »wo du jetzt hier bist, müssen wir dich legalisieren. Morgen früh wird dich der Onkel zum internationalen Flüchtlingskomitee mitnehmen, um dir einen richtigen Ausweis zu besorgen, und dann zur Polizei, dich anmelden.«

Während sie sprach, schaute mein Onkel amüsiert zu ihr hinüber, wie zu einem Kind, das ein Gedicht aufsagt. Immer schaute er sie so an, wenn sie redete, vielleicht, weil sie viel jünger war als er. Sie war fünfunddreißig, er fünfzig. Ich erinnerte mich noch, wie meine Mutter gesagt hatte, es sei eine Schande, daß ein so junges Ding einen Mann heirate, der fünfzehn Jahre älter sei als sie, nur weil er so viel Geld hatte.

»Es wäre mir lieber gewesen, wenn ich ein so schönes Mädchen wie meine Schwester geheiratet hätte«, hatte mein Vater darauf geantwortet, und meine Mutter war hinausgegangen und hatte die Tür zugeschlagen.

»Hörst du mir zu?«

»Selbstverständlich. Wann muß ich fertig sein?«

»Es genügt, wenn du um acht da bist. Du kommst doch zum Abendessen?«

»Ja, ja. Danke.«

Ich ging hinunter.

Wieder mußte ich die hereinströmende Kälte mit meiner zusammengerollten Jacke dämmen, dann setzte ich mich ganz nahe an den Ofen, so daß ich es aushalten konnte. Ich durfte nicht vergessen, meine Tante um ein Tuch oder etwas Ähnliches zum Abdichten zu bitten.

Sie gab mir ein paar alte Fetzen für die Tür, und mein Onkel schenkte mir eine seiner Hosen, eine Jacke dazu, ein Paar zufällig passende Schuhe, einen Regenmantel und Galoschen.

Erst wollte ich ablehnen, aber ich erinnerte mich an meine letzten zehn Dollar und sagte: »Danke. Recht schönen Dank. Ich danke euch beiden«, bevor ich zwei Treppen auf einmal nahm, damit ich unten wäre, bevor das Flurlicht verlösche.

Nachdem ich den Türspalt fest verstopft hatte, war es nicht mehr so kalt, und in der Frühe, obwohl es noch ganz finster war, stand ich auf, rasierte mich, zog die ›neuen‹ Kleider an, und um Punkt acht klopfte ich oben an der Wohnungstür.

Mein Onkel öffnete.

»Guten Morgen. Komm herein. Deine Tante schläft noch.« Er zwinkerte.

Das Brot war hart, Butter mochte ich nicht. Ich trank nur eine Tasse Kaffee, und dann gingen wir.

Mein Onkel besaß ein Auto, also fuhren wir hinaus auf den Boulevard, und während wir ein Spalier blätterloser Bäume passierten, zeigte er mir die Madeleine, eine Kirche mit griechischen Säulen, die Place de la Concorde, wo während der Französischen Revolution Ludwig XVI. enthauptet worden war, dann die Champs-Élysées, die breiter waren als manche Straßen in Innsbruck lang. Dann kamen wir zum Triumphbogen Napoleons, bevor ich die Spitze des Eiffelturms erblickte, die eine Sekunde lang durch die verregnete Windschutzscheibe sichtbar wurde, als der Scheibenwischer vorbeiquietschte. In einer Seitenstraße parkten wir und gingen in ein Büro hinauf.

Bevor man mir bestätigte, daß ich Flüchtling war, mußte ich mich fotografieren lassen. Auf dem bräunlichen Foto sah ich aus, als sei ich soeben aus Dachau gekommen.

Um eine zeitweilige Aufenthaltsbewilligung zu bekommen, brauchte ich auch einen Arbeitsnachweis, aber das hatte mein Onkel bereits erledigt. Am nächsten Morgen sollte ich als Lehrling bei einem Ziseleur anfangen, der den Nachweis ausgestellt hatte.

Auf dem Heimweg fragte ich: »Bist du wirklich Ingenieur?«
»Wer hat dir das erzählt?«
»Es steht auf den Visitenkarten, die ich in deinem Schreibtisch unten gefunden habe. Zusammen mit denen meiner Tante, auf denen ›Bijouterie‹ steht. Was heißt ›Bijouterie‹?«
»Schmuck.« Ich lachte laut auf. ›Schmock‹ war das jiddische Synonym für ›Potz‹ (Penis).
»Warum lachst du?«
»Als ich das erste Mal in Litauen in die Schule ging, fragte mich jemand auf jiddisch, ob ich das deutsche Wort für das hebräische ›Geschmeide‹ kennen würde. ›Schmuck‹, sagte ich sofort, und die Klasse tobte.
Mein Onkel lachte auch und meinte: »Erzähl die Geschichte bloß nicht deiner Tante.«

40 Antiquitäten

Nach dem Abschluß seines Ingenieurstudiums in Wien hatte mein Onkel auf Antiquitäten umgesattelt. Damit verdiente man viel mehr, wie er mir erzählte. Kurz vor dem Anschluß Österreichs an das Deutsche Reich im März 1938 war er nach Frankreich ausgewandert. Als der Krieg ausbrach, flüchtete er mit meiner Tante in die Schweiz, und beide kamen 1944 nach Paris. Meine Tante entwarf Schmuck, verlegte sich jedoch auf den Diamantenhandel. Mein Onkel bezog die Steine aus geheimen Quellen, und meine Tante verkaufte sie steuerfrei. Außerdem handelte er mit Devisen. Der Gewinn wurde in Bilder, antike Möbel und andere Luxusgüter ›investiert‹, die meine Tante aber als festen, unveräußerlichen Besitz betrachtete.
Der Umsatz war enorm. Einmal mußte ich einen Koffer voller Banknoten durch die ganze Stadt tragen, um ihn jemandem abzuliefern.

Inzwischen mußte ich morgens um sechs Uhr aufstehen. Um den Ofen anzumachen, war keine Zeit. Vor Kälte zitternd wusch ich mich und zog mich an; die Rasur verschob ich auf den Abend.

Der Wind war beißend. Erst als die üble, aus dem Aufgang der Metro heraufwehende Luft mich umfing, begann ich mich etwas zu erwärmen. Die Fahrt dauerte lange.

Nachdem ich, von der Menschenmenge durch labyrinthische Tunnel geschwemmt, wieder ans Licht kam, war ich vollkommen desorientiert. Der Stadtplan am Geländer half mir, mich zurechtzufinden, und um Punkt sieben stand ich, wie mein Onkel verlangt hatte, in der Werkstatt des Ziseleurs.

Der Meister kletterte von seinem erhöhten Schemel am Ende des Ateliers herab, reichte mir die Hand und führte mich an meinen Arbeitsplatz. Dann zeigte er mir die Handhabung der unterschiedlich zugeschliffenen kleinen Meißel, die zum Ziselieren nötig waren. Man durfte sie nicht wie einen Bleistift halten, sondern mußte alle vier Fingerspitzen der linken Hand in gerader Reihe am Meißel fest gegen den Daumen pressen, um zu verhindern, daß das Werkzeug beim Hämmern vom Werkstück glitt.

Ich dachte, ich würde es nie schaffen. Der Meißel sprang ab, statt in die vorgezeichnete Linie zu dringen, und es dauerte Stunden, bis eine halbwegs gerade Furche in das Silber getrieben war.

Wir waren zu sechst und hockten auf Schemeln gebeugt über teergefüllten Eisenkugeln, die silberne Gabeln oder Schüsseln zum Verzieren festhielten, während wir unsere Hämmer betätigten. Ein Mädchen zwei Reihen vor mir machte Zeichnungen, und ich sah nur ihren Nacken. Wir saßen alle mit dem Gesicht zum Meister.

Drei Stunden lang erleuchteten nur die grünbeschirmten Lampen über den Werkbänken den Raum. Aber auch nach zehn Uhr morgens vermochte das spärliche graue Tageslicht, das durch die verstaubten Scheiben drang, die monotone Düsternis nicht aufzuhellen. Niemand hob den Kopf, niemand sprach, nur ab und zu brachte jemand dem Meister sein Werkstück zur Begutachtung und kehrte sofort zu seinem Platz zurück. Mittags aßen wir in einem kleinen Restaurant ganz in der Nähe. Beim Bezahlen sah ich, daß das Gehalt, von dem mein Onkel gesprochen hatte, nicht ausreichen würde, um täglich dorthin zu gehen.

Wieder ›zu Hause‹, rasierte ich mich und ging hinauf zum Abendessen. Alles in mir bäumte sich auf. Um Geld bitten? Betteln? Hätte ich das gewußt, wäre ich nie nach Paris gegangen. Aber ich hatte keine Wahl; ich mußte mit ihm reden. Sobald meine Tante in der Küche war, sagte ich ihm, daß das ganze Geld von ihm nur für *ein* Mittagessen und Zigaretten gereicht habe.

Er lachte und zog seine Brieftasche hervor. »Hier. Da ist noch etwas Geld, und nimm dir die da.« Flache ägyptische Zigaretten. Eine halbe Schachtel.

»Danke.« Ich war ganz aufgebracht.

Nach einer Woche begann ich, Französisch zu lernen. Meine Tante hatte mich in einer Abendschule angemeldet, und ich mußte jeden Abend nach der Arbeit zum Boulevard Raspail. Der Unterricht dauerte bis elf. Zehn Stunden Arbeit, drei Stunden in der Metro, drei in der Schule. Ich war vollkommen deprimiert.

Nach drei Monaten hatte ich nur einige elementare französische Ausdrücke gelernt, aber nicht in der Schule, sondern in der Werkstatt. Die Lehrerin in der Schule warnte mich, sie nicht in der Klasse zu wiederholen. Sie seien zu vulgär.

Von den Pariser Sehenswürdigkeiten sah ich so gut wie nichts. Während der Woche bewegte ich mich unter der Erde mit der Metro von der Wohnung meiner Tante zur Werkstatt und zurück, und sonntags war ich viel zu müde. Ich schlief bis Mittag, und nachher nahmen die beiden mich mit ins Kino. Da man jedesmal über eine halbe Stunde – oft im Regen – anstehen mußte, sahen wir die Filme nie vollständig. Meist war ich allerdings auch zu müde, um mich von dem Geschehen auf der Leinwand aufrütteln zu lassen.

Eines Tages erzählte mein Onkel mir, daß er in der Werkstatt, die bislang silberne Teller, Schüsseln und Teekannen aus dem 18. Jahrhundert authentisch mitsamt fürstlicher Wappen reproduziert hatte, die er dann nach Amerika verkaufte, nun auch Judaika herstellen lassen wolle. Bisher hätte er nur alte verzierte

Schabbesleuchter exportiert. Die Leute in Amerika glaubten, daß sie von in Europa ermordeten Juden stammten, und bezahlten jeden Preis. Nun hatte mein Onkel eine noch bessere Idee. Er würde ihnen Megilles[19] verschaffen. Er bräuchte nur ein paar gute Zeichnungen dafür.

»Du kannst doch zeichnen, hast du mir erzählt.«

»Ja.«

»Also, paß auf. Was wir brauchen, sind Bilder aus der Bibel. Aus der Megilla.«

»Als Illustrationen?«

»Nein. Hast du schon einmal eine silberne Megilla gesehen?«

»Nein.«

Er erklärte mir, daß in den besseren Synagogen die Pergamentrolle, von der das Buch Esther abgelesen werde, an einer Rolle in einem zylindrischen silbernen Behälter befestigt sei, beim Lesen herausgezogen und dann mit Hilfe des Rollengriffs wieder eingerollt werde. Der Behälter trage eine Krone und sei meist mit einer von pflanzenartigen Ornamenten umrankten Reliefdarstellung einer Szene aus dem Buch Esther geschmückt. Auch Griff und Krone seien reichlich verziert.

Das sollte nun nachgeahmt werden. Ein Thoraschreiber würde den Text traditionsgemäß mit der Hand, Buchstaben für Buchstaben in hebräischer Druckschrift auf die Pergamentrolle übertragen, die dann in einem speziellen Prozeß gebräunt und mit Flecken versehen würde, um alt und abgegriffen auszusehen. Der Behälter sollte dann in den Vertiefungen schön oxydiert, an manchen Stellen angeschlagen und eingebeult werden, damit er genau wie echtes altes Silber aussähe.

Ich muß ihn komisch angeschaut haben, denn mein Onkel begann zu lachen und erklärte mir, daß die Herstellung solcher Kunstwerke keineswegs Betrug sei. Das Silber sei echt, das Pergament bestehe aus echter Lammshaut, die Arbeit sei erstklassig, und wenn die Megilla zwar auch momentan neu sei, würde sie doch mit der Zeit alt werden.

Mit einigen Bedenken lieferte ich die gewünschten Zeichnungen, der Meister erledigte die schwierigsten Arbeiten selber, und der

Thoraschreiber beschriftete die Pergamentrollen. Unterdessen hatte ich auch das Ziselieren erlernt und trieb meine Bilder plastisch in das Silber.

Zum Schluß wurden Ursprungsbescheinigungen ausgestellt und das Ganze als privates Eigentum deklariert und von Geschäftsfreunden meines Onkels nach Amerika mitgenommen.

Die Kunden zahlten riesige Summen und bestellten mehr. Leider konnte ich mit meinen Schöpfungen nicht einmal prahlen, da sie doch laut Zertifikat von einem anonymen, vor einhundertfünfzig Jahren verstorbenen jüdischen Silberschmied stammten.

41 Der Köder

Ein junger Bursche, vielleicht etwas älter als ich, den Gesichtszügen nach Jude, mit demselben deutschen Akzent wie ich, saß zwei Reihen vor mir. Jedes Mal, wenn die Lehrerin meine Fehler rügte, drehte er sich um und lachte. Es waren dieselben Aussprache- und Rechtschreibfehler, die sie auch an ihm dauernd verbessern mußte, und ich lachte jedesmal zurück.

Als wir uns einmal draußen trafen, sprachen wir zuerst deutsch. Bis er mir dann erzählte, daß er aus Wien stamme und jetzt aus Palästina gekommen sei. Fortan sprachen wir Hebräisch miteinander. Die deutsche Sprache war noch immer sehr unbeliebt in Frankreich, und wer jüdisch aussah, vermied es, auf der Straße Deutsch zu sprechen.

Michael wollte wissen, wo ich herkäme, wo ich während des Krieges gewesen war. Ich erzählte ihm, daß ich gerade aus Deutschland gekommen sei, wo ich ein Jahr in einem DP-Lager zugebracht hätte. Ich scheute mich, ihm die ganze Wahrheit zu erzählen, weil ich fürchtete, er könnte ein englischer Spitzel sein, zumal er mir noch nicht viel von sich erzählt hatte. Ich wurde noch argwöhnischer, als er dieselbe Metro nahm und ebenfalls an meiner Haltestelle ausstieg. Was wollte er von mir? Erst als er mir sagte, daß er nicht weit von hier in einem kleinen Hotel wohne, schwand mein Mißtrauen ein wenig.

Fortan fuhren wir immer zusammen nach Hause. Er erzählte mir, daß seine Eltern kurz bevor die Deutschen nach Wien kamen, nach Jerusalem gegangen seien. Ich sprach vom Ghetto, von den Konzentrationslagern, und plötzlich fragte er: »Na und jetzt, nach all dem, glaubst du nicht, daß wir endlich einen eigenen Staat brauchen?«

»Sicher, warum nicht?«

»Was heißt ›warum nicht‹? Du warst doch auch im Betar vor dem Krieg. Das hast du mir doch erzählt, oder?«

Die Metro hielt, und wir stiegen aus.

»Du, es ist schon spät. Morgen muß ich früh aufstehen. Gute Nacht.«

»Nein, warte einen Moment. Was machst du am Samstagabend?«

»Nichts Besonderes.«

»Dann komm zu mir ins Hotel. So um acht. Ich werde dir meine Freundin vorstellen.« Das interessierte mich. Sie hatte vielleicht eine Schwester. »Gut.«

Das Hotel war finster, muffig und schäbig. Ein ausgewetzter, mit verbogenen Messingstangen befestigter Läufer bedeckte die nicht enden wollende Wendeltreppe. Im dritten Stock war ich außer Atem.

Ich klopfte, und Michael öffnete, kein Mädchen.

Er bot mir eine Zigarette an, aber ich lehnte ab. »Was machen wir nun?« fragte ich verärgert.

»Eine Überraschung. Komm, wir gehen.«

Wir nahmen die Metro und fuhren bis zum Place de la République.

Wir bogen in eine Seitenstraße ein und gelangten durch ein offenes Tor auf einen Hof. Dann ging es hinunter in einen Keller. Eine Eisentür wurde nach vier kurzen Schlägen geöffnet.

Unglaublich! Schlomo Ben Josef. Fahnen – der ganze Zauber vom Betar. Als wir näher traten, rief jemand: »Achtung!« Alle standen still. Nach einem weiteren Kommando traten sie an, und Michael übernahm den Befehl.

Ich wußte nicht, wie ich mich verhalten sollte. Zuerst wollte ich gehen, aber das wäre unhöflich gewesen. Ich verzog mich in eine Ecke und wartete, bis der Appell vorüber war. Alle setzten sich auf die Bänke, die im Rechteck in der Mitte des Raumes aufgestellt waren. Sie sprachen französisch, und ich war erstaunt über Michaels Kenntnisse, die viel besser schienen als in der Schule.

Er sprach über Dov Gruner, einem Mitglied des Irgun, das bei einem Überfall auf eine englische Polizeistation schwer verwundet und festgenommen worden war. Er wurde zum Tode verurteilt und erwartete nun seine Hinrichtung.

Während Michael über den neuen Nationalhelden sprach, sah ich mir die Mädchen an, die ich nicht sehr ansprechend fand.

Die Jungen waren allesamt blaß, wenngleich keiner von ihnen im KZ gewesen zu sein schien. Sie sahen nur ein, zwei Jahre jünger aus als ich, dennoch kam ich mir um mindestens zehn Jahre älter vor.

Nach einem neuerlichen Appell und der Hymne gingen wir zurück zur Untergrundbahn.

Michael schlug mir vor, ebenfalls beizutreten. Er brauche einen Stellvertreter. Einen ›Vizekommandanten‹.

»Nein, nein. Besten Dank.«

»Überleg's dir noch einmal. Du willst doch auch, daß wir die Engländer hinauswerfen.«

»Mit diesen Kindern?«

»Da steckt noch mehr dahinter.«

»Was? Noch *mehr* Kinder?«

»Nein. Du verstehst mich nicht richtig.«

»Dann erklär's mir.«

Wir waren am Hotel.

»Komm rauf. Wir trinken Tee, und ich werde dir die Sache genau erklären.«

»Nein. Ich bin zu müde. Ein anderes Mal.«

Auf dem Heimweg sprach mich eine Frau an. Aber ich hatte

Angst. Obwohl sie gut aussah, wich ich wortlos aus, eilte in mein Zimmer und machte den Ofen an.

Am Montag in der Metro fing er wieder an: »Kannst du nicht einen Abend in der Woche unserem Volk widmen?«

»Du sagtest doch, es gäbe noch etwas.«

»Stimmt. Aber hier können wir nicht darüber sprechen.«

Als wir ausstiegen, fragte er mich, wo ich wohnte und ob man dort ungestört reden könne. Ich nahm ihn mit. Er schaute sich um, als ob er etwas vermißte, setzte sich auf meinen Stuhl und überließ mir das Bett.

»Kannst du ein Geheimnis hüten?«

»Selbstverständlich. Ich bin doch kein Kind.«

Er erzählte mir vieles über den Irgun und wollte mich ›mobilisieren‹.

»Weißt du, wenn ich mich meldete, dann eher zum Lechi[20].

»Warum zum Lechi?«

»Weil die seriöser sind.«

»Was?! *Das* verstehe ich überhaupt nicht. Was heißt ›seriöser‹?«

»Sieh her. Wir kämpfen nur, wenn es uns in den Kram paßt. Aber sie haben schon während des Krieges gekämpft.« Das ›wir‹ war mir rausgerutscht, und ich hoffte, daß er es nicht gemerkt hatte. »Genau deswegen sind sie so verpönt. Gegen die Engländer weiterzukämpfen, mit Rommel vor Kairo?! Das war ja Verrat!«

»Als sie vor zwei Jahren Lord Moyne in Ägypten umbrachten, erreichten sie damit mehr als ihr mit allen euren Bomben nach dem Krieg.« Ich war mir nicht ganz sicher, ob ich es fertiggebracht hätte, jemanden ohne weiteres zu erschießen, aber die politische Konsequenz des Lechi imponierte mir.

»Vielleicht hast du recht. Aber sie würden dich nicht nehmen.«

»Warum nicht?«

»Weil sie Leuten aus dem Lager nicht trauen.«

»Wieso?«

»Sie behaupten, alle Überlebenden hätten mit den Deutschen zusammengearbeitet. Hätten sie es nicht getan, wären sie nicht am Leben geblieben.«

Ich bezweifelte, ob das, was er sagte, stimmte, aber in gewisser Hinsicht hatten die vom Lechi recht. Ein ehemaliger Lagerschlosser und Privilegierter war in ihren Augen bestimmt ein Kollaborateur.

»In diesem Fall sollte auch der Irgun mich nicht aufnehmen.«

»Wir denken nicht, daß *alle* Überlebenden Kollaborateure waren.«

Über meine Sonderposition im Lager Eins hatte ich ihm nichts erzählt. Als Grund für mein Überleben hatte ich ›reines Glück‹ angegeben. Nun konnte ich entweder die Wahrheit sagen und wegen Unzuverlässigkeit nicht aufgenommen werden oder wieder eintreten. Dabei konnte Michael zwar von meiner Flucht aus Italien erfahren, aber ich hoffte, daß meine erneute freiwillige Meldung dann zu meinen Gunsten ausgelegt würde. Ich gab nach. Und statt ein Mädchen kennenzulernen, wurde ich ›Vizekommandant‹.

42 Überdruß

Mein Onkel war entsetzt, als ich ihm vom Betar erzählte.

»Da hast du etwas Geld und such dir eine Freundin.«

»Es *gibt* keine Mädchen, die so schön sind wie Anna.«

»Alle Mädchen mit siebzehn sind schön.«

»Danke schön.« Ich steckte das Geld ein und hoffte, endlich ein Casino zu finden.

»Jetzt paß auf. Am Samstag gehst du, statt in dem blöden Verein Soldat zu spielen, in die rue St. Georges. Die ist gleich an der Place Pigalle. Das Lokal heißt ›L'Ange Bleu‹, ›Der blaue Engel‹. Mädchen kommen zum Tanzen dorthin und um junge Burschen kennenzulernen. Wenn du dich schämst – es gibt immer eine Damenwahl. Bevor ich verheiratet war, bin ich oft hingegangen.«

Ich nahm mir vor, *nach* dem Betar hinzugehen: aber als ›Vize-kommandant‹ war das nicht so einfach. Michael war beim Irgun, und ich mußte nicht nur mit ihnen exerzieren, sondern auch von Palästina erzählen, ihnen Lieder beibringen und Fragen beant-worten. Trotz meiner strengen, beinahe unfreundlichen Art ba-ten die beiden Mädchen aus der Gruppe mich, sie nach Hause zu begleiten. Sie wohnten nicht weit voneinander entfernt, aber als ich danach ins ›L'Ange Bleu‹ kam, waren alle Tische bereits besetzt.

Der Kellner mußte meine Befangenheit bemerkt haben. Er legte mir einladend die Hand auf die Schulter und führte mich zu einem Tisch, an dem zwei Mädchen saßen. Eine von ihnen lächelte, und ich fragte sie, ob sie mit mir tanzen würde.

Wie ich hieße. »Ernest. Et vous?«

»Corinne.«

Das Mädchen war ausdruckslos, hatte gebleichtes Haar, war stark parfümiert und wahrscheinlich zehn Jahre älter als ich.

Wir setzten uns wieder, und später tanzte ich mit beiden und genoß die Musik. Zum Schluß schlug ich der jüngeren vor, mit mir ins Kino zu gehen. Ihr Haar war nicht gefärbt, und sie sah seriöser aus.

Wir trafen uns auf den Treppen der Oper, spazierten zur Made-leine und suchten uns einen Film aus: *Rom, offene Stadt*, mit Anna Magnani.

Ich vergaß, daß neben mir ein Mädchen saß, das wahrscheinlich erwartete, ich würde ihre Hand halten, aber das hatte ich nicht gern. Die Hände schwitzten, und man konnte sich nicht richtig auf den Film konzentrieren. Nachdem wir noch eine Stunde in einem Kaffeehaus gesessen hatten, begleitete ich sie zum Gare St. Lazare, wo sie mir die Wange entgegenhielt. Ich küßte sie leicht. »Bis Sonntag. An der Oper. Um dieselbe Zeit. Au revoir.«

Offenbar hatte ihr der Kinobesuch doch gefallen.

Die Werkstatt war düsterer als je zuvor, die Zeichnerin noch blasser. Ab und zu trafen unsere Blicke sich auf dem Weg zum Essen. Ein leichtes Lächeln aus fahlen blauen Augen, dann wie-der Finsternis.

187

Oft liefen wir zusammen die Metrostufen hinunter, schlugen aber dann verschiedene Richtungen ein. »Bis morgen.« Das war alles.

Ich dachte an sie, während ich zur Schule fuhr, wie sie friedlich ihren Tag am Zeichentisch verbrachte, während ich mit den anderen konkurrierte und dabei die Werkstatt fast vergaß, bis zum nächsten grauen Morgen, wenn ihr leises Lächeln der einzige Lichtstrahl war.

Die wöchentlichen Kinobesuche mit dem Geld meines Onkels und mit einem Mädchen, das erwartete, daß ich sie tröstete, wenn sie an traurigen Stellen zu weinen begann, trugen nichts dazu bei, mein eigenes Leid zu lindern. Die traurigen Szenen waren von meinen eigenen Erlebnissen überschattet. Ich konnte sie nicht richtig wahrnehmen und deswegen dem Mädchen gegenüber auch kein Mitgefühl zeigen. Ich hatte einfach keines.

Irgendwann traf ich mich mit dem Mädchen aus dem ›Blauen Engel‹ nicht mehr. Die Sonntage verbrachte ich im Bett. Vor und nach dem Mittagessen schlief ich, ging am Abend noch einmal hinauf zum Abendessen, schlenderte anschließend über die Boulevards, bis die Müdigkeit mich wieder in mein Zimmer trieb.

Am Samstagabend ging ich pflichtgemäß in den Betar und erledigte meinen Dienst: aber Michael fand auch Sonntagsbeschäftigung für mich: entweder Schießübungen in einem Keller mit zwei weiteren Irgunisten oder Ausflüge mit den Kindern in die Wälder bei Paris, wo wir hebräische Lieder sangen und mit Luftgewehren übten.

Um an Geld zu kommen, verfiel Michael auf die Idee, ein Theaterstück zu inszenieren und die Eltern unserer Zöglinge einzuladen. Als uns klar wurde, daß die Ausstattung weit mehr kosten würde, als wir an Spenden einzunehmen hofften, schlug ich vor, das Ganze als Schattenspiel zu inszenieren. Alles, was wir brauchten, war eine Leinwand und eine Lampe, die die Schatten der Mitwirkenden projizierte.

Ich schrieb den Text. Michael ließ ihn ins Französische übersetzen, die Rollen wurden verteilt, und die Proben begannen. Das Stück hieß: »Es ist gut, für unser Land zu sterben« – angeblich die letzten Worte eines jüdischen Pioniers, der bei der Verteidigung seiner Siedlung gegen eine arabische Bande getötet wurde.

Einladungen wurden verschickt, Stühle gemietet, und alle waren gespannt, während ich in einer immer tieferen Depression versank, je näher der Tag der Aufführung kam.

Der Gegensatz zwischen dem Reichtum oben und meinem kahlen, feuchten Raum trieb mich auf die Straße. Die Deutsch sprechenden Bekannten meiner Verwandten sahen in mir ein Kuriosum, jemanden, der in einem Konzentrationslager gewesen war, wo es aber sicher nicht so schlimm gewesen war, wie hätte ich sonst wohl überlebt?

Ich mied Michael und meine Verwandten immer mehr, vernachlässigte die Schule, erschien nicht zum Essen und trieb mich in den Straßen herum. Meist war ich hungrig. Ich besaß fast kein Geld mehr, und betteln wollte ich nicht.

Ich lernte meine Rolle auswendig, konnte mich aber mit dem Helden, den ich verkörpern sollte, nicht identifizieren. Mein Onkel meinte, es gäbe nichts auf der Welt, wofür es sich lohne, zu sterben.

»Es ist gut für unser Land zu sterben«, ging es mir unaufhörlich durch den Kopf, während ich die Champs-Élysées hinaufschritt. Tausend Lichter glitzerten im Sprühregen, konnten mich jedoch nicht ablenken. Je öfter die Phrase sich in meinem Hirn wiederholte, desto größer wurde meine Scheu vor der großen Lüge, die ich vortragen sollte. Ich fürchtete, im entscheidenden Moment die Worte nicht aussprechen zu können. Eine Szene zu spielen, an die ich nicht glaubte, und deren Handlungsmaxime ich nicht folgen wollte, konnte ich nicht über mich bringen. Da machte ich es lieber selbst. Da ersparte ich mir das Ganze und hätte meine Ruhe. Der Teufel sollte sie alle holen. Alle! – Anna! – Paris! – Palästina!

Ich kaufte mir eine Flasche Cognac, kehrte in mein Zimmer zurück, trank sie langsam aus, bis mir richtig heiß wurde und alles vor mir verschwamm. Dann zog ich den Schlauch vom Ofen ab, drehte den Haupthahn auf und legte mich hin.

43 Wiederbelebung

Ich erwachte im Hôtel Dieu, dem städtischen Krankenhaus neben Notre Dame. Weißgekleidete, geisterhafte Nonnen huschten lautlos zwischen den Bettreihen hindurch, und meine Tante erschien mit einem Buch und Schokolade.

Später erzählte mir mein Onkel, als er mich besuchte, wie ich hierhergekommen war.

»Du hast vergessen, den Fetzen unter die Tür zu stopfen, und die Hausmeisterin hat den Geruch bemerkt und die Feuerwehr geholt. Hat mich einen Haufen Geld gekostet, aber das macht nichts.« Er zog seine Brieftasche, zählte fünf Tausend-Francs-Scheine ab und gab sie mir. Etwa die Hälfte meines Monatsgehalts. Das Geld sei für die Miete. Natürlich könne ich zum Essen nach Hause kommen. Nach Hause. Natürlich. Ich hatte mir sofort ausgerechnet, daß nach der Miete nicht einmal etwas für Zigaretten übrigbliebe. Ich beschloß, meine letzten zehn Dollar zu opfern. Könnte er sie mir wechseln? Nein. Ich sollte sie mir für den Notfall aufheben. Er gab mir weitere viertausend Francs.

»Also, habt ihr beschlossen, was er jetzt machen wird?« fragte meine Tante zu Hause. Nachdem sie ›ihr‹ gesagt hatte, überließ ich meinem Onkel die Antwort. Ich würde in ein Hotel übersiedeln und nur zum Essen nach Hause kommen. Auch zur Arbeit würde ich zurückkehren. Wegen der Aufenthaltsbewilligung.

Nein. Ich gehe nicht in die Tretmühle zurück, dachte ich bei mir. Aber ich sagte nichts. Mit einem vollen Gehalt in der Tasche könnten sie mich gern haben. Die Aufenthaltsbewilligung war ja noch sechs Monate gültig.

Nach dem Essen holte ich meine Sachen, ließ den Schlüssel bei der Concierge und ging zu Michael ins Hotel.

Diesmal *war* ein Mädchen bei ihm.

Sie war einen halben Kopf größer als er und hatte eine gute Figur. Plötzlich erinnerte ich mich, wo ich sie schon einmal gesehen hatte: die Frau, die mich auf der Straße angesprochen hatte. Jetzt war sie nicht geschminkt, ihr Haar war mit zwei Kämmen hinter den Ohren festgesteckt.

Ich war bestimmt nicht zur richtigen Zeit gekommen und wollte gehen, aber Michael hielt mich zurück: »Das ist mein bester Freund. Ernest: Und das ist Marthe. Ich habe dir ja von ihr erzählt.«

Ihr Parfüm, vermischt mit dem Geruch von Zigaretten, war unangenehm, und ich bedauerte, gekommen zu sein. Trotzdem – ich brauchte ein Zimmer, und es war schon spät. Ich sagte Michael schnell auf hebräisch, warum ich gekommen sei, aber er lachte und sagte: »Du brauchst dich vor Marthe nicht zu genieren. Sie wohnt auch hier. Komm, wir gehen hinunter zum Portier.«

Die beiden drückten ihre Zigaretten aus, und wir gingen. Der Mann prüfte meinen Ausweis, notierte sich meine Personalien, nahm das Geld für einen Monat im voraus und gab mir den Schlüssel.

Gerade, als wir hinaufwollten, kam ein schlankes Mädchen mit fast weiß gefärbtem Haar herein.

Marthe stellte mich Solange vor, und Michael sagte: »Kommt, wir gehen etwas essen. Alle vier.«

»Gute Idee!« Marthe.

Ich ließ mein Gepäck und den Schlüssel beim Portier, und wir gingen in ein kleines Restaurant ganz in der Nähe.

Im Hotel stiegen wir hintereinander die enge Wendeltreppe hinauf. Marthe ging mit Michael in sein Zimmer, und Solange folgte mir weiter hinauf, auch sie wohnte im fünften Stock.

»Kommst du mit?«

»Wieviel?«

»Viertausend.«

»Die ganze Nacht?«

»Die ganze Nacht. Ich nehme sonst fünf.«

Ihr Lächeln war nicht gewerbsmäßig gekünstelt, sondern schelmisch, herausfordernd und freundlich. Ich folgte ihr.

Wir saßen, rauchten, unterhielten uns eine Zeitlang und gingen ins Bett. Am anderen Morgen kochte sie Kaffee, und bevor ich ging, sagte sie mir, daß ich jederzeit bei ihr anklopfen dürfte. Wir küßten uns, und ich ging über den Flur in mein Zimmer. Ich erschrak, wie klein es war. Ein Bett, ein Nachttisch, ein Stuhl, ein kleines Waschbecken, zwei Kleiderhaken an der Wand. Auf der verblichenen und halb abgeblätterten Tapete klebte ein farbiges Bild von General de Gaulle aus einer Illustrierten. Wenn man sich aus dem Fenster beugte, konnte man oben zwischen den Dächern etwas Himmel sehen.

Etwas entspannt, aber einsam wie zuvor, ging ich spazieren. Ich beschloß, zur Arbeit zurückzukehren. Mein Onkel würde mir sonst bestimmt kein Geld mehr geben. Außerdem war mir die Gesellschaft meiner Mitarbeiter lieber als die der anonymen Menge auf den Boulevards. Und Geneviève, zart und unnahbar, übertrug mit ihrer Anmut und Stille ein wenig von ihrer inneren Ruhe, wie sie aus ihren Zeichnungen sprach, auf mich.

Alle schüttelten mir die Hand. Der Meister fragte mich nicht, warum ich zu spät gekommen sei, nur Geneviève sah mir besorgt in die Augen, versuchte etwas zu erraten.

Bevor ich ins Hotel zurückkehrte, ging ich zu meiner Tante. Nach dem Essen machte ich mich auf den Weg zum Hotel. Es gab keinen Gasofen, aber wenn man beide Fensterflügel fest zuklemmte, genügten die beiden durchgewetzten Decken, um einen warm zu halten.

Im Betar wurde ich wie ein Held empfangen. Der Erfolg des ohne mich aufgeführten Schattenspiels, das Geld, das es eingebracht hatte, wurden mir zugeschrieben. Lucienne, das Mädchen mit der langen Nase, erzählte mir, ihre Eltern wollten mich unbedingt kennenlernen. Ob ich Freitagabend zum Kiddusch käme? Ich lehnte ab.

»Ein großer Fehler«, meinte Michael. Ihr Vater sei schwerreich. Was Michael nicht wußte, war, daß ich gerade deswegen nicht hin wollte.

44 Die Mission

Die Beziehungen zu meinen Verwandten entspannten sich allmählich. Sonntags ging ich wieder mit ihnen ins Kino, in den
Bois de Boulogne oder den Bois de Vincennes. Nachdem ich
meinem Onkel eine Zeitlang in den Ohren gelegen hatte, gab er
endlich nach und brachte mir das Autofahren bei. Auf einem
einsamen Weg zwischen Bäumen überließ er mir das Steuer.
Alles ging gut, bis ich halten wollte und versehentlich aufs Gas-
pedal trat. Der Wagen schoß gegen einen Baum. Die Stoßstange
wurde vollkommen eingeknickt und klemmte den verbeulten
Kotflügel in den Reifen. Die Tür sprang auf, der Motor war tot.
Das Auto mußte abgeschleppt werden.
Meine Tante war wütend, doch mein Onkel ließ sich nichts an-
merken. Er ließ den Wagen nicht einmal reparieren. Er verkaufte
ihn so, wie er war, und kaufte sich einen neuen.
Als ich Solange mein Abenteuer erzählte, lachte sie und sagte,
daß mein Onkel schön dumm sei, seinen Wagen einem kleinen
Buben anzuvertrauen.
»Einem kleinen Buben?!«
»Ja. Einem kleinen Buben. Deswegen habe ich dich ja so lieb.
Weil du so ein kleiner Bub bist.« Sie küßte mich.
Ich hatte sie auch sehr gern. Sie war so schmal, hauptsächlich
aber, weil sie immer da war, immer bereit, zum halben Preis, und
nachher nicht gleich davonlief.
Das Leben in Paris fing gerade an, mir zu gefallen, als Michael
mit einem ›speziellen Auftrag‹ zu mir kam. Zuerst nahm er mich
mit, um mich unserem Bezirkskommandanten vorzustellen. In
seinem Hotelzimmer, das als Büro diente, waren die Vorhänge
nicht verschlissen, die Möbel glänzten, und der Spiegel über
dem Kamin verdoppelte den Raum. Der Name des Mannes war
falsch. Für uns hieß er Nachum, und die Form der Anrede war:
Herr Kommandant. Immer noch Konsequenzen einer etwaigen
Entdeckung meiner Flucht aus Italien befürchtend, akzeptierte
ich den Auftrag ohne Widerspruch.
Ich sollte mich unverzüglich nach Antwerpen begeben und dort

den Betar organisieren. Die Antwerpener revisionistisch-zionistische Partei würde für meine Unterkunft und Verpflegung und für etwas Taschengeld sorgen. Auch für einen Arbeitsplatz, als Tarnung. Meine Mission sollte sechs Monate dauern, konnte aber im Notfall verlängert werden. Nachum übergab mir einen Umschlag mit belgischem Geld und eine Fahrkarte nach Antwerpen.

Im Hotel machte ich mich gleich ans Packen, und früh am nächsten Morgen zog ich los. Meine Tante hatte mir einen alten Koffer geschenkt, den ich stolz zum Bahnhof trug. Mein erster richtiger Koffer.

Antwerpen. Pelikaanstraat? Gleich am Bahnhof. Die Antwerpen & Amsterdam Diamanten Cie. Honigmann und Glik.

»Wir hatten dich nicht erwartet für heute. Du hättest vorher anrufen sollen.« Obwohl sehr gut angezogen, erinnerte Herr Honigmann mich an den Portier im »Goldenen Adler«. Ich antwortete nicht, starrte ihn an und wartete. Er schellte kurz mit einem silbernen Glöckchen, und die Sekretärin, die mich hereingeführt hatte, erschien wieder. Er redete mit ihr in einer Sprache, die ich nicht verstand. Es klang wie jiddisch oder irgendein unverständlicher deutscher Dialekt.

Sie telefonierte mit jemandem, zeichnete einen kleinen Straßenplan auf die Rückseite einer Visitenkarte, schrieb den Namen und die Adresse eines Restaurants darunter, kennzeichnete es mit einem Kreuz und öffnete die Tür.

Ich sagte: »Merci Mademoiselle«, ohne zu ahnen, daß die französische Sprache in Flandern verhaßt war. Sie starrte mich wortlos an und hielt mir die Tür auf, bis ich draußen war.

Der Empfang im Restaurant war besser. Herr Cohen, der Inhaber, schüttelte mir die Hand, fragte, ob ich schon gegessen hätte, ob ich mir die Hände waschen wollte. Ich akzeptierte alles, lächelte, und nach dem Abendessen führte er mich in sein Büro. Sprachschwierigkeiten gab es diesmal nicht. Er sprach Hebräisch.

Freitags abends war das Restaurant geschlossen und würde dem Betar zur Verfügung stehen. Eine kleine Kammer hinter der Küche konnte ich als Büro benutzen. Telefon und Schreibmaschine waren vorhanden. Es gab auch einen Keller, wo man Schieß-übungen machen konnte. Da es ein jüdisches Restaurant war, durfte ich es mit Fahnen, Bildern, oder was ich sonst für nötig hielt, ausstatten. Mein Zimmer sei im vierten Stock.

Herr Cohen gab mir eine Liste der Leute, deren Kinder für den Betar in Frage kamen, und sagte, ich solle sie der Reihe nach anrufen.

»In welcher Sprache?«

»Jiddisch.«

»Darf ich mich auf Sie berufen?«

»Nein. Sag, Herr Honigmann hätte dich beauftragt.«

Ich hätte Cohen vorgezogen, aber er erklärte mir, es sei schlimm genug, daß er sein Lokal dem Betar zur Verfügung stelle. Wenn er noch dazu als aktiver Revisionist aufträte, könnte er seine ganze anti-revisionistische Kundschaft verlieren. Er gab mir etwas Geld, für Schreibwaren oder was ich sonst noch benötigte. Ich dürfte nur nicht vergessen, ihm die Quittungen zu bringen. Für das Essen im Restaurant und für mein Zimmer hätte ich nichts zu zahlen. Dann führte er mich hinauf.

Eine Mansarde. Noch kleiner als mein Zimmer in Paris. Das Fenster befand sich in einer Nische unter der Schräge, die auf der einen Seite hinter dem Bett, auf der anderen hinter einem kleinen Tisch und Stuhl am Fußboden endete. An der Tür gab es einen einzigen Kleiderhaken, daneben stand ein Waschbecken. Meine Kleider mußten im Koffer bleiben. Meine fensterlose, von einer einzigen Neonröhre fahl erleuchtete Bürokammer war nicht viel besser, aber sie hatte immerhin vier gerade Wände.

Ich lud die Leute zur ersten Betar-Versammlung ein, bestellte Abzeichen und Propagandamaterial aus Tel Aviv und eröffnete eine Kartei mit genauen Angaben – Name, Alter, Adresse der Eltern, Berufe und eine Rubrik für die bezahlten Mitgliedsbeiträge.

Neun Jungen, zwei Mädchen – ein hübscher Anfang. Alle sprachen Jiddisch. Wo sie wohl den Krieg überlebt hatten. Aber ich fragte nicht. Ich begann gleich mit der Routine. Appell, ein kurzer Vortrag, Fragen und Antworten. Die Mädchen kicherten, als ich sie zur Hymne antreten ließ, doch als sie sahen, mit welcher Begeisterung die Jungen exerzierten, reihten auch sie sich ein und sangen mit. Am nächsten Freitag sollten alle in Khakihemden, dunklen Hosen und Röcken erscheinen. Ich selber zog das Khakihemd von Sergeant Heinemann an, mit dem breiten Riemen, den der Oberst mir geschenkt hatte, als ich seinerzeit die schwere Messingschnalle bewunderte. Von einem Schuster ließ ich einen Schulterriemen daran befestigen, wie die Betarführer ihn vor dem Krieg getragen hatten.

Mir gefiel meine Ausrüstung. Schon in der Volksschule hatte ich mir eine Uniform mit Schulterriemen gewünscht, wie auf den Hitler- und Mussolini-Bildern. Auch Jabotinski, der Gründer der Jugendbewegung, trug einen Schulterriemen. Michael dagegen legte keinen Wert auf Uniformen. Aber nun war *ich* der Kommandant, und am Freitag abend erschienen alle wie befohlen.

45 Die Herausforderung

Am Vormittag erledigte ich, was für den Betar zu tun war, nachmittags arbeitete ich bei Honigmann und Glik. Glik sah fast so aus wie Honigmann, nur trug er keine Brille. Man hätte sie für Brüder halten können. Wenn Kundschaft kam, blieben immer beide im Zimmer. Einer schien den anderen zu überwachen. Honigmann kümmerte sich um meine Arbeit im Betar, und Glik beschäftigte mich im Büro. Er sprach Jiddisch und erklärte mir, was ich nach London oder New York zu schreiben hätte. Obwohl er kein Wort Englisch konnte, verlangte er, daß ich ihm die Briefe vorlas, bevor ich sie tippte. Er pickte ein, zwei Worte heraus und wollte wissen, was sie bedeuteten, und machte Änderungsvorschläge. Auch Honigmann wollte genau wissen, was ich geschrieben hatte. Er verlangte, daß ich alles wieder ins Jiddische übersetzte. Es dauerte Stunden, bis sich die beiden auf einen gewöhnlichen, eine Seite langen Text geeinigt hatten, und da ich das Büro jedesmal verlassen mußte, wenn Geschäftliches besprochen wurde, dauerte es oft mehrere Tage, bis ein Brief endlich von beiden unterschrieben war.

Außer dem Rathaus, der Kathedrale und dem Hafen gab es in Antwerpen nicht viel zu sehen. Ich war noch nie in einem Hafen gewesen. An den Wochenenden verbrachte ich viele Stunden dort. Meine Kindheitssehnsucht nach fernen Ländern und mein Traum, Kapitän zu werden, erwachten wieder.

In der Burgerstraat staunte ich über die vielen Frauen, die in Schaufenstern saßen und auf Kundschaft warteten. Da ich praktisch überhaupt kein Geld besaß, ging ich nach Hause und dachte nach, wo ich welches hernehmen könnte.

Die Gelegenheit bot sich früher als erhofft. Eines Nachmittags, als ich allein im Büro war, stöberte ich aus Langeweile und Neugier in den Papieren auf Gliks Schreibtisch herum. Mein Blick fiel auf das Wort ›Betar‹: Eine Rechnung vom Restaurant Cohen an die Diamantengesellschaft für mein Essen, die Miete und für die vom Verein benutzten Räume. Was ich für eine patriotische Spende gehalten hatte, war ein ganz gewöhnliches Geschäft. Ein gutes. Herr Cohen berechnete für meine Mahlzeiten mindestens das Dreifache dessen, was sie in irgendeinem Restaurant am Marktplatz gekostet hätten. Vielleicht, weil sie koscher waren. Aber auch für die Mansarde verlangte er mehr, als ich für mein Zimmer in Paris gezahlt hatte. Als Glik zurückkehrte, sagte ich ihm, daß ich zufällig die Rechnung gesehen hätte und daß ich ihnen sehr dankbar wäre, wenn sie mir das Geld direkt auszahlten, so daß ich selbst für meine Unterkunft und Verpflegung sorgen könnte.

Nach Honigmanns Rückkehr hieß es zuerst ›Nein‹, aber als ich andeutete, daß ich nach Paris zurückkehren könnte, gaben sie nach und zahlten mir sogar einen Vorschuß.

Ich ging schnurstracks in die Burgerstraat.

Am nächsten Tag mietete ich ein Zimmer und begann, mein Essen auf Bier und Würstchen zu beschränken, damit genügend übrig bliebe für Mildred, ein englisches Mädchen mit freundlichem Lächeln.

»Du bist doch Jude, nicht?« fragte sie mich.

»Selbstverständlich.«

»Ich finde die jüdischen Männer viel netter.«

Eines Tages erschien ein orthodoxer Jude im Restaurant. Obwohl meine Bürotür immer offen stand, klopfte er. Ganz in Schwarz, mit breitem Hut und Schläfenlocken, konnte ich mir nicht vorstellen, was er bei mir suchte. Ich bat ihn, Platz zu nehmen, und ohne weitere Umstände begann er mich auszufragen. Wo ich herkäme, ob ich Familie hätte, warum ich kein Käppchen trüge. Er war freundlich und bemüht, mich näher kennenzulernen. Irgendwie empfand ich Respekt für diese Juden mit Bart und Peies. Vielleicht weil sie sogar im KZ ihren Glauben gewahrt und das religiöse Gesetz geachtet hatten. Ich beantwortete seine Fragen wahrheitsgetreu und verschwieg nur den Irgun. Seine Frage nach dem Käppchen hatte ich absichtlich überhört; als er wieder darauf zurückkam, wurde ich ungeduldig und fragte, warum er das wissen wolle. Damit alle gleich erkennen würden, daß ich Jude sei, und ich umgekehrt dauernd daran erinnert würde, was es hieß, ein richtiger Jude zu sein. Nur dann wüßte ich zu leben.

Ich hielt ihn für verrückt. Alle versuchten, so auszusehen wie die anderen, so zu sein wie die anderen, um nicht aufzufallen, schon im Kindergarten war das so gewesen.

»Ich weiß zu leben. Dazu brauche ich kein Käppchen.«

»Wirklich?«

»Sicher«, sagte ich, aber ich wußte, daß es nicht stimmte. Sicher war nur, daß ich kein Käppchen tragen wollte.

Er mußte meine Unsicherheit bemerkt haben, denn er sagte: »Ich glaube dir nicht.«

»Warum?«

»Hast du schon einmal ans Heiraten gedacht?«

»Selbstverständlich.«

»Mit wem?«

Das Gespräch nahm eine unerwünschte Wendung. Ich konnte dem Mann, der mich an meinen Großvater erinnerte, unmöglich sagen, daß ich die Tochter eines österreichischen Obersten und einer getauften Jüdin heiraten wollte.

»Das ist nicht wichtig. Was hat das Heiraten mit ›richtig‹ leben zu tun?«

»Jeder Jude muß heiraten. Besonders jetzt, wo so viele von uns umgebracht worden sind.«

»Und?«

»Ich glaube, ich habe das richtige Mädchen für dich.«

»Was?«

»Ja, ja. Ein sehr schönes junges Mädchen. Und ihr Vater ist sehr reich. Wenn du sie nimmst, könnte noch etwas aus dir werden.«

»Aber ich bin doch schon etwas. Ich bin der Kommandant vom Betar!«

»Ich weiß, ich weiß. Der Sohn eines meiner Bekannten ist in deiner Gruppe. Wir wissen alles über dich.«

»Na und? Hat man Ihnen vielleicht gesagt, daß ich *nichts* sei?«

»Nein, nein. Ganz im Gegenteil. Alle sind begeistert von deinen Vorträgen. Deswegen haben wir beschlossen, an dich heranzutreten.«

»Wer ist ›wir‹?« Die Sache begann mich zu irritieren. Auch das schien er gemerkt zu haben, denn er antwortete gleich. »Ich bin Heiratsvermittler. Und ein guter Freund von mir hat mich beauftragt, für seine Tochter einen Bräutigam zu finden.«

»Und wieso kommen Sie ausgerechnet zu mir?«

»Wir wissen, daß Du im Grunde ein guter Jude bist.«

»Ohne Käppchen?« Dabei dachte ich, was er wohl zur Burgerstraat sagen würde.

Er ignorierte meine Frage und erzählte mir, daß der Vater der Braut einen Sitz an der Diamantenbörse habe und er mir als Mitgift ebenfalls einen kaufen würde. Er würde mich in sein Geschäft aufnehmen, mir das Gewerbe beibringen, und in ein paar Jahren wäre ich ein reicher Mann. Ich bräuchte nur den Unsinn mit dem Betar aufgeben, statt dessen eine Jeschiva[21] besuchen, mir einen Bart und Peies wachsen zu lassen und zu lernen. »Wie dein Großvater«, schloß er.

»Mein Großvater?«

»Ja. Der Vater deiner Mutter. Er war ein großer Rabbi.«

»Wie können Sie das wissen? Er ist schon lange vor dem Krieg gestorben.«

»Wir wissen alles.«

Ich war so verwirrt, daß ich versprach, mir die Sache zu überlegen.

Ein Mädchen heiraten, das ich nie gesehen hatte? Talmudschüler werden und dann wie Glik mit Diamanten handeln? Ich ging schwimmen.

Nicht weit entfernt vom letzten Kai lag ein Uferstreifen, wo man baden konnte. Es war ein heißer und feuchter Julinachmittag.

Vor mir lag die Schelde, ruhig wie ein See, die Strömung war kaum bemerkbar. Das andere Ufer schien zum Greifen nah – eine Herausforderung.

Der Strand war menschenleer. Nachdem ich meine Kleider mit einem Stein beschwert hatte, watete ich vorsichtig ins Wasser. Ich visierte ein am gegenüberliegenden Ufer vertäutes Boot als Ziel an und schwamm darauf zu.

Ich glaubte, bereits in der Mitte des Flusses zu sein, aber das andere Ufer schien sich immer weiter zu entfernen. Außerdem war die Strömung viel stärker, als ich gedacht hatte, und zog mich mit.

Ich bemühte mich noch immer, das Boot im Auge zu behalten, als mich der dumpfe Ton der Sirene eines Frachters erschreckte, der plötzlich hinter mir auftauchte und auf mich zusteuerte. Matrosen standen oben an der Reling, aber zum Rufen war es zu spät; sie hätten mich weder gehört noch gesehen. Panik ergriff mich. Ich versuchte mit allen Kräften, dem Sog zu entkommen, der mich unter den Frachter zu ziehen drohte. Er rauschte hinter mir vorüber, wobei er leicht meine Füße streifte. Dann war er verschwunden. Ich legte mich auf den Rücken und wollte mich im Kielwasser etwas ausruhen, doch ich mußte mich beeilen, den entstehenden Strudeln zu entkommen. Ich wurde immer schwächer. Schreien? Beten? Würde es etwas helfen? Vielleicht lieber einschlafen wie im Schnee. Oder wie damals, als ich den Gashahn aufgedreht hatte. Nein! Mit dem Kopf über Wasser kämpfte ich weiter, während die auslaufenden Wellen des Kielwassers mich ans andere Ufer trieben. Ich war beinahe wieder drauf und dran, mich untergehen zu lassen, als ich festen Boden verspürte. Ein paar Stöße brachten mich ans Ufer, wo ich erschöpft zusammenbrach.

Als ich erwachte, ging gerade die Sonne unter. Ich mußte mehrere Stunden geschlafen haben.

In der Ferne sah ich das Boot, das ich hatte erreichen wollen, und ich ging darauf zu. Ein Mann saß daneben und rauchte. Er beschirmte seine Augen gegen die Sonne und nahm die Pfeife aus dem Mund, als er mich erblickte.

Ich fragte auf französisch, ob er mich übersetzen könne, und ich hatte Glück: »Tausend Franc«, erwiderte er.

»Sie sind in meiner Hose am anderen Ufer.«

Später in meinem Bett liegend, während eine sanfte Brise durch das Fenster strich, dachte ich über mein Abenteuer nach. War *das* die Herausforderung gewesen? Das Überqueren eines Flusses? Oder bestünde sie darin, religiös zu werden, zu heiraten und wie ein ›richtiger‹ Jude zu leben? Oder sollte ich nach Palästina gehen?

Ich schaltete um. Schließlich hatte ich den breitesten Fluß Europas bezwungen. Zwar nur in einer Richtung, aber immerhin. Ich hatte weder geschrien noch gebetet, als ich fast ertrunken wäre. Aus eigener Kraft hatte ich erreicht, was ich wollte. Ich brauchte weder Gott noch sonst jemanden.

46 Das Ende der Mission

Am 17. Juli 1947 ankerte das Schiff ›Exodus‹ mit 4500 Flüchtlingen an Bord in Haifa. Die Engländer beschlagnahmten das Schiff, verhafteten die Passagiere und brachten sie wieder nach Europa. Zwölf Tage später erreichte das Schiff Südfrankreich. Dort weigerten sich die Flüchtlinge jedoch, an Land zu gehen und wurden von den Engländern nach Hamburg gebracht und dort gezwungen, von Bord zu gehen.

In ganz Europa und in den Vereinigten Staaten wurden Massenkundgebungen organisiert. Zum ersten Mal arbeiteten alle jüdischen Organisationen bei der Finanzierung und Koordination der weltweiten Proteste gegen die englische Regierung zusammen.

Obwohl von allen zionistischen Jugendbewegungen boykottiert, wurde auch der Betar aufgefordert, in Antwerpen an einer Massendemonstration teilzunehmen.

Cohen erlaubte uns, das Lokal auch wochentags nach Restaurantschluß zum Exerzieren zu benutzen. Die Demonstration war für Mitte August angesetzt, und unmittelbar davor hatte ich eine recht stramme Marscheinheit beisammen.

Dann teilte Cohen mir mit, daß Herr Honigmann mich dringend sprechen wolle.

»Die Einladung ist rückgängig gemacht. Du kannst deinen Mitgliedern sagen, daß sie nicht zur Demonstration zu kommen brauchen.«

»Was ist passiert?«

»Kannst du es nicht erraten?«

»Nein. Was ist nicht in Ordnung?«

»Ihr habt drei englische Sergeanten ermordet.«

»Wir?«

»Ihr. Der Irgun.« Das war es also.

Die Engländer hatten drei Irgun-Soldaten, die in das Gefängnis von Akko eingedrungen waren, um ihre Kameraden zu befreien, gefangengenommen und zum Tode verurteilt. Um die Urteilsvollstreckung zu verhindern, hatte der Irgun seinerseits drei englische Unteroffiziere als Geiseln genommen und sie, um vor zukünftigen Hinrichtungen zu warnen, nach Hinrichtung der Irgunmitglieder ebenfalls hingerichtet.

Die jüdischen Behörden behaupteten, dies schade der zionistischen Sache in ganzen Welt. Das sei nicht jüdische Art. So wurde die Einladung an den Betar, mitzudemonstrieren, zurückgenommen.

Ich verschwieg Honigmann, daß sich an dem Tag, an dem die Engländer aufgehängt worden waren, noch fünf Burschen bei mir eingeschrieben und sich nach dem Irgun erkundigt hatten.

Ich war wütend. Honigmann konnte mich mal.

Die Vorbereitungen zum Aufmarsch wurden fortgesetzt. Am Tag der Demonstration versammelten wir uns im Restaurant und zogen los. Ich an der Spitze, hinter mir ein Fahnenträger mit zwei Eskorten, dann die drei Mädchen und der Rest. In dicht geschlossenen Dreierreihen marschierten wir in der Mitte der Straße und sangen aus voller Kehle. Die Passanten schauten verwundert, die Hausfrauen unterbrachen das Abwaschen der Häuserfassaden, kletterten von ihren Leitern herab und sahen der ›Parade‹ zu.

Da wir nur eine kleine Gruppe waren, blieben wir von den Polizisten unbehelligt, und als die Leute unsere Fahne sahen, ließen sie uns ohne weiteres in den Saal. Auf meinen Befehl hin traten die fünfzehn Betaristen in einer Reihe an der Wand an. Die Ordner des Haschomer Hatzair (»Junge Wache«), der linksradikalen zionistischen Jugendbewegung, verlangten, daß wir uns setzten, aber wir weigerten uns, und nach der Versammlung marschierten wir ab, wie wir gekommen waren.

Einige Ordner riefen uns nach: »Nazis! Terroristen!«, aber niemand wagte uns anzufassen. Wir kümmerten uns nicht um sie, marschierten weiter bis zum Restaurant und gingen heim.

Zwei Polizisten erwarteten mich in meinem Zimmer.

»Paß.« Ich zeigte ihnen meinen französischen Reiseausweis.

»Was machst du in Antwerpen?«

»Ich arbeite bei der Antwerpen und Amsterdam Diamantengesellschaft.«

»Arbeitsbewilligung.«

»Ich bekomme sie in einigen Tagen.«

»Du kommst mit.«

»Wohin?«

»Aufs Revier. Pack deine Sachen.«

»Warum?«

»Los, pack ein.«

Ich bekam Angst. Die Polizisten sprachen Französisch mit schwerem flämischen Einschlag und erinnerten mich an die Deutschen. Ich packte meinen Koffer und wurde abgeführt.

Auf dem Kommissariat verhörte mich ein Offizier.

»Wo ist deine Arbeitsbewilligung?«

»In ein paar Tagen bekomme ich sie.«

»Was machst du noch? Außer bei der Diamantengesellschaft?«

»Nichts.«

»Nichts?!« fuhr er mich an.

Ich antwortete nicht.

»Wir haben eine offizielle Beschwerde über dich vorliegen.«

»Darf ich wissen von wem?«

»Ein gewisser Herr Siss. Kennst du ihn?« Selbstverständlich kannte ich ihn. Es war der Vorsitzende des Haschomer Hatzair.

»Nein. Ich weiß nicht wer das ist.«

»Ich verhafte dich. Du kannst entweder den Prozeß abwarten oder nach Frankreich zurückkehren. Übrigens stehst du auch im Verdacht, einer Terrororganisation anzugehören.«

»Ich will zurück nach Frankreich.«

»In Ordnung. Du wirst hier übernachten, und morgen früh bringen wir dich mit dem ersten Zug an die Grenze.«

»Darf ich meinen Chef benachrichtigen?« Er schob mir den Apparat zu und ich telefonierte mit Honigmann.

»Bist du verrückt, mich mitten in der Nacht zu wecken? Ich hatte dir befohlen, nicht an der Demonstration teilzunehmen. Weißt du, was ich deinetwegen für Scherereien habe?«

Ich legte den Hörer auf. Der Offizier schaute mich kurz an, stand auf und führte mich in eine Zelle.

In der Frühe brachte man mich zum Bahnhof. Beim Umsteigen in Brüssel dachte ich daran, davonzulaufen, aber da ich im Verdacht stand, Terrorist zu sein, hatte es keinen Sinn, in Belgien zu bleiben. Früher oder später würde mich wieder irgend jemand anzeigen, und da Honigmann offensichtlich nichts mehr mit mir zu tun haben wollte und ich deswegen auf keine Unterstützung mehr rechnen konnte, war es mir klar, daß ich im Gefängnis landen würde.

An der Grenze nahm ein französischer Gendarm meine Papiere entgegen, stempelte sie ab und ließ mich weiterfahren. Nur meine Fahrkarte mußte ich bezahlen. Damit war mein letztes Geld weg. Ich hatte nicht einmal genug für die Metro und mußte meinen Koffer vom Gare du Nord bis in mein Hotel schleppen.
Ich durfte bei Michael übernachten.

47 Max

»Ich kann doch meinen Onkel nicht um Geld bitten!«
»Dann geh zurück in die Werkstatt. Die stellen dich bestimmt wieder ein.«
Das Gespräch führte zu nichts. Ich hielt Michael vor, er könne mir wenigstens aushelfen, bis ich wieder eine anständige Beschäftigung fände, schließlich hätte der Irgun mich nach Belgien geschickt.
»Unsere Leute opfern ihr Leben, und du sprichst von Geld?«
Nachum opferte nichts, dachte ich bei mir. Er bewohnte drei Zimmer in einem Luxushotel. Am Ende versprach Michael, mir eine Anleihe zu verschaffen, damit ich wenigstens mein Zimmer bezahlen könnte.
»Aber wo finde ich Arbeit? Könnte der Irgun mich nicht woanders hinschicken?«
»Nach der Befehlsverweigerung?«
»Bist du verrückt?«
»Nein. *Du* bist es. Als Honigmann dir befahl, nicht zu demonstrieren, hättest du es lassen sollen.« Ich wollte mich nicht weiter mit ihm auseinandersetzen.
»Vielleicht könnte mir Luciennes Vater helfen. Der ist ja reich und hat sicher viele Verbindungen.«
»Nachdem du seine Einladung abgelehnt hast? Du bist wirklich nicht normal.«
In diesem Moment klopfte es.
»Wer ist da?«

»Gray.«

»Gray?«

»Grauer! Max Grauer. Aus Wien!«

»Maxl! Komm herein! Ich hatte ganz vergessen, daß du deinen Namen geändert hast. Hier, das ist Ernst. Auch ein Österreicher. Aus Innsbruck. Was machst du in Paris? Ich glaubte, du wärst in Amerika.«

»Ich bin inzwischen in Amerika. Aber sie haben mich herübergeschickt. Als Abteilungsleiter.«

»Wie willst du hier etwas leiten, wenn du kein Französisch kannst«, witzelte Michael.

»Ich werde mir einen Angestellten suchen, der Englisch und Französisch spricht.«

»Da kommst du gerade recht. Ernst spricht beide Sprachen und ist sehr tüchtig. Er spricht auch Jiddisch und sogar ein paar Worte Russisch.«

»Und Hebräisch«, ergänzte ich.

»Wozu Hebräisch?« fragte Max.

»Für Palästina.«

»Ach so. Und was machst du jetzt?«

»Ich restauriere Antiquitäten.«

»O. K. Komm morgen früh zu mir ins Büro. Um Punkt neun.«

»Und wie heißt die Firma?«

»Es ist der Joint. Ich bin Leiter der Transportabteilung. Es ist im 16. Bezirk.« Er schrieb mir die Adresse auf. Métro Kléber. Der feinste Bezirk.

Dann lud er uns zum Essen ein. Die beiden sprachen über ›die gute alte Zeit‹, über Wien, die Schule. Plötzlich fragte mich Max: »Was ist das für ein Unsinn, diese Sache mit Palästina?« Michael gab mir einen Tritt.

»Wo soll ich sonst hin?«

»Du könntest nach Amerika. Oder hier bleiben.«

Michael trat mich wieder. Ich verstand, daß Zionismus tabu war.«

»Wenn ich ein reiches Mädchen finde, bleibe ich hier.« Max lachte und verlangte die Rechnung. Draußen rief er ein Taxi, und Michael und ich nahmen die Metro.

»Jetzt paß auf«, sagte Michael, »du brauchst nicht zu warten, bis ich dir die Anleihe verschaffe. Ich werde dir etwas Geld geben für das Zimmer und für das, was du sonst noch brauchst, und du gibst es mir dann am Ende des Monats wieder zurück. Ich bin sicher, daß du den Job kriegst. Aber sei vorsichtig mit Max. Er glaubt, ich sei Student. Also nichts über Politik. Die Leute mögen uns nicht besonders.«

Diesmal bekam ich ein Zimmer im vierten Stock. Ob Solange noch oben wohnte? Selbstverständlich. Ich wollte gerade zu ihr, als sie mit Marthe hereinkam.

»Ernest! Wie geht es dir?!« Sie umarmte mich und küßte mich auf beide Wangen. »Komm, wir gehen nach oben.«

»Ich habe kein Geld«, flüsterte ich ihr ins Ohr.

»Macht nichts.«

Fast hätte ich am anderen Morgen verschlafen. Der 16. Bezirk war sehr weit weg, und ich mußte zweimal umsteigen, doch ich schaffte es.

Der Aufgang der ›Métro Kléber‹ führte in eine andere Welt. Der Triumphbogen ragte, von der Sonne bestrahlt, in den tiefblauen Himmel, an dem Scharen schneeweißer Wolken standen. Die weite Avenue, die zum Trocadéro hinunterführte, machte es schwer, zu glauben, daß hinter den opulenten Fassaden Menschen wohnten, zur Arbeit gingen, Kinder großzogen.

Der Joint residierte in einem palastartigen Gebäude in einer Seitenstraße.

Hinter einem großen Tisch mit schwerer Glasplatte und vergoldeten Beinen, unter einem riesigen Kristallüster, der von einer zwei Stockwerke hohen Stuckdecke herabhing, saß die Empfangsdame. Weite Marmortreppen wanden sich zu beiden Seiten in den ersten Stock hinauf. Durch ein Portal gelangte man in ein Vestibül, das zu den Büros führte. Spiegel über den Kaminen machten auch hier die Räume größer. Die Fenster waren schmutzig, es gab keine Vorhänge, nur Schreibmaschinen. Noch nie hatte ich so viele Mädchen in einem Raum beisammen gesehen. Alle klapperten auf den Maschinen, ohne aufzublicken.

In Max' Büro war es stiller. Dort gab es weder Kamin noch Spiegel, nur eine lebensgroße Stewardeß aus Pappe, in einem über den Knien flatternden Kleid. FLY TWA. Über ihrem strahlenden Lächeln vergaß ich fast, guten Morgen zu sagen. Der finstere Blick der Sekretärin erinnerte mich daran.

»Guten Morgen! Komm, setz dich«, begrüßte mich Max. »Miss Dolores, könnten Sie uns bitte einen Moment allein lassen?«

»Komm, erzähl mir was über dich«, fuhr er fort, nachdem er mir gesagt hatte, ich solle ihn im Büro mit ›Sir‹ oder ›Mr. Gray‹ ansprechen. »Wie kamst du aus Tirol nach Paris? Wo warst du im Krieg?«

Ich erzählte ihm kurz, wie wir aus Innsbruck nach Litauen gezogen waren, wie uns die Deutschen nachkamen, ich berichtete vom Ghetto, vom KZ, aber hauptsächlich über meine Arbeit im Landsberger Spital und bei Sergeant Heinemann.

»Und woher kennst du Michael?«

»Wir lernen zusammen Französisch.«

Er erinnerte mich an meinen Onkel. Der Wiener Dialekt, die Eleganz, der dreiteilige dunkelgraue Anzug, das gestärkte weiße Hemd mit der roten Seidenkrawatte. Im Vergleich dazu sah ich wie ein Bettler aus, was ich eigentlich auch war. Sein rotes Haar war sorgfältig gescheitelt und mit Brillantine frisiert. Seine buschigen Augenbrauen standen in krassem Gegensatz zu den pomadisierten Haaren, und die grünen Augen, die darunter hervorblinzelten, bemühten sich zu sagen: »Verlaß dich auf mich.«

»O. K.«, sagte er zum Schluß, »kannst du morgen anfangen?«

»Ja, ja.«

»Gut. Meine Sekretärin wird dir ein Formular geben. Füll es aus und gib es ihr. Morgen bringe ich dich dann zur Personalabteilung. Bis morgen.«

Miss Dolores kam zurück, und während ich das Formular ausfüllte, betrachtete ich das seltsam aparte Gesicht der jungen Frau. Sie merkte, daß ich sie beobachtete und warf mir über die Schreibmaschine einen zurechtweisenden Blick zu. Ihre Augen funkelten schwarz unter hochgewölbten Brauen, und ihr glattes, kohlrabenschwarzes Haar hing frei zu beiden Seiten ihres strengen Gesichts herab.

Dolores? Sie war bestimmt aus Spanien. Aber war sie Jüdin? Gab es überhaupt noch Juden in Spanien? Sie war mindestens zehn Jahre älter als ich. Wäre ich ihr woanders begegnet, hätte ich es wahrscheinlich nicht gewagt, aber der Joint war eine jüdische Organisation, und da sie durch mein Formular alles über *mich* erfuhr, dachte ich, daß es nicht schaden konnte, wenn ich sie fragte.

»Sind Sie Jüdin?«

»Nein.«

»Wie kommt es dann, daß Sie bei einer jüdischen Organisation arbeiten?«

»Irgendwo muß man ja arbeiten.«

Ich konnte es nicht begreifen. Den ganzen Heimweg über versuchte ich eine Erklärung dafür zu finden, warum Juden eingedenk der Vertreibung der Juden aus Spanien eine spanische Christin aufnahmen. Für mich war es genauso schlimm, als hätten sie eine Deutsche eingestellt.

48 Der Job

Die Uniform, natürlich. Ich hatte es ganz vergessen. Als ich am nächsten Tag zur Arbeit erschien, trug Max die dunkle Offiziersuniform der amerikanischen Armee. Sein Schiffchen lag gefaltet auf dem Tisch neben einem Paar glänzender Lederhandschuhe. Er rauchte durch eine schwarze Zigarettenspitze mit einem breiten, zu seinem Ring passenden Goldband in der Mitte. Dolores hackte auf ihrer Schreibmaschine herum. Nur das TWA-Girl aus Pappe lächelte.

»Guten Morgen.«

»Guten Morgen, Herr Haber.«

Sie hatten noch einen Tisch ins Büro gestellt, und ich ging instinktiv auf ihn zu. »Nein, nein. Setzen Sie sich nicht. Mrs. Frankfurt wartet auf uns.«

Drei Stockwerke höher. Ihr Büro war fünfmal so groß wie das von Max. Durch die Tüllgardinen sah man die Spitze des Eiffelturms. Ein Gemälde zeigte eine Schlacht: Im Vordergrund verwundete Soldaten im Schnee, dahinter galoppierten, in Rauch gehüllt, Reiter mit gezückten Säbeln inmitten blau-weiß-roter Fahnen. Was wollte eine schmuckbehängte und beringte dicke Dame wie Mrs. Frankfurt mit einem solchen Bild?

»Guten Morgen, Herr Gray. Das wäre also Ihr Protegé, Ernest Haber.« Sie buchstabierte langsam meinen Namen, den sie von dem Formular ablas. Zuerst sah sie Max an, dann mich, und nachdem er nichts sagte, meldete ich mich zu Wort. »Yes, Madam.«

»Gut. Nun erzählen Sie mir etwas über sich.« Anflug eines Lächelns, gleichgültig, kalt, bedeutungslos.

Ich erzählte ihr annähernd dasselbe, was ich schon Max erzählt hatte, und fügte noch ein paar Greuel hinzu, um Mitleid zu erwecken, in der Hoffnung, dadurch vielleicht meine Anstellung zu fördern. Ihre Sekretärin stenografierte alles mit. »Bitte warten Sie draußen.« Eine Viertelstunde später erschien Max.

»Du hast den Job.«

»Danke. Gestern hast du etwas von einer Uniform gesagt.«

Max erklärte mir, daß Amerikaner und andere Ausländer in Dollars bezahlt würden, während einheimisches Personal nur das offiziell festgesetzte Minimumgehalt in Francs ausgezahlt bekäme.

»Es ist nur für den Anfang«, fügte er hinzu, als er meine Überraschung bemerkte, »später kommen noch die Reisespesen dazu.«

»Welche Reisespesen?«

»Wenn du reisen mußt, bekommst du einen netten Zuschuß für Unterkunft und Verpflegung; und du wirst viel reisen müssen.« Phantastisch! dachte ich. »Und was ist mit einer Uniform?«

»Es gibt ein kleines Problem. Nur höheres amerikanisches Personal darf Offiziersuniform tragen. Aber ich werde dir eine Feldjacke und eine Khakihose beschaffen.«

»Vielleicht auch ein paar Hemden?«

»Selbstverständlich. Auch Krawatten und eine Mütze. So, jetzt gehen wir essen.«

210

»Wohin?« In der Gegend war es bestimmt sehr teuer.

»Komm. Ich zeig's dir.«

»Schau, Max, ich kann mir nicht leisten, in ein Restaurant zu gehen.«

»Ich lade dich ein.«

»Nein, vielen Dank. Das ist nett von dir. Ich werde irgendwo ein Brötchen essen; um zwei komme ich dann wieder zurück.«

»Wie du willst. Bis später.«

Ich war lieber hungrig als zu Dank verpflichtet.

Um zwei saßen wir wieder im Büro, und er erklärte mir meine Arbeit. »Wie du weißt, gehen die Juden aus den DP-Lagern allmählich nach Übersee. Ihre Verwandten kümmern sich um die Einreisebewilligungen, und wir besorgen die Fahrt. Amerika, Kanada, Brasilien, Argentinien, – wohin sie wollen. Der Joint streckt die Spesen vor, und die Verwandten zahlen sie dann in Raten zurück. Wir müssen die Leute an der deutschen Grenze abholen, die Zollformalitäten für sie erledigen und sie bis zum Schiff begleiten. Marseille, Bordeaux, Le Havre und so weiter. Wer auf ein Schiff warten muß, den bringen wir für kurze Zeit in Paris unter. In einem billigen Hotel. Vor ihrer Abfahrt müssen wir ihr Gepäck abfertigen. Großes Gepäck wird für die Dauer ihres Aufenthaltes bei der Bahn aufbewahrt und muß vom Zoll befreit werden.« Und das alles für das offiziell festgesetzte Minimumgehalt, dachte ich bei mir. Kein Wunder, daß so viele Kommunisten herumliefen.

Michael war begeistert. »Komm, das muß gefeiert werden. Wir laden Marthe und Solange zum Abendessen ein.«

»Michael, hör zu. Tu mir einen Gefallen. Ich habe überhaupt kein Geld mehr. Laß das mit dem Ausgehen. Borg mir lieber noch ein paar tausend Francs. Ich zahl' sie dir bestimmt zurück. Die Hälfte Ende des Monats, den Rest am Ende des nächsten. Glaub mir, ich habe heute noch nichts gegessen.«

»Warum hast du mir das nicht gesagt?«

»Jetzt sag' ich es dir.«

»O.K. Beruhige dich. Komm, wir holen uns etwas zum Essen.«

Er kaufte Aufschnitt, Brot, zwei Flaschen Bier, und nachdem wir fertig waren, gab er mir viertausend Franc.

»Danke.« Ich verabschiedete mich und ging schlafen. Leicht beschwipst von dem Bier, mit vollem Magen und mit dem bißchen Geld in der Tasche war ich fast froh, daß ich allein war.

Am nächsten Morgen fand ich im Büro ein großes Paket auf meinem Tisch vor. Ich betastete das Papier. Die Uniform! Daneben ein Stoß Fahrpläne, eine Landkarte von Frankreich, Schreibpapier. Max war noch nicht da.

»Mister Gray wünscht, daß Sie sich damit vertraut machen.« Sie wies auf den Stoß Papiere. Mich vertraut machen. Fahrpläne studieren. Ich schaute mir lieber die Landkarte an. Groß war Frankreich! Dann kam Max.

»Haben Sie jetzt alles?«

»Yes, Sir. Besten Dank.«

»Haben Sie die Sachen anprobiert?«

»Noch nicht.«

»Dann probieren Sie sie jetzt auf der Toilette an. Wir reisen morgen.«

Die Hose war etwas zu kurz, aber die Uniformjacke und die Hemden paßten.

Miss Dolores schmunzelte, als ich zurückkam. Ich zeigte auf die Hose, aber Max sagte: »Macht nichts. So werden sie wenigstens nicht ausfransen«, und lachte.

Er gab mir die Liste der Leute, die wir am nächsten Tag an der deutschen Grenze abholen mußten, und die Liste der Hotels, in denen sie bis zur Weiterreise in Paris unterzubringen wären.

Den Rest des Tages verbrachte ich mit Zimmerbuchungen. Um sechs Uhr früh am nächsten Morgen holte der Chauffeur mich ab. Zuerst fuhren wir zu Max. Er wohnte in einem Luxushotel am Gare Montparnasse. Von dort sollten wir dann wieder durch ganz Paris zum Gare de l'Est zurück, fünf Minuten von meinem Hotel entfernt.

»Warum haben Sie nicht zuerst ihn abgeholt? Da hätte ich noch eine halbe Stunde schlafen können.«

»Er Boß.«

212

Der Chauffeur war ein ehemaliger weißrussischer Offizier. Ich konnte mir nicht vorstellen, welche nichtjüdischen Verdienste ihn zum Joint gebracht hatten. Vielleicht, daß er bestimmt kein Kommunist war. Daß diese zaristischen Offiziere die größten Antisemiten waren, spielte wohl keine Rolle. Ein jüdisches Sprichwort lautet: »Wenn man einen Dieb braucht, schneidet man ihn vom Galgen.« Und wenn man einen Chauffeur brauchte, der für einen Hungerlohn arbeitete, nahm man einen russischen Emigranten. Auch er trug Khaki, und die wenigen Leute, die so früh unterwegs waren und uns in unserem Jeep vorbeiflitzen sahen, hielten uns bestimmt für Überbleibsel aus der Kriegszeit. Ich zog mir die Mütze weit über den Kopf, während seine zerzausten weißen Haare frei im Wind flatterten. Das störte mich. »Wo ist Ihre Mütze?« fragte ich. »Paris nicht kalt wie Rußland.«

Nachdem Max sich neben ihn gesetzt hatte, raste er den Boulevard St. Michel hinauf, über den Point au Change, Châtelet, am Turm St. Jaques vorbei, weiter über den Boulevard Sébastopol – bis zum Bahnhof. In zehn Minuten hatte ich mehr gesehen als ein durchschnittlicher Tourist in drei Stunden.

Wir sprachen nicht viel in der Bahn. Max hatte mich gebeten, nur dann etwas zu sagen, wenn er mich als Dolmetscher brauchte.

In Straßburg übergab der Mann vom Joint aus Deutschland uns etwa zwanzig Flüchtlinge mitsamt Papieren. Max prüfte, ob alle Fahrkarten hatten, und dann stiegen wir in den Zug nach Paris. Am Gare de l'Est mietete er Taxis und schickte die Leute in ihre Hotels.

Am nächsten Morgen ging ich direkt zum Zollamt, um das Gepäck abzuholen. Was ich für eine einfache Formalität gehalten hatte, nahm den ganzen Tag in Anspruch. Die Zollerklärung war ein Fragebogen, groß wie ein halber Schreibtisch, auszufertigen in sechs Kopien, mit einem handschriftlichen Gesuch, auf einem speziellen Briefbogen, der an einem separaten Schalter verkauft wurde. Sechs Schalter mußten passiert werden. Am letzten dauerte es eine halbe Stunde, bis der Mann den letzten Stempel auf die Formulare gedrückt hatte. Er schrieb mit einem Gänsekiel.

Während er mein Gesuch studierte, trat ein Mann an ihn heran, grüßte ihn freundlich, erkundigte sich nach seiner Familie, hielt ihm ein Paket »Camel« hin und überreichte ihm einen Stoß Papiere. Ich dachte zuerst, er sei ein Bekannter, der zufällig vorbeigekommen war. Als der Beamte jedoch das ganze Paket Zigaretten in der Schublade verschwinden ließ, wußte ich was los war. Bevor ich etwas sagen konnte, machte er sich ans Abstempeln der Papiere und erst danach nahm er sich wieder meine Formulare vor.

Ich hatte etwas gelernt. Als erstes bat ich Max, mir einen Karton amerikanischer Zigaretten zu beschaffen. Er lachte. »Ich hol' sie dir aus der Kantine. Du hast deine Sache gut gemacht.«

49   Die Organisatorin

Ich kaufte einen Wecker, da ich nicht wollte, daß der Chauffeur, wenn er mich um fünf Uhr morgens aus dem Bett holte, mir beim Waschen und Rasieren zuschaute.

Ich half den Flüchtlingen oft mit dem Gepäck, besonders Frauen mit kleinen Kindern, und meine Mühe wurde immer gut belohnt. Manchmal gab es sogar Dollars.

Da man mit der Zollabfertigung Geld verdienen konnte, begann ich am Abend, den Zug aus London abzuwarten und den besser gekleideten Leuten, die sich am Gepäckschalter anstellten, meine Dienste anzubieten. Zuerst half ich ihnen als Dolmetscher beim Zoll und dann brachte ich ihr Gepäck zum Taxistand. Ich bekam dort mehr Trinkgelder als Gehalt beim Joint.

Ich bezahlte bei Michael meine Schulden und zog in ein möbliertes Zimmer um. Es war dreimal so groß, kostete dreimal soviel, war das Geld aber wert. Es hatte ein Doppelbett, einen richtigen Schreibtisch, einen Stuhl, einen Sessel, sogar einen Schrank; und ein Wandschirm verbarg das Waschbecken.

Ich besorgte mir eine bunte Weltkarte mit allen Luftlinien der PANAMERICAN und klebte sie auf die geblümte Tapete. Dann kaufte ich an einem Andenkenstand eine kleine Napoleon-Büste und stellte sie auf den Tisch. Auch das TWA-Fräulein brachte ich mit nach Hause. Mein Zimmer sah jetzt aus wie ein Reisebüro, aber die riesige Karte mit dem dominierenden Hellblau der Meere und das lächelnde Papp-Mädchen verliehen ihm eine angenehm leichte, heitere Atmosphäre.

Von meiner Verläßlichkeit überzeugt, ließ Max mich fast alle Reisen machen, mit Ausnahme derjenigen, die einen großen Zuschuß erforderten, weil man außerhalb von Paris übernachten mußte. Auch hier wurde auf Abstand zwischen Einheimischen und Amerikanern geachtet. Uns war der Aufenthalt nur in Touristenhotels gestattet, während die Amerikaner in jedem Luxushotel wohnen durften. Und Max mochte Luxus.

Nach drei Monaten verschaffte Max mir eine Gehaltserhöhung, und ich durfte den Zusatz »Gepäck- und Frachtabteilung« auf von mir unterschriebenen Dokumenten unter meinen Namen setzen. Ich empfand es als Beförderung und begann Max als Freund zu betrachten.

»Willst du mit mir am Sonntag nachmittag ins Claridge?« Ich war sprachlos.

»Ins Claridge? Auf den Champs-Élysées? Ich bin doch nicht Rothschild?!«

»Wenn du willst, kaufen wir uns nur ein paar Brötchen. Ich werde dir die Sache genau erklären. Es kostet gar nicht so viel, wie du glaubst.

Daß er sich dazu herabließ, mit mir auf einer Bank Brötchen zu essen, machte mich stutzig. Es stellte sich heraus, daß im Claridge jeden Sonntag um fünf Tanz war, zu dem Mädchen aus besseren Kreisen kamen. Meist in Begleitung ihrer Mütter oder Geschwister, jedoch zugänglich für gut gekleidete und anständig aussehende junge Männer. Ich sollte den Dolmetscher machen. Er sagte, manche Mädchen seien so reich, daß er für den Rest seines Lebens nicht mehr zu arbeiten bräuchte, wenn er eine kennenlernte.

»Wieviel kostet das Vergnügen?«

»Fünftausend. Und du bekommst Tee und Kuchen.«

»Fünftausend! Das ist unmöglich. Das kann ich mir nicht leisten. Ich habe auch nichts Richtiges zum Anziehen.«

»Hör auf. Wieviel Trinkgelder hast du im letzten Monat verdient?«

Ich mußte mit. Er hatte mir die Gehaltserhöhung verschafft und – wie sagte der Chauffeur –, er Boß.

Es war überhaupt kein Vergnügen. 5000 Franc waren ein Drittel meines Gehalts, und diese Summe für eine Tasse Tee mit Kuchen, und ein paar Tänze mit einem Mädchen zu verschwenden, das in Begleitung seiner Schwester und deren sechzigjähriger Tante erschien, war nichts für mich. Trotzdem spielte ich den Cousin des reichen amerikanischen Geschäftsmannes, der nach Paris gekommen war, um eine Filiale für seine Firma zu eröffnen.

Das Mädchen, mit dem ich tanzte, interessierte mich nicht, und ich trauerte dem hinausgeworfenen Geld nach. In meinem feldgrauen Anzug und der auffallenden amerikanischen Krawatte kam ich mir fehl am Platze vor, und ich wurde so verdrießlich, daß ich aufhörte zu tanzen und kein Wort mehr sprach. Nur wenn ich für Max übersetzen sollte, machte ich den Mund auf.

Die Mädchen wohnten in einer großen Villa bei Bordeaux, die tatsächlich wie ein Schloß aussah. Sie zeigten uns Fotos. In Paris seien sie nur während der Weihnachtsferien. Ob sie uns erlauben würden, sie zu besuchen, wenn wir nach Bordeaux kämen?

»Mit dem größten Vergnügen!« zwitscherte die Jüngere. Sie schrieb die Adresse auf eine Papierserviette und gab sie Max. Tante und Schwester schauten sie vorwurfsvoll an.

Daß er die nächste Reise nach Bordeaux selbst unternehmen würde, war mir klar; ich hoffte nur, daß er es nachher nicht mehr nötig haben würde, mich ins Claridge mitzuschleppen.

Wieder zu Hause, erfuhr ich aus dem Radio in der Loge der Hausmeisterin, daß die Angestellten der Pariser Verkehrsmittel ab Mitternacht streikten. Das hieß früh aufstehen und zu Fuß zur Arbeit gehen. Ich brauchte vier Stunden. Zum Glück regnete es nicht, nur der Himmel war bedeckt, und ein kalter Dezemberwind fegte die letzten welken Blätter vor sich her.

Im Wirrwarr der unbekannten Straßen nach Abkürzungen suchend, hatte ich keinen Blick für die Sehenswürdigkeiten.

»Sie haben es also geschafft«, empfing mich Dolores, zum ersten Mal mit einem Lächeln, das zwei Reihen kleiner Zähne entblößte. Max war noch nicht da. »Und was halten Sie von dem Streik?« fuhr sie fort. Ich war ganz überrascht von ihrer ungewohnten Freundlichkeit.

»Ein kommunistisches Komplott.«

»Ist es *das*, was Sie denken?!« Es klang wie eine Drohung.

»Wo ist Herr Gray?«

»Der kommt heute nicht. Es wird Ihnen nichts anderes übrigbleiben, als den ganzen Tag mit mir allein zu verbringen.« Die Aggression war verschwunden. Ihr Lächeln hatte etwas triumphierend Überlegenes, und als sie meine Verwirrung bemerkte, lachte sie verschmitzt und ließ keinen Zweifel daran, was sie mit ›den ganzen Tag‹ gemeint hatte. Ich wandte mich ab, vertiefte mich in meine Papiere, doch sie sagte: »Es ist kein kommunistisches Komplott. Die Leute verdienen einfach zu wenig. Ich dachte, daß gerade Sie, bei all dem, was Sie durchgemacht haben, mehr Verständnis für sie aufbringen würden.«

»Verständnis? Dafür, daß sie mich zwingen, vier Stunden zu Fuß zur Arbeit zu gehen? Und was hat das damit zu tun, was ich durchgemacht habe?«

»Ich dachte, daß du, nach allem, was du im Krieg erlitten hast, auch für die Leiden anderer was übrig hättest.« Plötzlich war sie mit mir per Du. »Warte nur. Bald werden auch wir streiken müssen.«

»Wer ist ›wir‹?«

»Die einheimischen Angestellten. Wir sehen nicht ein, warum die Amerikaner zehnmal soviel wie wir verdienen und in Luxushotels wohnen, während wir kaum genug zum Leben haben.«

»Dies ist eine jüdische Wohlfahrtsinstitution, nicht die Pariser Verkehrsgesellschaft. Und dazu noch eine aus den USA. Wer streikt, der fliegt raus.«

»Nicht, wenn wir organisiert sind.«

»Was meinst du damit?« Selten war mir das Du so schwer gefallen.

»Ich werde es dir erklären. Heute lassen sie uns früher nach Hause. Wir gehen etwas essen, und ich erkläre es dir ganz genau. Du hast doch nichts vor, oder?«

»Nein.«

Das mit dem ganzen Tag begann mich zu interessieren.

Wir spazierten am Triumphbogen vorbei Richtung Norden, um uns in einer billigeren Umgebung ein Restaurant zu suchen. Wir fanden ein kleines Bistro, und bei fast kalten Würstchen versuchte sie mich zu überzeugen, daß alles, was wir einheimischen Angestellten zu tun hätten, wäre der Gewerkschaft beizutreten. Dann könnten auch wir für höhere Löhne streiken wie alle anderen.

Draußen hakte sie sich bei mir ein und sagte: »So, jetzt gehen wir zu mir. Ich mache den Heizofen an, dann haben wir's gemütlich. Du hast doch keine Angst vor mir, oder? Obwohl du mich nicht gern hast.«

»Das stimmt nicht.« Aber sie hatte recht.

Wenigstens hatte sie keine Bilder. Ein gehäkelter Überwurf lag über der purpurroten Steppdecke auf dem Bett. Das Zimmer war viel kleiner als meines, und es gab nur einen Stuhl.

»Kaffee?«

»Danke.«

Sie setzte Wasser auf, nahm zwei kleine Gläser aus dem Schrank, füllte sie bis zum Rand mit Cognac und stellte sie auf den Stuhl. Wir setzten uns aufs Bett.

»Prost!«

Der Kessel zischte leise. Sie zog ein Formular aus ihrer Tasche und hielt es mir hin. Ein Aufnahmeantrag für die Gewerkschaft. Meine Personalien waren bereits eingetippt, und ich brauchte nur zu unterschreiben. Alle anderen hätten es bereits getan.

Ich stand wütend auf, die Gläser fielen um, und ich ging zur Tür.

»Warte! Komm, lauf nicht davon. Setz dich. Bitte.

Ich drehte mich um und sah sie an. Sie holte zwei Tassen, goß Kaffee ein und füllte die Cognacgläser nach. Dann schlug sie die Steppdecke samt Überwurf zurück und schüttelte die Kissen auf.

»Damit du nicht den ganzen Weg nach Hause laufen mußt und morgen wieder zurück.« Sie lächelte verschmitzt. Ich zog mich aus, und früh am anderen Morgen unterschrieb ich den Antrag.

50   Dovid Weiners Einikl

Paris war nur der Anfang. In ganz Frankreich brachen Streiks aus und lähmten Industrie und öffentlichen Dienst. Obwohl die einheimischen Angestellten der Gewerkschaft beigetreten waren, blieb der Joint unbehelligt. Trotz der Agitation von Dolores und einiger Aufwiegler. Wir fürchteten um unsere Jobs und arbeiteten weiter.

»Ich habe eine ganz besondere Aufgabe für dich«, teilte Max mir fröhlich mit. »Morgen früh fährst du nach Straßburg und holst vierzig Rabbiner samt Familien ab. Insgesamt 136 Personen. Hier ist die Liste. Du kommst mit ihnen nach Paris, bringst sie unter und fährst mit ihnen übermorgen nach Cannes. Sie wollen nach Brasilien. Das Schiff geht in drei Tagen.«

»Cannes? Ich dachte, das wäre dein Revier?«

»Ich kann diese Juden mit Bart und Kaftan nicht ertragen.«

Dolores blickte auf.

»Was mach' ich mit ihnen, wenn Streik ist?«

»Es wird keinen geben. Aber auf jeden Fall gebe ich dir genug Geld mit und mehrere Kartons Zigaretten. Sieh nur zu, daß du die Rabbiner vor Freitag abend dort hast. Sie reisen ja nicht am Schabbes, und das Schiff fährt Samstag abend. Ruf mich sofort an, wenn du angekommen bist.« Die verächtliche Betonung des

›Schabbes‹ störte mich, obwohl auch ich ihn nicht einhielt. Was Dolores wohl dachte?

Alles verlief wie gewöhnlich. Es waren zwar mehr Kinder dabei als sonst, aber sie waren gut behütet und bereiteten mir keine Schwierigkeiten. Überhaupt war es mit diesen Leuten leichter, denn sie folgten ihrem Oberrabbiner, der meine Instruktionen weitergab.

Sie verbrachten die Nacht in Paris, und wir trafen uns nächsten Abend am Gare de Lyon. Rabbi Weiß begrüßte mich herzlich und fragte mich, ob ich sicher sei, daß wir vor Schabbes ankämen.

»Aber selbstverständlich. Heute ist Mittwoch, und morgen früh sind wir in Marseille. Von dort sind es nur noch vier Stunden bis Cannes.«

»Im jirtze Haschem.« So Gott will.

Nachdem der Zug den Bahnhof verlassen hatte, versammelten sich sofort alle im Gang zum Beten. Der Schaffner mußte warten. Ich machte es mir inzwischen in dem für mich und den Oberrabbiner reservierten Abteil bequem.

»Beten Sie nicht?« fragte Rabbi Weiß, als er hereinkam. Er legte seinen breitkrempigen schwarzen Hut ab, rückte sein Käppchen sorgfältig zurecht, setzte sich und sah mich an. Sein weißer Bart verdeckte fast sein ganzes Gesicht, und die Schläfenlocken reichten ihm bis zu den Schultern. Wie hatte er überlebt? Wo war er während des Krieges gewesen?

Draußen flitzten die Telegraphenstangen vorbei, die Drähte schwangen rhythmisch auf und ab. Er wartete noch immer auf meine Antwort, aber ich brachte kein Wort heraus.

Sein kleiner Sohn rettete mich. Er war seiner Mutter davongelaufen und kletterte nun auf die Knie des Vaters. Gleich danach kamen ein Mädchen und noch ein Junge. Alle drei versuchten ihren Vater wie einen Berg zu besteigen. Sie kreischten und lachten wild. »Raus!« schrie ich sie an. Sie zerstieben wie Tauben und liefen zu ihrer Mutter zurück. Der Rabbiner sah mich vorwurfsvoll an, aber ich kümmerte mich nicht darum. Schließlich hatte er darauf bestanden, daß Frauen und Kinder streng getrennt zu reisen hätten.

Ich sagte gute Nacht, schaltete das Licht aus und legte mich hin. Jedesmal, wenn der Zug langsamer fuhr oder stehenblieb, wachte ich auf. Der Rabbi hatte seinen Hut auf dem Gesicht und schnarchte. Das Abteil war beheizt, und ich fühlte mich wohl.

Plötzlich war mir kalt, und ich wurde wach. Der Zug stand still. Draußen war es hell. Riesiger Lärm. Rufe. Jiddisch. Französisch. Leute liefen herum, ich schaute durchs Fenster. MIRAMAS. Ein kleines Stationsgebäude, sonst nichts. Ich nahm die Karte. Wir waren siebzig Kilometer vor Marseille. Ich stieg aus. Alle waren draußen, außer meiner Gruppe. Die Lokomotive war verschwunden, die Waggons standen verwaist auf den Schienen. Der Schaffner war nicht zu sehen, und die Leute standen hilflos mit ihrem Gepäck herum. Streik.

Ich informierte Rabbi Weiß und bat ihn, mit seinen Leuten im Zug zu bleiben, bis ich ein Telefon ausfindig gemacht hätte. »Sie hätten beten sollen.« Vielleicht.

Die Station war geschlossen. Ich ging die Post suchen. Nur ein Telefon und eine Schlange von dreißig Leuten. Gegenüber – eine Tankstelle. Geschlossen. Ich klopfte an die Tür nebenan.

»Kein Benzin!«

»Ich brauche kein Benzin. Ich möchte ein Auto mieten. Nach Cannes.«

Der Mann öffnete.

»Wann denn?«

»Sofort.« Ich bot ihm eine Chesterfield an.

»Kommen Sie herein. Was zahlen Sie?«

»Was verlangen Sie?«

»Fünfundzwanzigtausend.«

»Ich habe nur fünfzehn.«

»Geben Sie mir zwanzig.«

»In Ordnung.«

Er holte einen kleinen Lieferwagen, und wir fuhren zur Station zurück. Ich sagte dem Rabbiner, daß ich nach Cannes führe, um Autos zu holen. Nachmittags sei ich wieder zurück.

»Im jirtze Haschem.«

»Wer sind diese Leute?« fragte mich der Chauffeur, als wir auf der Landstraße waren.

»Flüchtlinge.«

»Was für Flüchtlinge? Ich habe noch nie solche Menschen gesehen.«

»Was für Menschen?«

»Ich meine – alle mit Bärten und in Schwarz. Sind sie in Trauer?«

»Es sind orthodoxe Juden.«

»Und Sie?«

»Ich auch.«

»Aber nicht orthodox.«

»Stimmt.«

»Warum?« Das war komplizierter als die Frage des Rabbiners, warum ich nicht betete.

»Sind *Sie* religiös?« fragte ich.

»Selbstverständlich. Ich gehe in die Kirche, zur Beichte ...«

»Viel zu beichten?« fragte ich scherzhaft.

Er lachte, und das Verhör war überstanden.

Wir sprachen über den Streik, über Frauen, und als wir Cannes erreichten, waren wir per Du. Wir verabschiedeten uns bei der Schiffsagentur.

Ich bat den Agenten, zwei Autobusse zu mieten und telefonierte mit Max. Er bestätigte ihm die Bezahlung und bewog ihn, mir 50 000 Franc vorzuschießen. Eine Stunde später befand ich mich auf dem Rückweg nach Miramas. Obwohl ich ganz vorn im ersten Bus saß, sprach ich nicht mit dem Fahrer. Damit wir vor Einbruch der Nacht ankämen, hatte ich ihm einen Karton Zigaretten gegeben, und er fuhr so schnell er konnte. Ich fürchtete, er würde später, mit den Leuten im Bus, genauso rasen, aber bis er das Gepäck auf den Dächern verstaut und festgemacht hatte, war es dunkel geworden, und wir fuhren langsam und vorsichtig durch die Nacht. Um ein Uhr früh waren alle in Cannes im Hotel; nur für mich gab es kein Zimmer mehr. Da ich noch nie außerhalb von Paris übernachtet hatte, hatte ich vergessen, auch für mich zu reservieren. Weder Geld noch Zigaretten halfen. Alles war belegt. Auch in den anderen Hotels. Wegen des Streiks fuhr niemand ab, und alle Zimmer blieben besetzt. Ich rief Max an, um ihm zu melden, daß wir gut in Cannes angekommen seien. Er sagte, ich solle es im Majestic versuchen. Da sei immer etwas frei. Der Joint habe dort ein Konto, und ich bräuchte nichts zu zahlen. »Aber bestell ja nichts zum Essen! Nur das Zimmer.« – »Yes, Sir.«

Ich hatte keine Ahnung, daß das Majestic so etwas war wie das Claridge. Es wurde mir erst bewußt, als ich die weiten Treppen hinaufging und über die glänzenden Marmorfliesen zum Empfang schritt.

Das Zimmer war doppelt so groß wie die ganze Wohnung meiner Tante. Drei Türen mußte ich öffnen, bevor ich das Badezimmer fand. Die Handtücher waren so groß, daß man sich darin einwickeln konnte. Alles duftete nach Rosen. Im Bett war Platz für vier. Ich wollte das Radio einschalten, aber ich war so müde, daß ich angezogen, mit Schuhen, auf dem Bauch liegend, in der samtweichen blauen Seide des Bettes versank.

Ich erwachte um die Mittagszeit. Die schweren Vorhänge hatten das Tageslicht nicht eingelassen, und nun mußte ich mich beeilen, um dem Rabbi die letzten Anweisungen für die Einschiffung zu geben.

Die Palmen auf der Promenade erinnerten mich an Ansichtskarten aus Palästina, aber der Himmel war bedeckt, und das Meer lag grau unter den vorüberziehenden Wolken. Ich fürchtete, es würde regnen, und begann zu laufen.

Im Hotel saßen alle bei Tisch.

Rabbi Weiß stand auf und bat mich, neben ihm Platz zu nehmen.

»Haben Sie schon gegessen?« Ohne meine Antwort abzuwarten, hielt er mir eine offene Büchse Corned beef hin, wischte seine Gabel ab und reichte sie mir.

»Danke, nein.«

»Vielleicht ein Glas Tee. Jitzchok! Geh, bring ein Glas Tee.« Der Mann neben ihm stand auf. »Ja, Rabbi.« Er nahm seine Tasse und ging mit ihr in die Küche. Nach zwei Minuten war er wieder da.

Ich wollte die Tasse gerade ansetzen, als mich Rabbi Weiß zurückhielt: »Machst du nicht die Broche?«

Verwirrt setzte ich die Tasse ab und sagte: »Ich habe sie vergessen.«

Er sagte mir die Worte vor, und ich wiederholte sie. Die anderen hörten aufmerksam zu und sagten Amen.

»Wie war Ihr Name noch einmal?«

»Ernest Haber.«

»Was ist das für ein Name, Ernest? Haben Sie keinen jüdischen Vornamen?«

»David.«

»Dovid!« rief er begeistert auf jiddisch. »Nach wessen Vater?«

»Nach dem meiner Mutter.«

»Und wie hieß er mit Familiennamen?«

»Weiner.«

»Weiner. Weiner«, murmelte er und versuchte, sich an etwas zu erinnern. »Von wo?«

»Wischnitz.«

»Wischnitz! Jitzchok! Jankl! Wißt ihr, wer das ist? Das ist Reb' Dovid Weiners Einikl.«

Alle kamen und schüttelten mir die Hand.

Meine Mutter hatte mir erzählt, daß ihr Vater sehr wohltätig und gelehrt gewesen sei. Aber sie hatte nie erwähnt, daß er auch berühmt gewesen war. Ich war überrascht, als der Rabbiner mir sagte, mein Großvater sei ein großer Zaddik gewesen, ein Gerechter.

Sie ließen mich nicht fort. Ich mußte alles erzählen. Wo ich während des Krieges gewesen war, was mit meinen Eltern geschehen war. Erst als ich versprach, am Abend zum Kiddusch wiederzukommen, ließen sie mich gehen. Rabbi Weiß begleitete mich zur Tür, und bevor wir uns verabschiedeten, sagte ich ihm noch ganz schnell, daß alle Leute am nächsten Tag um Punkt drei Uhr nachmittags am Eingang des Hotels sein müßten. Ich würde sie dort abholen und zum Schiff begleiten. Alle Koffer müßten sofort vor die Zimmer gestellt werden, damit sie noch vor Sonnenuntergang abgeholt werden könnten und nicht am Schabbes getragen werden mußten. Zwei Stunden später war das Gepäck am Hafen.

Der Kiddusch, der zeremonielle Segen über Wein und Brot, war eine große Angelegenheit. Die Frauen hatten die Erlaubnis erwirkt, in der Hotelküche ihre eigenen Challes, zu Zöpfen geflochtene Weißbrote, zu backen. Den Wein hatte der Rabbiner mitgebracht, das Essen kam aus aufgewärmten Konserven, und jeder benutzte sein eigenes Besteck. Jitzchok borgte mir Messer und Gabel. Er saß links und ich rechts vom Rabbiner. Alles lief streng nach der Tradition ab. Jede Frau hatte zwei Kerzen gezündet, und die vielen Lichter, die Gesänge, die vielen sauber gekleideten Kinder schafften eine frohe, feierliche Stimmung. Ich sang mit, las die Segenssprüche aus Rabbi Weiß' Gebetbuch und kehrte betrübt in das fremde Majestic zurück.

Am Samstag vormittag spazierte ich am Straßenrand entlang, und nachmittags ging ich meine Passagiere abholen. Um Punkt drei war ich im Hotel. Niemand war da. Der Speisesaal war leer. Ich klingelte den Portier aus dem Nachmittagsschlaf, er wußte nicht, wo sie waren. Vielleicht noch auf ihren Zimmern.

»Auf ihren Zimmern!«

Ich rannte die Treppe hoch in den ersten Stock und polterte an eine Tür.

»Wer ist da?«

»Los, aufmachen!« Ein Mann in Unterhose öffnete.

»Wo ist der Rabbi?«

»Warum schreien Sie so? Er ist auf seinem Zimmer. Da drüben.« Er zeigte auf die Tür.

Wütend klopfte ich an. Der Rabbi öffnete. Im Pyjama.

»Bitte?«

»Was heißt ›bitte‹? Habe ich Ihnen nicht gesagt, daß Sie um Punkt drei fix und fertig unten sein sollten?!«

»Aber wir fahren doch nicht, bevor es dunkel ist. Wozu die Eile?«

»Jetzt passen Sie gut auf. Wenn Sie nicht in zehn Minuten mit allen Leuten unten sind, hole ich die Polizei. Die Zimmer sind nur bis Mittag bezahlt, und wenn die Polizei erfährt, daß ihr hier wohnt, ohne zu zahlen, wirft sie euch mit Gewalt hinaus. Also.

225

Holen Sie sofort alle heraus. Los!« Ich rannte durch sämtliche Gänge der vier Stockwerke und schlug mit der Faust an die Türen: »Los! Raus! Alles raus!« brüllte ich. Um vier hatte ich sie am Kai. Ich zählte noch einmal nach und hieß sie, sich an Bord zu begeben. Sie weigerten sich.

»Aber der Dampfer *fährt* doch nicht vor Schabbesausgang«, versuchte ich sie zu überreden. »Ich will doch nur, daß ihr bequem an Bord seid, und nicht auf dem Boden herumsitzen müßt. Bis sie eure Fahrkarten kontrolliert haben, ist es sowieso dunkel.«

»Woher wissen wir, daß das Schiff nicht *vor* Schabbesausgang abfährt?«

»Ich verspreche es euch.«

»Wir glauben dir nicht. Du bist ein Jekke.« Er meinte nicht, daß ich dumm sei: Er hielt mich für grausam, wie ein Deutscher. ›Dovid Weiners Einikl‹ war nicht mehr zu trauen.

Mir war klar, daß nichts sie bewegen würde. Ich könnte sagen, was ich wollte; und wenn ich sie nicht vor Sonnenuntergang an Bord hätte, würde das Schiff ohne sie abfahren.

Ich suchte den Kapitän auf. Er öffnete eine Flasche Bier, und wir besprachen die Einschiffung. Er war überrascht, daß ich die Leute trotz des Streiks rechtzeitig nach Cannes gebracht hatte. Aber als ich ihm ihre Weigerung, an Bord zu kommen, auseinandersetzte, war er sprachlos.

»Auch ein Streik, was?« Seiner Aussprache nach war er Skandinavier. Ich schöpfte Mut und fragte: »Sind Sie religiös?«

»Ja, aber …«

»Darf ich Ihnen etwas vorschlagen? Wenn Sie mir versprechen, daß Sie nicht die Anker lichten, bevor drei Sterne am Himmel stehen, glaube ich, daß es mir gelingen wird, sie sofort an Bord zu bekommen.«

»Meinen Sie? Mit den Zollformalitäten, dem Aufladen des Gepäcks und so weiter haben wir nicht mehr viel Zeit.«

»*Mit Gottes Hilfe* bekomme ich sie rechtzeitig an Bord.« Er lachte. »Sie haben mein Wort.« Er gab mir die Hand, und ich rannte das Fallreep hinunter.

Ich ging direkt zum Zoll. Der Beamte schaute mich argwöhnisch an, als ich ihm den Karton Zigaretten auf den Tisch legte. »Das ist ein Geschenk. Hat nichts mit der Zollabfertigung zu tun. Das einzige, worum ich Sie bitte, ist, die Leute an Bord zu bringen.« »Aber gern, Monsieur.«

Er rief einen Kollegen, und zusammen scheuchten die beiden die Leute wie Gänse das Fallreep hinauf. »Allez hop, allez hop.« Unterdessen gelang es mir, mit zwei zusätzlichen Kartons Zigaretten, das Gepäck ungeöffnet durch den Zoll zu bringen.

Nachdem ich dem Rabbiner geschworen hatte, daß das Schiff nicht ablegen werde, bevor drei Sterne am Himmel stünden, mußte auch ich mit an Bord. Ich war seine einzige Garantie, seine Geisel, daß der Goi sein Wort hielte.

Wir saßen alle im Speisesaal dritter Klasse und warteten. Schließlich erschien ein Offizier und meldete: »Die drei Sterne sind da. Wir legen in zehn Minuten ab.« Wie zur Bekräftigung begannen die Kolben der Maschinen dumpf zu stampfen.

Ich schämte mich, wie ich die Leute aus den Zimmern gejagt hatte und sie dann von den Gojim auf das Schiff hatte treiben lassen. Ich wollte mich unbemerkt davonmachen, doch an der Tür versperrten sie mir den Weg. Rabbi Weiß rief mich zurück.

»Reb Dovid. Warten Sie. Wir wollen Ihnen alle danken. Gott soll Sie segnen.«

»Amen«, erschallte es im Chor.

Er gab mir die Hand, und sie ließen mich durch. Ich bedankte mich beim Kapitän, und als ich die Brücke verließ, standen alle an der Reling und winkten mir zu. Als ich an ihnen vorbeiging, gaben sie mir Geld. Francs, Dollar, Pfunde, meine Taschen waren gefüllt.

Nur ich war leer.

51 Suzanne

Im Hotel lag ein Telegramm für mich:

KEHRE SOFORT PER MAJESTICAUTO ZURÜCK
GRAY

Das Hotel hatte für drei Geschäftsleute ein Taxi gemietet. Ich war der vierte, und wir teilten uns den Fahrpreis. Ich wollte etwas essen, aber die Leute hatten es eilig, und ich stieg ein. Das Hotel hatte uns mit Bier und Brötchen versorgt und es hatte keinen Sinn, Zeit zu verlieren.

Nachdem ich zwei Roastbeefbrötchen mit Bier heruntergespült hatte, lehnte ich mich zurück und schlief ein. Frühstück und Mittagessen am nächsten Tag nahmen wir in Gasthäusern ein. Es regnete unaufhörlich, und ich schlief weiter bis Paris.

Madame Morel, die Hausmeisterin, lud mich auf ein Glas Wein ein, als ich an ihrer Loge vorbeikam. Aus irgendeinem Grund hatte sie mich ins Herz geschlossen. Vielleicht wegen der gelegentlichen Zigaretten-Geschenke. Oder, weil ich mich immer entschuldigte, wenn der Chauffeur sie früh aus dem Bett holte, oder ich spät nach Mitternacht läutete. Sie stellte mich ihrem Mann vor. Wir unterhielten uns über den Streik und kamen dann auf den Krieg zu sprechen.

Madame Morel wischte sich eine Träne ab. Ihr einziger Sohn sei eines Tages von den Deutschen verhaftet worden, und sie habe ihn nie wiedergesehen. Er sei damals sechzehn gewesen. Und ich? Ob ich Geschwister hätte? Ob meine Eltern noch lebten? Nachdem ich den beiden einiges erzählt hatte, schüttelte Madame Morel den Kopf und seufzte.

Wenn ich nicht zu den Morels ging, besuchte ich Dolores oder Solange. Zu meinen Verwandten ging ich nicht mehr. Zwar hätte ich mich gern mit meinem Onkel unterhalten, aber die Ausfragerei meiner Tante ging mir gegen den Strich.

Durch meine Arbeit beim Joint war ich regelrechter Zollagent geworden, und ich überlegte, in das Zollabfertigungsbüro eines Mannes, den ich kennengelernt hatte, als Partner einzusteigen.

Was mich besonders verlockte, war, daß wir einen Lieferwagen brauchen würden. Seine Beschaffung würde meinen Anteil am Geschäft bilden. Durch Paris im eigenen Wagen – der Traum war nicht mehr allzu weit weg. Auch wenn es nur im Lieferwagen wäre.

Als ich Herrn Morel davon erzählte, war er begeistert. Er bot mir sogar an, für meine Wechsel zu bürgen und mir gute Zahlungsbedingungen bei seinem Autohändler zu verschaffen.

Aber da war noch der Joint. Sollte ich einen guten Job aufgeben für ein Geschäft, dessen Erfolg keineswegs sicher war? Andererseits, wie lange würde es noch dauern, bis alle Flüchtlinge fort wären und ich meinen Job sowieso verlieren würde?

Im Archiv arbeitete ein junges Mädchen, das meinem TWA-Fräulein sehr ähnlich sah. Ich ging oft hin, »um Unterlagen zu suchen«. Einmal bemerkte ich auf dem Weg zu ihr am Empfang einen Mann, der mir bekannt vorkam. Es war der Lagerschreiber! Ich rief die Polizei. Ich hatte einen Kollaborateur erwischt.

Die Polizei kam mit heulender Sirene, ich zeigte auf den Mann und erklärte, daß ihm die Verwaltung des Arbeitslagers Eins bei Dachau unterstanden hätte. Der Lagerkommandant war sein direkter Vorgesetzter gewesen, und er hatte unter anderem die Vernichtungslisten der Arbeitsunfähigen zusammengestellt.

Obwohl er und seine Frau schreiend alles bestritten, glaubte die Polizei meiner Version, der mein Verfolgtenausweis zusätzliche Glaubwürdigkeit verlieh.

Der Joint war in Aufruhr. Max erschien. Dann klapperte Frau Frankfurt auf hohen Stöckelschuhen und mit klirrendem Schmuck die Freitreppe herunter.

»Was ist passiert? Wer hat die Polizei geholt? Wo sind sie?«

»Ich war's.«

»Sofort in mein Büro. Sie auch, Herr Gray. Alle anderen zurück an die Arbeit.«

Ich fürchtete, sie würde mich auf der Stelle entlassen, aber sie hielt mir nur vor, daß ich die Polizei ohne ihre Erlaubnis gerufen hätte. Sie warnte Max, wenn so etwas noch einmal vorkäme, könne er sich einen anderen Angestellten suchen. Einstweilen solle er sich um die Freilassung unseres Kunden kümmern. Zwei Tage später war der Lagerschreiber wieder auf freiem Fuß und holte sich seine Fahrkarten nach Argentinien ab.

Der Zwischenfall hatte Folgen. Max meinte, ich hätte sein Vertrauen mißbraucht, und ließ es mich spüren. Er unternahm nun fast alle Reisen selbst und überließ mir die ganze Schreibarbeit. Inzwischen hatten die Vereinten Nationen die Errichtung eines jüdischen Staates in Palästina beschlossen, woraufhin die Araber im ganzen Land beinahe täglich Terrorakte verübten.

Anfangs kümmerte die Sache mich nicht, doch als die Spannung stieg, und sich der 15. Mai, der Termin, an dem das britische Mandat über Palästina ablief, näherte, fühlten sich sogar die Leute beim Joint von den Ereignissen betroffen. Heiße Diskussionen für und wider die Ausrufung der Unabhängigkeit entbrannten bei jeder Gelegenheit, nicht nur in der Mittagspause. Die Leute ereiferten sich, und unwillkürlich verfiel ich in meine alten Phrasen vom Betar. Ich glaubte mich entscheiden zu müssen, ob ich nach Palästina gehen sollte, um gegen die Araber zu kämpfen, oder, wie die Zionisten warnten, »unter den Gojim bleiben und auf einen neuen Hitler warten, in Europa und auch in Amerika«.

Von meiner eigenen Rhetorik mitgerissen, wurde ich im Joint für den Zionismus das, was Dolores für die Gewerkschaft war.

Diesmal war es Max, der es auf sich nahm, mich zurechtzuweisen. Doch hinter seinem Vorwurf, daß ich nicht nur meine eigene Arbeit vernachlässige, sondern auch die anderen störe, verbarg sich seine absolute Ablehnung des Zionismus. Der einzige Weg, einem neuen Hitler vorzubeugen, sei, sich in den Gastländern zu assimilieren. Als ich ihm entgegnete, Hitler habe die deutschen Juden umgebracht, obwohl viele von ihnen deutscher als manche Deutsche gewesen seien, erwiderte er, die Deutschen seien anders als andere Völker. In Amerika hätte so etwas nie passieren können. »Aber wenn du schon so ein begeisterter Zionist bist, warum gehst du nicht selber nach Palästina, statt die anderen aufzuhetzen?« Vielleicht hatte er recht.

Der Gedanke begann mich zu beschäftigen, und langsam versank ich wieder in meine alte Depression. Ich fühlte mich als Verräter.

Es gab niemanden, mit dem ich darüber sprechen konnte. Michael war wieder in Palästina; Dolores wollte nach Kuba; mein Freund, der Zollagent, hätte mich für verrückt gehalten und die Morels erst recht.

Wieder begann ich ziellos über die Boulevards zu streifen, ohne zu einem Entschluß zu kommen. Bis ich an einem Freitagabend Lucienne begegnete.

»David! Wie geht's? Wir haben dich schon eine Ewigkeit nicht gesehen. Ich gehe gerade zum Betar. Komm mit. Alle werden sich freuen.« Sie hängte sich ein, und um sie nicht wieder zu beleidigen, ging ich mit.

Der Keller war frisch getüncht, und ein neuer Kommandant war aus Polen gekommen. Es gab kein Exerzieren mehr, statt dessen wurde zu Musik aus einem Grammophon getanzt. Niemand rief ›Achtung!‹. Der Betar war ein Jugendverein wie alle anderen geworden. Als ich den neuen ›Kommandanten‹ fragte, warum, sagte er, daß es so leichter sei, neue Mitglieder zu werben. Wer zum Irgun herangezogen würde, erhielte dann dort die nötige militärische Ausbildung.

Ein Mädchen zog meine Aufmerksamkeit auf sich. Sie war blond, blauäugig und hatte kurzes, lockiges Haar; ein schlanker Hals ruhte auf entblößten weißen Schultern über einer schwarzen Samtbluse. Ich fragte Lucienne, wer das Mädchen sei, und sie stellte sie mir vor: »Suzanne.«

Ihre Augen blickten spöttisch überlegen, doch ihre Stimme war wie Glockenklang. Ich begleitete sie nach Hause. Unterwegs begann sie mich auszufragen. Warum ich nicht mehr zum Betar käme; ob ich nicht auch der Meinung sei, daß Palästina das einzige Land war, wo Juden unbehelligt leben konnten; warum ich mich nicht zum Irgun meldete, jetzt, wo es auf jeden Mann ankäme. Ich wich den Fragen aus, so gut ich konnte.

Was mich interessierte war, wieso ein jüdisches Mädchen so blond und blauäugig sein konnte. Wer nicht dunkeläugig und schwarzhaarig wie ich selber war, erschien mir verdächtig. Und jedesmal, wenn so ein jüdisches Wunder wie Suzanne vor mir auftauchte, wurde ich stutzig. Doch nach dem, was sie mir über ihre Eltern erzählte, war sie koscher. Am Sonntag ging sie mit mir ins Kino. Aber nur unter der Bedingung, daß ich am Freitag wieder zum Betar käme.

Zuerst lachte ich über ihre zionistische Begeisterung. Fast wörtlich sagte sie die Parolen auf, die ich selbst dauernd wiederholt hatte. Aber ihr naiver Glaube brachte mir etwas von meinem eigenen zurück, der nur mehr aus einer Reihe von Schlagworten bestand, gut für den Gebrauch in Diskussionen, aber ansonsten nicht ernst zu nehmen.

Anfang Mai 1948 begannen die Araber, denen die Engländer vor ihrem bevorstehenden Abzug militärische Stützpunkte und Waffen überlassen hatten, jüdische Siedlungen im ganzen Land zu überfallen. Die Empörung in Europa und Amerika steigerte sich, und das Gefühl, daß man hinmüsse, um zu helfen, wirkte ansteckend.

Suzanne hatte für nichts anderes mehr Sinn. Irgendwann fragte sie dann: »Wenn ich nach Palästina ginge, würdest du mit mir kommen?« Ich hatte sie gerade geküßt, und die Frage traf mich unvorbereitet.

»Soll das ein Witz sein?«

»Nein, ganz und gar nicht.« Ihr Lächeln erlosch, ihre ohnehin schmalen Lippen verengten sich zu einem Strich, sie schaute mir eindringlich in die Augen und wartete auf eine Antwort. Ich hielt sie noch in den Armen, ließ jedoch jetzt ab von ihr.

»Ich werde darüber nachdenken.«

»Dann bis Freitag.«

»Und was machen wir am Sonntag – übermorgen?«

»Da kannst du nachdenken.«

52 QUID PRO QUO

Ich verbrachte den Sonntag nicht mit Nachdenken. Statt dessen ging ich mit Dolores an der Seine spazieren.

Sie bemerkte meine Verstörtheit und fragte, was ich hätte. Ohne Suzanne zu erwähnen, sagte ich, daß ich mich wie ein Verräter fühlte, weil ich nicht nach Palästina ginge.

»Verräter oder nicht, aber du wirst das Gefühl nie loswerden, wenn du hierbleibst.«

»Aber warum sollte ich mein Leben riskieren für etwas, woran ich nicht richtig glaube?«

»Wenn du nicht daran glaubtest, würdest du nicht fragen.«

Ich wünschte, ich fühlte für sie dasselbe wie für Suzanne, aber ich konnte nur ihre Einsicht bewundern. Wir tranken Kaffee am Boulevard Saint Germain, gingen über die Brücke zu den Tuilerien und dann zu ihr ins Hotel. Am nächsten Morgen saßen wir einander wieder wie Fremde gegenüber.

»Na, wann geht's nach Palästina?« spottete Max.

»Und wann heiraten Sie die aus Bordeaux?« gab ich zurück.

»Früher, als Sie glauben.« Ich war vollkommen überrascht und sogar etwas neidisch. Dolores lächelte, und wir machten uns wieder an die Papiere.

Der Freitagabend brachte keine Erleichterung. Nachdem ich mich zu nichts entschlossen hatte, ging ich nicht zum Betar. Die Zeit drängte jedoch. Nicht nur, daß ich Suzanne nicht verlieren wollte, aber es waren nur noch zwei Wochen bis zum 15. Mai, und wenn ich wirklich gehen wollte, durfte ich es nicht aufschieben.

Am folgenden Freitag ging ich wieder hin. Suzanne küßte mich in Anwesenheit aller. Es wurde nicht getanzt. Man mußte die Festlichkeiten anläßlich des Abzugs der Engländer planen. Aber es gab noch etwas Wichtigeres, eine geheime Mitteilung. Der Irgun habe ein Schiff erworben, die Franzosen hätten uns Waffen geliefert, und ›wir‹ würden auf unserem eigenen Schiff nach Palästina fahren. Nur Mitglieder des Irgun und einige besonders zuverlässige Leute dürften mit.

Mir gefiel das nicht. Die jüdischen Behörden würden in einigen Tagen den Staat Israel ausrufen, seine Unabhängigkeit erklären und alle wehrtüchtigen Einwohner mobilisieren. Mit einer Privatarmee dorthin zu kommen, erschien mir als unsinnig. Es widersprach zudem meiner politischen Anschauung. Jahrelang hatten wir gepredigt, daß der Irgun nur die Errichtung des Staates anstrebe und nach dessen Gründung die Waffen niederlegen würde.

Auf dem Heimweg besprachen wir die Sache, und zum Schluß sagte ich zu Suzanne, daß ich bereit sei, mit ihr nach Palästina zu gehen, aber nicht mit dem Irgun. »Wenn du willst, können wir uns bei der Sochnut als Freiwillige melden, und die bringen uns dann hin.« Ich hoffte, daß dies zu einer Diskussion führen und die ganze Idee zu Fall bringen würde. Aber Suzanne umschlang mich und sagte: »Ich wußte, daß du mich liebst.«

Die ›Siegesfeier‹ fand in einem eleganten Lokal in der Nähe des Place Vendôme statt. Die Engländer hatten Palästina verlassen, und der Staat Israel war proklamiert worden. Der Champagner floß, und die Kapelle spielte »Hava Nagila« (»Laßt uns fröhlich sein«).

Reden, Trinksprüche, Tanz, bis wir zur letzten Metro mußten. Suzanne war so glücklich, daß ich nicht wagte, ihr zu sagen, wie sehr mir die ganze Sache gegen den Strich ging. Hätte sie mich gefragt, warum, hätte ich die Tatsache, daß ich einfach Angst hatte, nicht verbergen können. Als wir uns jedoch zum Abschied umarmten, versprach ich, mich am nächsten Morgen mit ihr bei der Sochnut zu treffen. Ich bereute es die ganze Nacht, ging aber trotzdem hin. Man registrierte uns und versprach, daß uns das Abfahrtsdatum in einigen Tagen schriftlich mitgeteilt würde.

Als ich es Max erzählte, war er so überrascht, daß er nicht einmal meine Verspätung beanstandete. Dolores sagte: »Ach, dort sind Sie gewesen!«, als ob mich in meiner Abwesenheit jemand gesucht hätte. Ihr Lächeln jedoch sagte: »Es freut mich, daß du meinem Rat gefolgt bist.«

Daß ich mich freiwillig gemeldet hatte, verbreitete sich schnell. Aus allen Abteilungen kamen Kollegen und beglückwünschten mich. Sogar das Mädchen aus dem Archiv. Sie mußte nach Amerika. Wegen ihrer Mutter. Aber sie war froh, daß ich nach Palästina, ins neue Israel, ging.

Max erschien nicht zur Abschiedsfeier. Er war in Bordeaux. Aber alle anderen, sogar Frau Frankfurt, waren da. »Es lebe der Held!« stand auf einem Plakat, das von allen unterschrieben war. Wenn sie gewußt hätten …

Ich ging zu meinen Verwandten. Nur ein einziges Mal war ich kurz nach meiner Rückkehr aus Belgien bei ihnen gewesen. Da der Besuch jedoch in ein Verhör ausgeartet war, hatte ich mich nicht mehr sehen lassen. Mein Onkel war nicht da, aber meine Tante empfing mich in ihrem neuen Geschäft. Mein Verlies war in ein elegantes Atelier verwandelt, das sie sich mit ihrer Assistentin, eine Wiener Emigrantin, teilte. Die Assistentin begrüßte mich wie einen lang ersehnten Bruder: »Madame Berger hat mir viel über Sie erzählt«, zirpte sie wienerisch. Ihr Überschwang galt eher ihrer Arbeitgeberin als mir. Aber es störte mich nicht.

Meine Tante bot mir keinen Platz an. Sie schaute nur fragend von ihrem Entwurf auf: »Na, was ist denn jetzt wieder los?« und wartete, daß ich meinem ›Bonjour‹ etwas hinzufügte.

»Bitte setzen Sie sich doch«, fing die Gehilfin wieder an.

»Nein, danke. Ich hab's eilig.«

»Warum? Wohin gehst du?« fragte meine Tante. Die Neugierde hatte ihre Zurückhaltung besiegt.

Ich hoffe, daß sie vielleicht versuchen würde, mich davon abzuhalten, also fragte ich: »Was würdest du sagen, wenn ich nach Palästina ginge?«

»Ich würde sagen, daß du ein Mann von Charakter bist.« Sie war froh, mich loszuwerden.

»Dann auf Wiedersehen. Ich fahre heute abend. Schönen Gruß an Onkel Gustav.« Das war alles. »Alles Gute!« rief mir die Assistentin noch nach, als ich schon draußen war.

Mit Madame Morel war es schwerer. Sie redete mir nicht zu, sondern betupfte sich statt dessen die Augen mit dem Taschentuch. Mitleid. Aber das brauchte ich nicht.

Ich ging in mein Zimmer, klappte die TWA-Stewardeß zusammen und stopfte sie in den Papierkorb. Meinen kleinen Napoleon schenkte ich Frau Morel. Den übrigen Kram hatte ich auf dem Flohmarkt verkauft, um nicht viel tragen zu müssen. Meinen Koffer hatte ich gegen einen Rucksack eingetauscht. Ich nahm nur das Allernotwendigste mit.

Eine Stunde vor Abfahrt war ich am Bahnhof. Weitere Freiwillige und Flüchtlingsfamilien warteten bereits auf dem Bahnsteig. Ich hatte die Joint-Abzeichen von meinen Ärmeln abgetrennt, und obwohl ich mein Schiffchen nicht trug, kam ich mir stramm vor in meiner militärischen Aufmachung. Ich hielt mich fern von den anderen, stolzierte auf und ab und wartete auf Suzanne.

Der Zug fuhr ein, der Begleiter von der Sochnut befahl uns, einzusteigen, ich setzte mich in eine Ecke und belegte einen Platz mit meinem Rucksack. Wir hatten noch zehn Minuten Zeit.

Ich zog das Fenster herunter, lehnte mich hinaus – kein Mensch. Ein paar späte Passagiere.

Plötzlich erschien Lucienne. Sie rannte den Zug entlang, bis sie mich winken sah. Sie reichte mir ein Kuvert hinauf. »Suzanne … alles Gute …« – den Rest übertönte die Lautsprecheransage, die die Abfahrt des Zuges ankündigte.

Wir kamen ins Rollen, und ich öffnete den Brief.

»Cher David.

Es tut mir schrecklich leid. Ich liebe dich und will mit dir zusammen sein. Aber als mein Vater die Abfahrtsbenachrichtigung von der Sochnut sah, sperrte er mich einfach ein. Es gelang mir, meine Mutter zu überreden, Lucienne zu holen, um dir mitteilen zu können, daß ich nicht mitkommen kann. Ich bin noch immer in meinem Zimmer eingesperrt. Meine Mutter bringt mir das Essen und begleitet mich sogar ins Badezimmer. Sie glauben, wenn ich den Zug verpasse, werde ich mir's überlegen. Aber ich werde es nicht tun. Ich werde dir nachkommen. Ich versprech's dir.

Suzanne.«

Sie hatte mir nie gesagt, daß sie beabsichtigte, ohne Wissen ihrer Eltern von zu Hause wegzugehen. Ich war nicht sicher, ob ich dagegen gewesen wäre, aber nachdem sie es mir verheimlicht hatte, bezweifelte ich nun ihre Geschichte.

Ich fühlte mich gefoppt. Ähnlich wie bei Dolores. Sie hatte mich zur Gewerkschaft verführt und Suzanne dazu, mich freiwillig zu melden. Nur in ihrem Fall gab's kein Quo, nur mein Quid.

עוד לא אבדה תקותנו...
(Unsere Hoffnung ist noch nicht verloren ...)
Nationalhymne Israels

Israel

53 Der Marokkaner mit dem Messer

Diesmal hielt der Zug nicht in Miramas. Kurz nachdem ich aufgewacht war, donnerte er an der kleinen Station vorbei. Rabbi Weiß ging es sicher besser in Brasilien als mir auf dem Weg nach Israel.

Es dauerte nicht lange, bis ich das Ausmaß meines Fehlers erkannte. Gleich bei der Ankunft wurden wir auf Lastautos verladen und in ein Lager außerhalb von Marseille gebracht. GRAND ARENAS. Das Schild über der Einfahrt erinnerte mich an die Fotografie des Eingangstores von Auschwitz mit dem Motto »Arbeit macht frei«.

Ich konnte mich solcher Vergleiche nicht erwehren, insbesondere weil die Sochnutbeamten uns wie Vieh in die Baracken trieben. Die Kommandos erschallten auf hebräisch, doch der Ton erweckte noch mehr Erinnerungen an das KZ. Die Leute aus Polen und Marokko waren ganz verwirrt. Da wir jedoch Freiwillige waren, bemühten wir uns, einen Anschein von Disziplin zu wahren, und folgten wortlos den Befehlen. Wie im Lager sicherte ich mir die Pritsche an der Tür, um mehr Luft zu haben und schneller hinauszukönnen.

Das Essen war leidlich. Die Routine war wie in Cascina Nuova. Das Wetter war dasselbe, der Boden genauso sandig. Auch die Hitze schien ein Teil unserer Vorbereitung auf die Zukunft zu sein.

Obwohl die Marokkaner in streng abgesonderten Unterkünften wohnten, gab es öfter Streit zwischen den Frauen, die sich mit den Polinnen die Lagerküche teilen mußten. Die Männer mischten sich häufig ein, und die Lagerpolizei hatte es schwer, die Europäer und die Afrikaner voneinander zu trennen.

Die Tage wurden länger, die Hitze größer, das Warten unerträglicher. Niemand wußte, wann ein Schiff ginge. Die Leute verloren die Nerven, und jede Kleinigkeit führte zu schweren Zusammenstößen. Die roten Armbinden und kurzen Knüppel, mit denen die Polizei bewaffnet war, genügten nicht, um ihrer Herr zu werden.

Jedoch nicht nur die Hitze und die überfüllten Baracken führten dauernd zu Reibereien. Offener Haß herrschte zwischen den beiden Gruppen. Die aschkenasischen Juden aus Polen sprachen nur Jiddisch und verstanden weder Französisch noch das Arabisch der Sephardim aus Marokko; und die aus nur Hebräisch sprechenden aschkenasischen Studenten bestehende Polizei, die zwecks Mobilisierung aus Europa auf dem Weg nach Israel war, vermochte die täglichen Unruhen nicht mehr einzudämmen. Im Gegenteil: Ihre polnisch-aschkenasische Abstammung und ihre Arroganz verstärkten das Mißtrauen der marokkanischen Juden, so daß ihr Erscheinen die Streitigkeiten oft nur noch anheizte. Eines Tages wurde ein Mann mit einem Messer schwer verwundet, und nur unter größten Schwierigkeiten konnte das Einschreiten französischer Polizei verhindert werden. Der Lagerkommandant zog mich als Dolmetscher heran, und es gelang uns, die Gemüter zu beruhigen.

Ich schlug ihm vor, auch Marokkaner in die Polizei einzugliedern. Er stimmte zu und ernannte mich zum Vizechef der Polizei. Ich erhielt eine rote Armbinde, doch den Knüppel lehnte ich ab, da der nur den Haß schüren würde.

Als erstes formierte ich polnisch-marokkanische Streifen, was half, die Spannung abzubauen. Ein Marokkaner mit einem Knüppel beeindruckte die Polen mehr als einer von ihren eigenen Leuten. Die Marokkaner dagegen fügten sich leichter, wenn ein Landsmann der Streife angehörte.

Da ich zum Lagerpersonal gehörte und wie im KZ ein Privilegierter war, benutzte ich meine Position dazu, das Lager so oft wie möglich zu verlassen. Vom Dorf fuhr ich mit der Straßenbahn nach Marseille. Ich glaubte, die Stadt würde mir eine Zuflucht vor der Einsamkeit bieten, die mich wieder erfüllte, seit ich Suzannes Brief zerrissen hatte; aber sie verstärkte sie nur. Die Mädchen ängstigten mich, die Männer waren laut, die Straßenbahnen ratterten klingelnd durch die Straßen, unaufhörlich hupten Autos. Der Rummel verjagte mich, und ich kehrte nie wieder zurück.

Ich blieb im Dorf. In einem kleinen Bistro hatte ich mich mit den Stammgästen angefreundet, trank und spielte Boules mit ihnen. Eigentlich hinderte mich nichts, mit dem nächsten Zug nach Paris zurückzukehren, aber dazu war ich zu stolz und schämte mich zu sehr. Wieder bei den Leuten, die mich einen Helden oder einen Mann von Charakter genannt hatten, aufzutauchen, das ginge nicht. Ich wäre ein Feigling, ein Deserteur.

Eines Nachts brachte man mich mit fünfhundert anderen in eine abgelegene Bucht, wo wir in die engen Laderäume eines kleinen Küstenfahrers gepfercht wurden.

Dreißig Tage hatte ich in Grand Arenas zugebracht, und wie vier Jahre zuvor, als die Deutschen uns vom Kownoer Ghetto memelabwärts nach Stutthof transportiert hatten, dachte ich, dies sei das Ende. Erst als in der Frühe das Meer bis zum Horizont glitzernd in der Sonne lag, schöpfte ich neuen Mut.

Die Möwen folgten uns noch lange, nachdem die Küste hinter uns verschwunden war. Sie umkreisten uns, fielen dann zurück, überholten uns wieder, bis sie nach zwei Tagen eine nach der anderen abdrehten und verschwanden.

Die Polizei wurde aufgelöst, und die französischen Matrosen sorgten für Ordnung. Nur das Essen wurde von den Studenten aus Israel verteilt.

In den Laderäumen war weder genügend Platz noch genügend Luft. Die meisten Leute blieben an Deck. Da es nur an Backbord hin und wieder etwas zu sehen gab – eine Insel oder eine Schule fliegender Fische –, mußten die Matrosen die Hälfte der Leute immer wieder nach Steuerbord jagen, damit das Schiff keine Schlagseite bekam. Da kein Mensch sie verstand, liefen immer alle auf die andere Seite und hätten damit das Schiff beinahe zum Kentern gebracht.

Langsam, Tag für Tag nur mit der Wahl zwischen der erstickenden Luft im Laderaum und der brennenden Hitze an Deck, dampften wir Richtung Osten. Schwerer Rauch quoll aus dem

Schornstein, bedeckte uns mit Ruß und verwandelte uns in eine schwarze Masse. Mein gelber Pullover, nun grau und verschmutzt, leuchtete immer noch ein wenig und war das einzige, was mich noch von den anderen unterschied. Die Uniform, in der ich mich so stolz über die Flüchtlinge erhoben hatte, ruhte fest verstaut in meinem Rucksack.

Acht Tage, neun Tage – das Wasser wurde rationiert, und niemand durfte an Deck. Englische Flieger könnten uns als Einwanderer erkennen und angreifen. Mitte Juli, nach zehn Tagen ohne Luft im Gestank der Laderäume, von Fliegen und Mücken geplagt, erreichten wir Haifa.

Sollte ich den Boden küssen, wie es meine Vorfahren getan hatten, als sie ins heilige Land zurückgekehrt waren? War ich zurückgekehrt? War das Land wirklich heilig?

Alles war so klein! Der Hafen paßte mindestens fünfmal in den von Marseille.

Man führte uns in einen Schuppen zur Entlausung, wo uns Läusepulver durch Kragenausschnitt, Ärmel und Hosenbeine eingepumpt wurde. Ausziehen mußten wir uns nicht, doch ansonsten verlief alles wie im KZ. Man trennte uns von den Einwanderern, nahm unsere Personalien auf und befahl uns, zu warten. Es gab Tee, Brot, Oliven. Endlich, weit nach Mittag, kam ein braun getarnter Bus und fuhr uns ins Rekrutierungslager.

Die vielen jungen Leute in den Kaffeehäusern außerhalb des Hafens ließen mich daran zweifeln, ob wirklich Krieg herrschte. In weißen Hemden und kurzen Khakihosen saßen sie sorglos vor ihren Getränken. Etwas stimmte nicht. Ich hatte erwartet, daß die Straßen leer wären. Ich dachte, daß alle jungen Männer und Frauen eingezogen wären, und begann Verdacht zu schöpfen, daß, wer im neuen Staat Israel gute Verbindungen hatte, nicht dienen mußte, so wie im Ghetto alle mit guten Beziehungen nicht hatten arbeiten müssen. Ich beschloß, alles daran zu setzen, nicht an die Front geschickt zu werden.

Ich saß im Bus zwischen vier Mädchen auf der letzten Bank. Ihrem Gespräch entnahm ich, daß sie aus einem Kibbuz stammten.

»Geht ihr auch zum Militär?«

»Was für eine dumme Frage. Selbstverständlich gehen wir zum Militär. Das ist doch ein Armeebus. Braun angestrichen. Oder hast du das nicht gemerkt?« Alle vier kicherten. »Von wo bist du eigentlich?« fragte eine.

Ich zögerte. Sagte ich, aus Österreich, wäre ich ein Jekke. Litauen stimmte nicht ganz.

»Nun? Fürchtest du, es zu sagen?«

»Ich komme gerade aus Frankreich.«

»Du bist ein Lügner«, sagte eine. »Niemand kommt aus Frankreich. Du bist aus Marokko. So wie alle anderen. Ein Marokkaner mit einem Messer.« Sie wandte sich an ihre Nachbarin und sagte: »Das ist keiner von uns.«

Bis heute fühle ich mich meinen Miteinwanderern aus Marokko näher als den Hebräisch sprechenden Gojim im Kibbuz.

Aber sie hatten recht. Ich gehörte wirklich nicht zu ihnen. Schließlich war ich ja nur wegen Suzanne hierhergekommen. Das Luder!

54 Regen im Sommer

Keine Villen säumten die Landstraße von Haifa nach Tel Aviv. Es war nicht die Côte d'Azur. Die Meereswellen kräuselten sich und schlugen leicht ans Ufer. Die Sonne, feurig rot, stand tief am Horizont. Palmen, überspülte Felsen, vereinzelte Häuser – einstöckig, leer – wie ausgebombt, Schlaglöcher. Kaum zwei Wagen konnten aneinander vorbei. Der Bus rumpelte über die Löcher hinweg, während ich versuchte, die öde Küstenlandschaft in mich aufzunehmen. Sie hatte nichts von dem Land, »wo Milch und Honig fließt«.

Tel Aviv war noch schlimmer. Obwohl wir nicht durch die Stadt fuhren, zeigten die ersten flachen, gelb gestrichenen Häuser gut, was hinter dem Lager zu erwarten war.

Keine Baracken, nur zum Lüften seitlich aufgerollte Zelte mit zusammenklappbaren Feldbetten.

Noch einmal Registrierung. Ich stellte mich an. Den Rucksack nicht aus der Hand lassend, versuchte ich mich unbemerkt vorzudrängen. Ich mußte herausfinden, was hier vorging, bevor ich an die Reihe käme. Auf dem Appellplatz wurde exerziert, aber die Schritte verhallten im Sand, der, aufgewirbelt, von einem heißen Wind zu uns herübergetragen wurde und alles bedeckte, auch die Tische, an denen die Schreiber über ihren Listen arbeiteten. Als ich weiter vorrückte, bemerkte ich, daß es Sprachprobleme gab. Die Schreiber sprachen nur Hebräisch, und die Aufnahme stockte.

»Hier, darf ich dir helfen?« wandte ich mich an den Soldaten, der den Mann vor mir ausfragte. »Der Herr sagt, er möchte gern zu den Sanitätern. Er hat drei Jahre Medizin studiert.«

»Sag ihm, daß er dorthin gehen wird, wohin wir ihn schicken.« Ich übersetzte.

Der Mann ging vor, und der Soldat sagte zu mir: »Komm, setz dich neben mich und übersetze mir, was sie sagen. Dann werden wir schneller fertig. Was sprichst du noch außer Jiddisch?«

»Deutsch, Französisch, Englisch und etwas Russisch.«

Die folgenden zwei Stunden dolmetschte ich und verfolgte das Verfahren. Es gab auch eine ärztliche Untersuchungskommission, und ich beschloß, daß ich dorthin wollte. Als alle abgefertigt waren und die Reihe an mich kam, erklärte ich dem Soldaten, daß ich mir im Konzentrationslager ein Wirbelsäulenleiden zugezogen hätte und mich körperlich nicht anstrengen könne.

Ich wurde untersucht, und am Ende schrieb man mich kampfuntauglich.

Am nächsten Tag erhielt ich zwei Khakihemden, zwei kurze Hosen, zwei Paar Kniestrümpfe, eine Mütze mit herunterklappbarem Nackenschutz wie das Käppi der Fremdenlegion und ein Paar schwere, schwarze hohe Schuhe. Jetzt war ich Soldat. Ein Lieferwagen brachte mich zum Hauptquartier des Sanitätsdienstes.

Weil ich vier Sprachen beherrschte, wurde ich vor die Tür des Korpschefs gesetzt und sollte den Empfang machen. Dann erhielt ich einen Ausweis, der mir erlaubte, mich frei zu bewegen, und am Ende des Tages durfte ich gehen, wohin ich wollte. Aber wohin? Die Schreiber und Stenotypistinnen wohnten alle in Tel Aviv und gingen abends nach Hause. Erst mal raus, dachte ich, und stellte mich an der Passierscheinkontrolle an. Gerade war ich an der Reihe, als die Sirenen aufheulten. »Ägyptische Flieger!« rief jemand, und alle sprangen in die Luftschutzgräben.

Wenn ich Suzanne je verflucht hatte, dann jetzt in dem Graben. Irgendwo nicht weit entfernt fielen Bomben, und die dumpfen Explosionen erschütterten mich bis ins Innerste. Ich begann zu zittern. Jetzt sterben? Zwei Tage nach meiner Ankunft? Nachdem es mir gelungen war, mich vor der Front zu drücken? Endlich kam die Entwarnung. Ich kletterte aus dem Graben, verließ das Hauptquartier und wandte mich zum Meer.

Bei der Kontrolle nach meiner Adresse befragt, hatte ich eine Nummer und den Namen einer Tel Aviver Straße genannt, durch die ich auf dem Hinweg gekommen war. Ich hätte glatt verschwinden können. Aber das war ein Irrtum. Ein paar Schritte weiter hielt die Militärpolizei mich an. Mit ihren blauen Armbinden, den weißen Schirmmützen, Schulterriemen und Revolvertaschen sahen sie aus wie Engländer. Ich hatte ganz vergessen, daß ich in Uniform war – wie ein Häftling, sofort erkennbar. Aber sie prüften lediglich meinen Ausweis und ließen mich gehen.

Ich brauchte einen Schlafplatz. Sollte sich nichts Passendes finden, würde ich am Strand übernachten.

Ein Straßenschild zeigte mir, daß ich mich auf dem Weg nach Jaffa befand. Bald kam ich an verlassenen Werkstätten mit zerbrochenen Schaufenstern vorbei, und ich wußte, daß ich dort war. Da ich mich nicht in eines der leeren, verwüsteten Häuser traute, ging ich weiter bis ans Meer. Beinahe am Wasser stand ein kleines Haus aus Stein mit ausgebrannter Eingangstür und leeren Fensterhöhlen. Die Wellen klatschten gegen das Fundament und überspülten die untersten Stufen. Daneben lag, halb im Sand vergraben, kieloben ein Boot.

Ich war überzeugt, daß niemand mehr dort wohnte, und stieg bis zur Türschwelle empor.

»Nur herein!« rief eine freundlich-ironische männliche Stimme aus dem Inneren in gebrochenem Hebräisch. Ich trat ein, und ein hochgewachsener, blonder Kerl gab mir die Hand. »Ich heiße Sandru.« Er war in Khaki, doch ich war mir nicht sicher, ob er Soldat war.

»Woher bist du?«

»Aus Rumänien. Und du?«

»Paris.«

Das Haus bestand aus nur einem Zimmer. Die Fliesen waren geborsten. Einige lagen verstreut auf dem nackten Betonboden. Welle um Welle schlug das Meer gegen die Wand.

Die schwache Brise, die durch die Fensterhöhlen zog, tat nichts, um die Hitze zu lindern.

»Warum bist du aus Rumänien weg?«

»Ich bin nicht aus Rumänien weg. Ich bin von meiner Frau weg«, witzelte er. »Und du?«

»Ich habe mich freiwillig gemeldet.«

»Ach so! Ein Held, was? Was machst du dann hier?«

»Ich bin beim Sanitätsdienst. Nicht weit von hier. Ab fünf Uhr haben wir frei.«

Ich hatte den ganzen Tag nichts gegessen, und es blieb mir nichts anderes übrig, als meine eiserne Reserve, eine Dose Corned beef aus Paris, zu öffnen und den Inhalt mit ihm zu teilen. Da es im Haus kein Wasser gab, gingen wir in die Stadt.

Sandru war einige Tage vor mir angekommen. Er war viel älter als ich, und deswegen hatte man ihn nicht gleich in die Armee, sondern erst in ein Einwandererlager gesteckt.

»Das müßtest du sehen! Dort ist es schlimmer als bei den Deutschen in Rumänien. Da wohnten wir wenigstens in Baracken, nicht in Zelten. Jetzt schaue ich mir zuerst das Land an, bevor ich mich entschließe wo ich bleibe.«

»Was bist du?«

»Apotheker.«

»Warum meldest du dich dann nicht zum Sanitätsdienst? Oder hast du soviel Geld, daß du nicht arbeiten mußt.«

Er blickte mich erstaunt an und sagte: »Daran hatte ich nicht gedacht. Nein, genügend Geld habe ich nicht.«

248

An einem Kiosk kauften wir uns Sodawasser. Ich zeigte ihm das Hauptquartier, und dann kehrten wir zu unserer Ruine zurück. Das rhythmische Rauschen der Wellen störte mich die ganze Nacht, und bereits um sieben Uhr morgens machte ich mich auf zum Dienst. Sandru kam mit. Wir rasierten uns in der Latrine, und um Punkt acht meldete ich mich beim Chef. Ich fragte, ob wir einen Apotheker brauchen könnten, und er ließ Sandru eintreten. Er fragte ihn aus, prüfte sein Diplom, nahm ihn auf und schickte ihn ins Arzneimittellager.

Nach der Arbeit machten wir uns auf die Suche nach einer Unterkunft mit fließendem Wasser. Hinter einer Reihe verlassener Werkstätten ragten hohe Palmen empor. Wie auf Bildern von Oasen erinnerten sie an Wasser. Wir fanden einen Durchgang und waren ganz überrascht, als wir bei einer kleinen Kirche herauskamen. Daneben stand ein zweistöckiges Haus mit Giebeldach, fast wie in Europa. Allem Anschein nach war es verlassen, aber intakt.

Die Kirche war geschlossen, und kein Mensch war zu sehen. Wir nahmen das Haus näher in Augenschein. Die Türen waren mit Vorhängeschlössern verriegelt. Eine Galerie umlief das gesamte erste Stockwerk. Wir stiegen die Holztreppe hinauf und fanden alle Zimmer offen vor. In einem entdeckten wir zwei eiserne Betten, in einem anderen ein paar zerrissene Strohmatten, und eines hatte ein Becken und einen Wasserhahn. Erst röchelte er, dann kam stoßweise rostiges und zum Schluß klares Wasser, so daß wir beschlossen, hier einzuziehen.

Sandru hatte gefegt und die Matten als Matratzen auf die Betten gelegt. Irgendwo hatte er einen alten Stuhl gefunden und eine kleine Bank unter das Fenster gestellt.

Als es dunkel wurde, merkten wir, daß das Licht nicht funktionierte, und die Toilette befand sich draußen, im äußersten Winkel des Gartens, hinter einem riesigen Oleanderbusch. Wir waren so müde, daß wir nicht mehr weggingen. Wir aßen Brötchen, die Sandru besorgt hatte, tranken Wasser aus der Leitung und legten uns anschließend schlafen.

Als wir nachts zur Toilette mußten, bemühten wir uns nicht in den Garten hinunter, sondern entleerten uns am offenen Fenster stehend.

Und von unten ertönte eine Stimme: »Moische, hörst du das? Es regnet! Mitten im Sommer!«

55 Sperrgebiet

Am Freitagabend und am Samstag war alles geschlossen. Es fuhren keine öffentlichen Verkehrsmittel. Uns blieb nur das Meer. Am Abend, als die Hitze etwas nachließ, machten wir einen langen Spaziergang nach Tel Aviv. Wir mußten einen weiten Umweg machen, da der kurze Weg den Strand entlang nicht passierbar war. Die Straße war mit Trümmern überhäuft, die Häuser rundherum ausgebrannt. Nur ein einsames Minarett erhob sich hinter einer bewachten Straßensperre; die Moschee selber war zerstört. Aus dem Schutt ragte eine Palme, deren abgeknickte Krone nach einem Schrapnelltreffer verdorrt am Stamm hing.

Ich war entsetzt über die Hauptstraße von Tel Aviv. Die Geschäfte waren geschlossen, und die Waren hinter schmutzigen Fensterscheiben waren verstaubt, scheinbar schon seit Jahren. Übelriechende Abfallhaufen lagen am Gehsteig und warteten auf die Müllabfuhr.

Die Sonne ging langsam unter, und die Kioske und Kaffeehäuser am Strand öffneten nacheinander. Sandru kaufte Brötchen und bat um kaltes Wasser. Rote und gelbe Sirupflaschen, deren Inhalt mit Sodawasser verdünnt war, weckten Kindheitserinnerungen in mir, aber Sandru meinte, sie bestünden nur aus schädlichen Chemikalien. Ich mußte ihm glauben; nicht nur, weil er Apotheker war, sondern auch, weil er zahlte. Die gepanschten Getränke waren teuer, und weil ich versprochen hatte, ihm das Geld am Ende des Monats von meinem ersten Sold zurückzuzahlen, verzichtete ich darauf, Gasos, das damalige israelische Nationalgetränk, zu kosten. Mein Onkel hatte mir davon erzählt und hinzugefügt, daß die Juden (wie viele andere sprach er von den ›Juden‹, als sei er keiner) später in ihrem eigenen Staat wahrscheinlich vom Verkauf von Gasos leben würden. Da schien etwas Wahres dran zu sein, denn es gab in Tel Aviv mehr Gasos-Kioske als in Mailand Obststände.

Alles war voll. Der Strand, die Promenade und die Kaffeehäuser. Wieder war ich überrascht, wie viele junge Leute in Zivil herumliefen. Aber noch erstaunlicher waren diejenigen *in* Uniform oder in dem, was sie für eine Uniform hielten.

Schmerbäuche hingen schwer über eng geschnallten Gürteln, die zu kurze Shorts halten sollten. Farbige, über die Achselstücke gestreifte Bänder unterschieden Offiziere von Soldaten. Alle trugen Sandalen oder verstaubte englische Schnürstiefel, waren unrasiert und ungekämmt.

Wir schlenderten geruhsam am Strand entlang und bewunderten den Himmel, der von der untergehenden Sonne gelb und rot erleuchtet war. Menschen drängten sich an einer Brüstung und schauten zu einem Wrack hinüber, das etwa zwanzig Meter entfernt gestrandet war.

Ich fragte jemanden, was es zu sehen gebe. »Das weißt du nicht? Das ist die Altalena! Das Schiff vom Irgun. Als es ankam, befahl Ben Gurion[22], es zu vernichten. Er behauptete, der Irgun wolle die Macht an sich reißen. Rabin[23] nahm das Schiff unter Artilleriebeschuß, und auf seinen Befehl hin wurden achtzehn Mann, die versuchten, in einem Rettungsboot an Land zu kommen, erschossen. Trotz einer weißen Fahne, die sie gehißt hatten.«

Ich fluchte. Hätte ich auf Suzanne gehört, wäre ich jetzt nicht mehr am Leben.

Es war an der Zeit, mich nach einem anderen Mädchen umzuschauen. Sandru sagte, Sabras interessierten ihn nicht, und die Neueinwanderinnen würden alle gleich heiraten wollen.

»Was hast du gegen die Sabras?«

»Hast du einmal versucht, mit ihnen ein normales Gespräch zu führen? Sie sind frech, ungezogen, dumm und bilden sich etwas darauf ein, hier geboren zu sein. Ich gehe lieber ins Bordell. Dort kriegst du, was du willst, und brauchst dir nicht anzuhören, was sie alles gern möchte und was ihre Mutter dazu sagt.«

»Gibt's hier welche?«

»Ich weiß nicht, ob hier. Aber in Haifa kenne ich eines.«

Ich genierte mich, ihn näher auszufragen. Ob es dort wie in Italien war?

Er kam auf die Einheimischen zurück: »Weißt du, warum sie sich ›Sabras‹ nennen?«

»Selbstverständlich. Judenfeigen. Außen stachelig und innen süß.«

»Das sagen *sie*. Aber sie sind weder süß noch freundlich. Nur grob und wild. Ohne Kultur. Besonders die aus dem Kibbuz. Das sind die schlimmsten. Sie lügen, stehlen, betrügen. Ehrlichkeit gilt bei denen als Dummheit.«

»Warum bist du dann hergekommen«, hätte ich fast gefragt, aber ich schwieg. Sandru übertrieb vielleicht, aber in gewisser Hinsicht schien er recht zu haben.

Aviva zum Beispiel, unsere Telefonistin, hatte mir einmal erlaubt, sie nach Hause zu begleiten, und als ich ihr in ihre Jacke helfen wollte, riß sie sie mir unwirsch aus der Hand und sagte: »Glaubst du, ich kann mich nicht selber anziehen?« Oder später: »Warum steckst du immer mit dem Rumänen zusammen?«

»Warum? Was hast du gegen die Rumänen?«

»Das sind alles Diebe.«

»Ich weiß. Und die Marokkaner sind Messerstecher und die aus Deutschland sind alle blöd.« Sie starrte mich an.

Ich versuchte, das Gespräch in andere Bahnen zu lenken und bewunderte ihre nagelneue Uniformjacke. »Ich habe sie geklaut«, grinste sie. Offensichtlich gab es wenig, was ich Sandru erwidern konnte.

Ich empfing Besucher, gab Auskunft, ich war so beschäftigt, daß ich nicht merkte, wie der Winter kam. Am 1. November wurden abgetragene englische Uniformjacken und Hosen aus Wollstoff ausgegeben, aber in dem Gang, in dem ich saß, zog es derart, daß das alte, abgewetzte Zeug mich nicht wärmen konnte. Im

Sommer hatte der Zugwind mir Kühlung verschafft, aber nun drang er mir in die Knochen. Ich versuchte zu erraten, wo Aviva ihre neue Jacke »geklaut« hatte, aber vielleicht hatte sie nur angegeben, und irgendein Offizier hatte sie ihr geschenkt.

Da ich Angst hatte, an die Front geschickt zu werden, stellte ich keinen Versetzungsantrag und harrte weiter im Durchzug aus, in einen schweren Mantel gehüllt, den Sandru sich in der Bekleidungsabteilung für mich ausgeborgt hatte.

Ich war überzeugt davon, daß man mich in Anbetracht der Stelle, auf der ich saß, mindestens zum Feldwebel befördern würde, aber da täuschte ich mich. Ich hatte vergessen, daß Beförderungen auf guten Beziehungen beruhten. Und die hatten nur Einheimische.

Die Führungskräfte des Sanitätsdienstes kamen alle aus der Kupat Cholim, der Krankenversicherung der Gewerkschaft. Mein Chef wurde Oberst, sein Stellvertreter Oberstleutnant und ich – Obergefreiter. Sandru wurde trotz seines Diploms, das einheimischen Apothekern den Offiziersrang einbrachte, nur Feldwebel. Aviva, die Telefonistin, wurde Oberfeldwebel; ihre Mutter arbeitete in der Kupat Cholim.

Anfang 1949 kam ein junger Leutnant zu uns. Er benötigte zur Zollabfertigung einer größeren Lieferung Medikamente die Unterschrift des Chefs.

Ein Zollformular! Es war wie ein Gruß aus Frankreich. Ich prüfte es genau und brachte es zum Oberstleutnant. Der Leutnant mußte warten, und wir begannen uns zu unterhalten. Ich erzählte ihm, daß auch ich Zollagent sei, und fragte, ob er mich nicht brauchen könne. Ich hatte nicht gewußt, daß die Armee ihre Güter verzollen mußte, und war erstaunt, als er mir erzählte, seine Einheit in Haifa befasse sich ausschließlich damit.

»Hast du in Haifa jemanden, bei dem du wohnen könntest?« Was ich in Jaffa geschafft hatte, würde mir bestimmt auch in Haifa gelingen, aber ich sagte ihm, daß ich einen Onkel in Haifa hätte, bei dem ich wohnen könnte. Es war nur eine Vermutung. Ich hatte noch keine Gelegenheit gehabt, nach Haifa zu fahren und mich nach ihm zu erkundigen. Außerdem war ich eingedenk meiner Pariser Erfahrungen nicht sehr erpicht darauf, den jüngeren Bruder meines Vaters kennenzulernen.

»Ich werde sehen, was ich tun kann.«

Der Oberstleutnant klingelte, ich ging hinein und kehrte mit dem unterschriebenen Formular zurück. Der Leutnant bedankte sich, notierte sich meinen Namen und versprach, zu versuchen, mich anzufordern.

»Keine Chance«, meinte Sandru.

»Man kann nie wissen.«

Ich wartete, aber dann kamen die ersten Wahlen, und eine Zeitlang dachte ich nicht mehr daran.

Die Erfolge an der Südfront hatten Ben Gurion bewegt, Wahlen für die erste demokratisch gewählte Nationalversammlung anzusetzen, obwohl die Kämpfe noch im Gange waren. Der Führer des aufgelösten Irgun hatte seine eigene Partei gegründet, und ich beschloß, für ihn zu stimmen.

»Bist du verrückt?!« meinte Sandru außer sich. »Was glaubst du, weswegen die verlangen, daß man seinen Namen und die Soldnummer auf den Wahlumschlag schreibt? Willst du, daß man dich in den Negev schickt?«

An die Möglichkeit, daß nachgeprüft werden könnte, wer für wen gestimmt hatte, hatte ich nicht gedacht. Weil Sandru davon überzeugt war, stimmte auch ich schließlich für die Religiösen und hoffte, dafür nicht in die Wüste versetzt zu werden.

Als wir unseren ersten Urlaub bekamen, fuhren wir direkt nach Haifa, aus Sparsamkeit per Autostop.

Als erstes ging ich meinen Leutnant suchen. Vielleicht erinnerte er sich noch an mich. Sandru ging unterdessen Geld wechseln.

Ich hatte mir einen Blanko-Marschbefehl vom Schreibtisch des Oberstleutnants genommen, meinen Namen eingesetzt, ihn über einer unleserlichen Unterschrift abgestempelt, und man ließ mich nun ohne weiteres in den Hafen.

Leutnant Aron entschuldigte sich. Es sei ihm bisher nicht gelungen, mir zu helfen. Er sei selbst Neueinwanderer und habe Schwierigkeiten. Als freiwilligen Maschinenbauingenieur aus Schanghai hätte man aus ihm einen Offizier gemacht, aber warum ihm die Zollabfertigungseinheit unterstellt worden war, verstehe er selber nicht. Er wunderte sich auch, warum ich gerade *diese* Arbeit machen wollte, wo ich doch Schlosser sei. Es stellte sich heraus, daß er in China ebenfalls zum Betar gehört hatte, was dazu beitrug, daß der Rangunterschied zwischen uns keine Rolle mehr spielte.

»Warum machen wir nicht zusammen eine Schlosserwerkstatt auf?« fragte er. Ich erinnerte mich an die leerstehenden Werkstätten, die ich am Stadtrand von Haifa gesehen hatte, und dachte, daß das vielleicht eine gute Idee wäre. »Dazu müßte ich aber herkommen, damit wir uns umsehen können.« Er gab mir einen Versetzungsantrag mit den genauen Angaben seiner Einheit, und ich verabschiedete mich. Sobald mein Antrag bewilligt wäre, würden wir die Möglichkeiten genauer prüfen. Er hatte etwas Geld, und alles, was wir brauchten, war eine günstig gelegene Werkstatt.

Als Sandru und ich uns nachmittags wieder trafen, fragte ich ihn nach einem Bordell. Er lachte mich aus, als ich ihm von Giulietta erzählte. »Romantik im Bordell? Nur ein Deutscher ist zu so was fähig. Oder ein Russe. Nein, mein Lieber. Hier gibt's keine Spiegel. Nicht einmal gedämpftes Licht. Wir sind doch in Asien, hast du das vergessen?« Er hatte recht. Wie immer.

Steile Treppen führten eine enge Gasse hinauf. Wie in *Casablanca*. OUT OF BOUNDS, Sperrgebiet, stand immer noch groß über den eingekreisten Kreuzen der nunmehr ungültigen englischen Warnungen an den Hauswänden zu beiden Seiten des Gäßchens.

Wir klopften an einer schweren Eisentür in einem Haus mit verschlossenen Fenstern. Ein Auge erschien in einem Guckloch, und eine zahnlose Alte öffnete die Tür gerade so weit, daß einer von uns hindurchpaßte. Nachdem sie hinausgeschaut und sich versichert hatte, daß uns niemand sah, winkte sie uns herein. »Polizei«, flüsterte sie, uns ins Vertrauen ziehend, und grinste, so daß man ihr leeres Zahnfleisch sah.

»Da, nehmt euch ein Mädchen«, drängte sie und wies auf zwei Frauen, die rauchend auf einer Holzbank saßen.

Der Raum war ungelüftet, dunkel und nur von einer beschirmten Stehlampe schwach beleuchtet.

»Wo ist die Blonde?« fragte Sandru.

»Sie hat einen Kunden. Sie kommt gleich wieder.«

Wir setzten uns auf die Bank und blickten auf den schäbigen Vorhang, der über dem Gang zu den Zimmern hing.

»Die wird dir gefallen. Sie ist aus Frankreich.«

Der Vorhang ging auf – mir wurde schlecht.

»Suzanne!«

Ihr Mund ging auf, und sie flüchtete hinter den Vorhang. Sie sperrte sich ein und rief nur durch die Tür: »Geh! Bitte, geh!«

56 Der Eroberer

Sandru wollte mich trösten. Er erzählte mir, er habe sich noch viel elender gefühlt, als er erfahren habe, daß seine Frau es umsonst tat.

»Aber sie war doch keine *Jüdin*!«

»Was hat *das* damit zu tun? War es nicht dein Jabotinsky, der gesagt hat, daß wir nur einen eigenen Staat haben werden, wenn es jüdische Diebe und Huren gibt?«

»Aber wie kann ein Mädchen so schnell so werden? Es ist doch nur ein Jahr her, seit ich sie das letzte Mal gesehen habe!«

»Wenn sie Geld brauchen, tun sie's alle. Und es dauert gar nicht lange. Sie ist wahrscheinlich von zu Hause weg, und da es ihr hier nicht gefällt, will sie wieder fort. Sobald sie genügend Geld für die Reise hat, fährt sie bestimmt wieder nach Paris. So geht's am schnellsten.«

Ich konnte es nicht begreifen. Ich schrieb wieder an Anna, aber wie immer bekam ich keine Antwort. Wenn ich über meine Vergangenheit nachdachte, fand ich, daß Anna eigentlich die einzige sei, die ich wirklich liebte, und ich beschloß, die Sache zu retten.

Kurz nach dem Waffenstillstand (Juni 1949) hieß es, Freiwillige hätten Anspruch auf frühzeitige Abrüstung und Repatriierung. Ich fragte meinen Vorgesetzten, ob das stimme, und er bestätigte es. Alles, was ich bräuchte, sei ein Brief von meinen Angehörigen, in dem meine begründete Rückkehr beantragt werde. Ich schrieb sofort an meine Tante, aber sie weigerte sich, mir zu helfen.

Ich beantragte dennoch die Repatriierung, die natürlich abgelehnt wurde. Ebenso wie mein Antrag, in den Außendienst aufgenommen zu werden. Ein Rundschreiben forderte Soldaten mit Fremdsprachenkenntnissen auf, sich zu einem Kurs für künftige Diplomaten zu melden. Die Ablehnung meines Antrags wurde nicht begründet, aber wie ich später erfuhr, hätte ich ihn gar nicht erst einzureichen brauchen: Kommunisten und Faschisten waren unerwünscht. Und ich gehörte zu den letzteren.

Als ich die Liste der neu gewählten Parlamentsmitglieder durchsah, stieß ich auf den Namen eines Mannes, mit dem mein Vater in Österreich befreundet gewesen war, und ich suchte ihn auf. Er empfing mich freundlich, und ich erzählte ihm, daß ich gern nach Haifa versetzt werden wollte, um bei Leutnant Aron meine Zukunft als Zollagent vorzubereiten. Er versprach, mir zu helfen; nebenbei erzählte er mir, daß ich etwas Geld zu bekommen hätte.

»Geld?« Ich war ganz überrascht.

»Ja. Bevor der Krieg ausbrach, begannen deine Eltern, Geld hierher zu überweisen, um eine Einreisebewilligung zu bekommen. Leider war es nicht genug, und der Mann, dem sie es anvertraut hatten, hinterlegte es auf einer Bank. Ich werde dir seine Adresse geben. Und übrigens«, warnte er mich, bevor ich ging, »wenn du hier vorwärtskommen willst, darfst du nie erwähnen, daß du beim Irgun gewesen bist.«

Der Mann mit dem Geld wohnte in Jerusalem, und um dorthin zu fahren, mußte ich auf meinen nächsten Urlaub warten. Inzwischen wurde meine Versetzung bewilligt, und ich mußte nach Haifa.

Zum Abschied schenkte Sandru mir sein silbernes Feuerzeug, und wir versprachen, in Verbindung zu bleiben. »Ich wette, daß deine Freundin immer noch dort ist«, meinte er scherzhaft, aber ich hatte mir geschworen, nie wieder dorthin zu gehen.

Aron erlaubte mir, einige Tage im Büro zu übernachten. Ich hatte ihm gesagt, mein Onkel sei nicht zu Hause, und ich müßte warten, bis er zurückkäme.

Es war wieder Frühling. Es regnete nicht mehr, und ich ging ihn suchen. Es war leichter, als ich gedacht hatte. Als ich bei der Stadtverwaltung nachfragte und seinen Namen nannte, brauchte dort niemand nachzuschauen. Er arbeitete in der Kasse. Komisch, dachte ich. Mein Onkel in Paris hatte mir erzählt, sein Schwager habe vor dem Krieg die Registrierkasse meines Großvaters ausgeräumt und sich mit dem Geld nach Palästina davongemacht.

Er begrüßte mich und sagte gleich: »Du bist gerade recht gekommen. Da wohnt nämlich immer noch ein Araber in der Wohnung, und jetzt ist es Zeit, ihn hinauszuwerfen. Er wird sicher vor deiner Uniform Angst haben, und alles, was du tun mußt, ist, ihm energisch zu sagen, daß er raus muß.«

Nein. Das tue ich nicht, dachte ich bei mir. Nachdem ich nicht einmal Frau Schwenk aus *meiner* Wohnung hinausgeworfen hatte, würde ich bestimmt keinen Araber aus der seinen verjagen. Außerdem hatte der Araber mir nichts getan.

Dennoch brauchte ich einen Platz zum Schlafen. Nach Büroschluß folgte ich meinem Onkel in seine Wohnung, und wir klopften bei dem Araber.

Er hieß uns willkommen und bat uns, einzutreten.

Als ich in dem Zimmer ein lebensgroßes Bild von Napoleon erblickte, sprach ich ihn auf französisch an.

»Schmeiß ihn raus«, zischte mein Onkel mir ins Ohr, bevor er ging.

Der Araber bat mich, Platz zu nehmen.

Wir saßen auf niedrigen geschnitzten Holzschemeln an einem runden Tisch mit einer ziselierten Messingplatte. Teppiche bedeckten Boden und Wände, und die Möbel funkelten von eingelegtem Perlmutt und Elfenbein. Ein Himmelbett mit zugezogenen Vorhängen stand in einer Ecke.

Unter seinen buschigen, weißen Augenbrauen sah er mich an, teils amüsiert, teils argwöhnisch und suchte zu erraten, warum ich gekommen war. Sein gepflegter Schnurrbart, sein weißes Haar, der purpurrote Fez mit schwarzer Quaste, der elegante Anzug, alles strahlte Würde aus. Aber am meisten interessierte mich das Bild Napoleons. Herr Khoury bemerkte meine Faszination und bat mich, das Bild näher zu betrachten. Es war ein aus etwa vierzig verschiedenen Ansichtskarten zusammengesetztes Puzzle, das nun eingerahmt hinter Glas an der Wand hing.

Vor einhundertfünfzig Jahren, als die Türken noch im Libanon herrschten, sandten die Franzosen ihren Geschäftsfreunden in Beirut solche Ansichtskarten, um heimlich um Sympathie für Napoleon zu werben. Die Leute sammelten die Karten, bis sie ein komplettes Bild ergaben. Dieses Bild hier war ein Erbstück seines Großvaters und immer im Besitz der Familie geblieben.

Je länger ich blieb, desto mehr genierte ich mich, das Vorhaben meines Onkels auch nur zu erwähnen.

Zum Schluß faßte ich Mut und erzählte ihm, daß mein Onkel mir versprochen habe, mich bei ihm wohnen zu lassen, aber nun stellte sich heraus, daß er nicht genügend Platz hatte. »Und mit den Kindern in einem Zimmer schlafen …«

»Würden Sie gern bei mir wohnen? Ich habe eine kleine Vorratskammer hinter der Küche. Ich könnte sie ausräumen und ein Feldbett hineinstellen.«

Ich war überrascht. Wieder ein Verlies, dachte ich, aber ich akzeptierte.

Am nächsten Abend zog ich ein. Mein Onkel bekam einen Wutanfall. »Statt den dreckigen Araber hinauszuwerfen, mietest du dich bei ihm ein und besetzt *noch* ein Zimmer?!«

»Erstens ist er kein dreckiger Araber, und zweitens gehört die Wohnung ihm.«

Meine Tante und ihre zwei kleinen Kinder standen ängstlich dabei und fürchteten, wir würden handgreiflich werden, aber mein Onkel beruhigte sich und lud mich zum Abendessen ein. Nach dem Essen klopfte ich bei Herrn Khoury, um ihm gute Nacht zu sagen.

Auch in dieser Kammer hingen meine Kleider wieder an einem Nagel, und wieder hatte ich keinen Platz, um mich umzudrehen. Der einzige Trost war ein Luftloch, durch das ich den Hafen sehen konnte.

Ich weiß nicht, welche Verbindungen mein Onkel spielen ließ, aber eines Tages war Herr Khoury nicht mehr da.

»Das hat er dir zurückgelassen«, sagte mein Onkel und überreichte mir ein kleines, in Leder gebundenes Buch.

Jean de la Fontaine
FABLES

»A mon ami Ernest.«

Ich öffnete es beim Lesezeichen und las das Unterstrichene: »La raison du plus fort est toujours la meilleure.«
Der Stärkere hat immer recht.

57 Hinausgeworfenes Geld

Mein Onkel erlaubte mir, in Herrn Khourys Zimmer zu ziehen unter der Bedingung, es sofort zu räumen, wenn meine Großeltern aus Rumänien ankämen. Endlich hatte ich etwas Luft, aber das Fenster ging auf eine Mauer. Das alte arabische Viertel, das Meer, den Hafen konnte ich nicht mehr sehen.

Im Hafen gefiel es mir. Wie alle anderen stahl ich südafrikanische Obstkonserven aus aufgerissenen Kartons, Orangen aus aufgebrochenen Kisten. Schiffe legten an, verbreiteten den Geruch der Algen an ihren Rümpfen, schwere Kisten hingen hoch in der Luft und senkten sich langsam an Seilen herab, und Sirenen stießen kurze, dumpfe Stöße aus.

Derweil mußte ich unbezeichnete Waren identifizieren oder Soldaten der Vereinten Nationen unter allen möglichen Vorwänden mit Hilfe der Hafenpolizei davon abhalten, Kais zu inspizieren, an denen gerade Waffen ausgeladen wurden.

Das Militär hatte Vorrang, aber dennoch mußte ich meine Zollformulare einer Reihe von Beamten vorlegen, die sich alle Zeit der Welt ließen, sie abzustempeln. Täglich füllte ich Formulare in Zeitungsgröße aus, brachte sie über die bürokratischen Hürden und begann daran zu zweifeln, ob ich das wirklich mein ganzes Leben lang machen wollte.

Ich begann wieder mit Arons Idee zu spielen, eine Werkstatt zu eröffnen. Er schlug vor, sich die verlassenen Werkstätten einmal anzuschauen.

Außer dem kurzen Weg von der Wohnung meines Onkels bis zum Hafen und dem fast unbewohnten arabischen Viertel kannte ich nichts von der Stadt. Ihre Häuser standen in krassem Gegensatz zu den durchbrochenen Reihen gelber Würfel in Tel Aviv. Sie waren aus Stein und säumten den öden, sonnenverbrannten Abhang des Karmels. Niedriges Gestrüpp klammerte sich an abgerundete kleine Felsen, die aus der Erde ragten, und an manchen Häusern standen einzeln oder in kleinen Gruppen in malerischer Ruhe Zypressen, wie dunkelgrüne Wachen.

Aron holte mich aus meinen Träumen: »Hier, da durch.« Wir kamen in eine kleine Seitenstraße. Die Rolläden der Werkstätten waren entweder aufgerollt oder gewaltsam aufgebogen. Einige Werkbänke und verrostete Maschinen standen noch in den ansonsten leeren Räumen. Die Straße war mit Glasscherben übersät, und wir mußten uns vorsehen. »Eine Werkstatt muß nahe an der Hauptstraße liegen«, sagte Aron. Zum Schluß fanden wir eine leere Garage, die sich vielleicht eignete. Wir schrieben uns die Adresse auf, und ich übernahm es, mich zu erkundigen, wie man den Raum mieten könnte. »Amt für verlassenes Eigentum. ZUTRITT VERBOTEN!« stand an manchen Hauswänden. Dort mußte ich hin. Als ich mit meinem Onkel darüber sprach, lachte er mich aus. »Glaubst du, daß die auf dich gewartet haben? All diese Geschäfte sind schon vor Monaten verteilt worden.«

»Verteilt? An wen?«

»An Leute, die darauf Anspruch haben.«

»Welchen Anspruch? Wer sind die Leute?«

»Das ist schwer zu sagen. Veteranen, Parteimitglieder, Leute, die zur Stelle waren, als die Araber flüchteten.«

»Was für Veteranen? Alle sind doch noch beim Militär.«

»Veteranen von der Hagana und der Partei.«

»Der ›Partei‹?« An den Ausdruck erinnerte ich mich noch.

»Ben Gurions Partei. Was hast *du* gemeint? Jedenfalls mit deiner Vergangenheit hast du keine Chance.«

Er mußte meinen Ärger bemerkt haben, denn er fing wieder an zu lachen. »Ja, ja mein Lieber, die haben schon die besten Geschäftsräume und Wohnungen bekommen.«

»Kostenlos?«

»Nicht ganz. Aber sie zahlen fast keine Miete. Aber auch dafür mußten sie alle möglichen Dokumente und Befürwortungen beibringen.«

»Woher weißt du das?«

»Woher ich das weiß? Ich werde es dir genau sagen: Ich wollte für deinen Onkel Chaim, der auch aus Rumänien kommen wird, eine Wohnung mieten. Und trotz meiner Beziehungen im Stadtrat und Empfehlungen von allen möglichen Leuten hat man mich nur auf die Warteliste gesetzt.«

Ich ging trotzdem hin. Schon weil ich es Aron versprochen hatte. Nein. Ich sei nicht berechtigt, ein Lokal zu mieten. Wenn ich demobilisiert wäre, könnte man meinen Antrag vielleicht in Erwägung ziehen. Natürlich nur, wenn ich die nötigen Empfehlungen vorzeigte. Auch eine Bestätigung von der Gewerkschaft, daß ich Schlosser sei, und eine von der Einkommensteuer, daß ich der Behörde nichts schuldete.

»Aber ich bin doch Soldat. Freiwilliger. Neueinwanderer. Ich bin doch noch nicht einmal ein Jahr hier. Wie kann ich Einkommensteuer schuldig sein? Hier, sehen Sie sich mein Soldbuch an!«

Und eine städtische Genehmigung bräuchte ich obendrein.

Einen ganzen Tag lang wurde ich von einem Beamten zum nächsten geschickt, wie beim Zoll.

Als ich es Aron erzählte, lachte er. »Weißt du, was Lincoln gesagt hat?«

»Nein.«

»Demokratie ist Regierung *des* Volkes, *durch* das Volk, *für* das Volk.«

»Und?«

»In Israel regieren die Beamten, durch Beamte, für die Beamten.«

»Wenn du das wußtest, warum hast du mich den ganzen Tag vergeblich herumlaufen lassen?«

»Um sicher zu sein. Sobald ich entlassen bin, gehe ich nach Amerika.«

Ich fuhr nach Jerusalem, um den Mann mit dem Geld meiner Eltern aufzusuchen. Der Mann ging mit mir zur Bank und ließ mir 500 Pfund auszahlen. Damit hätte ich eine kleine Wohnung oder ein Grundstück kaufen oder als Partner in ein Geschäft eintreten können. Der Bankbeamte riet mir, ein Grundstück zu kaufen, denn bei den vielen Einwanderern würden die Immobilienpreise steigen, so daß ich in wenigen Jahren ein reicher Mann wäre.

In wenigen Jahren. Wer weiß, ob ich da noch lebte. Mir kam es vor wie eine Ewigkeit. Ich verfiel auf eine andere Idee. Papiergeld verlor seinen Wert. Das wußte ich. Deswegen kaufte ich englische Goldstücke und bat meine Tante, sie mir in den Hosenbund einzunähen. Einige behielt ich in der Tasche für Annas Hochzeitsgeschenk und die Fahrkarte, falls sie bereit wäre, mitzukommen. Ich hoffte, die vielen Goldstücke würden sie überzeugen, daß wir genügend Geld hätten, bis ich eine Stellung fände.

Aron sagte, daß sie nicht kommen würde. Ganz egal, was ich ihr mitbrächte. »Die Tatsache, daß sie deine Briefe nicht beantwortet, beweist, daß sie von dir nichts mehr wissen will.« Ich hatte zwar auch meine Zweifel, aber als man mich schließlich mit allen anderen Freiwilligen bei Einstellung der Feindseligkeiten demobilisierte und meine Repatriierung bewilligt wurde, konnte ich der Versuchung nicht widerstehen, erneut eine Schiffsreise zu unternehmen und zwar diesmal als Passagier, auf einem schönen Dampfer.

Am Zollamt traf ich einen Schulkameraden, der nach dem Abzug der Engländer Zollinspektor geworden war und mir versprach, mich einigen Leuten zu empfehlen. Auch das ermutigte mich. Ich kaufte einen goldenen Anhänger mit einem Diamanten. Ein Ring hätte vielleicht nicht die richtige Größe, und sollte sie doch nicht mit mir kommen wollen, konnte ich den Anhänger für eine andere verwenden.

Ich wäre auch gern nach Frankreich zurückgegangen, aber meine Aufenthaltsbewilligung war abgelaufen. Hätte meine Tante den Brief damals geschickt, wäre ich noch rechtzeitig zurück gewesen, um sie zu verlängern, aber nun war es zu spät. Nur Österreich stand mir offen. Weil ich aber unbedingt fahren wollte, besorgte ich mir ein italienisches Visum und eine Schiffsfahrkarte nach Genua.

Als das Schiff in die Nacht hinausfuhr und die Lichter Haifas am Horizont verschwanden, fürchtete ich, einen großen Fehler zu begehen. Warum, konnte ich nicht erklären. Etwas trieb mich nach wie vor.

An der Reling schaute ich den langsam vorbeiziehenden Inseln nach und dachte an nichts. Ich rauchte eine Zigarette nach der anderen und zögerte den Moment hinaus, wo ich in die stickige Kabine hinuntermüßte.

Damit man mir mein Gold nicht stahl, schlief ich in meiner Hose. Durch die leichte Dünung in den Schlaf gewiegt, erwachte ich dauernd aus Angst, einer von den dreien, die neben und unter mir schnarchten und die ganze Luft verbrauchten, könnte mich berauben.

Für einen Teil des Goldes hatte ich Dollar und italienisches Geld gekauft. Die Lira-Noten waren so groß, daß ich es nicht erwarten konnte, sie wieder loszuwerden. In Genua bezahlte ich die Zugfahrkarte damit und etwas zu essen. Ich war so gespannt, daß ich mir nicht einmal die Stadt ansah. Sogar in Mailand, wo ich zwei Stunden auf Anschluß warten mußte, verließ ich den Bahnhof nicht.

Als der Zug in die bekannte Landschaft hinausfuhr, wunderte ich mich, daß sich nichts verändert hatte, seit ich aus Cascina

Nuova geflüchtet war. Doch als ich die felsige Enge des Brenner hinter mir hatte, kam mir zu Bewußtsein, daß vieles sich verändert hatte. Und zwar in mir. Nicht nur daß ich die Vergangenheit nicht zurückholen konnte, ich *wollte* sie plötzlich gar nicht mehr zurückholen. Zuviel war unter diesen düster drohenden Zinnen vorgefallen; und als ich über den Bahnhofsplatz von Innsbruck schritt, bedrückten sie mich mehr als je zuvor.

Ich fand ein billiges Hotel, und am anderen Morgen ging ich direkt zu der Bank, in der Anna arbeitete.

Annas Mund öffnete sich wie der von Suzanne, als sie mich erblickte. Sie stand auf, schaute sich um, als ob sie fürchtete, jemand könne uns sehen, und flüsterte mir schnell zu: »Um halb sechs. Aber nicht hier. Wir treffen uns an der Kirche.« Kein Lächeln, kein Händedruck, kein ›wie geht's‹. Als ob wir uns nur einen Tag lang nicht gesehen hätten.

Ich dachte daran, Veronika aufzusuchen, aber im August war keine Schule, und wenn ich zu ihr hinausführe, fürchtete ich, mein Rendezvous mit Anna zu versäumen. Und wozu auch? Im Laufe der Jahre hatte ich ihr kein einziges Mal geschrieben.

Ich ging in den Goldenen Adler. Der Mann am Empfang erkannte mich nicht. Die Kellnerin war nicht mehr da. Nur die Erinnerungen hingen in der Luft. Nach dem Essen blieb ich noch eine Weile vor einem Kaffee sitzen und ging dann langsam zur Kirche.

Ich setzte mich auf dieselbe Bank, auf der Waltraud mich überredet hatte, sie nicht aus der Wohnung zu werfen.

Anna erschien. Ich zeigte ihr das Geschenk, ich erzählte ihr von meiner Erbschaft – ich sprach zu einer Fremden. Sie wiederholte kalt, daß sie mir folgen würde, wenn ich eine dauernde Stellung hätte. Aber auch nicht gleich. Ihre Eltern seien zur Zeit auf ihre Unterstützung angewiesen, und sie könne unmöglich weg. Aber diesmal würde sie mir schreiben. So. Aber nun müsse sie gehen. Ich bot ihr an, mein Geschenk zu behalten, aber sie lehnte ab. Ein Beweis dafür, daß sie ihr Versprechen nicht halten würde. Wir küßten uns, ich spürte die Wärme ihres Körpers, sah ihr nach, bis sie hinter der Ecke verschwand, und kehrte ins Hotel zurück.

Seltsamerweise fühlte ich mich trotz der Zurückweisung irgendwie erleichtert.

Ich spielte wieder mit dem Gedanken, irgendwie nach Frankreich zu gelangen. Ich könnte ja erzählen, daß ich vergessen hätte, meine Aufenthaltsbewilligung zu verlängern. Man würde sie mir bestimmt verlängern. Mehr als eine Stange amerikanischer Zigaretten würde es bestimmt nicht kosten. Als es dämmerte und ein kühler Wind plötzlich den Vorhang ins Zimmer blies, begann ich zu frösteln. Auf einmal sehnte ich mich nach den sonnenüberfluteten Straßen Tel Avivs, den steinigen Abhängen Haifas und dem Meer. Nie wieder wollte ich am Morgen frieren. Oder mit der stinkenden Metro fahren. Oder stundenlang im Verkehr steckenbleiben. Nicht einmal im eigenen Wagen. Und Zollagent könnte ich auch in Haifa sein. Nein. Ich war lieber dort als hier, wo es dauernd regnete und kalt war. Nicht nur im Winter.

Ich ging in ein Reisebüro. Das Schiff, mit dem ich gekommen war, lag noch in Genua, und wenn ich mich beeilte, könnte ich es noch erreichen. Ein Glück, daß ich nur *eine* Fahrkarte kaufen mußte.

Einsteigen, umsteigen, noch eine Nacht auf einer Bank im Wartesaal, ich kam gerade noch rechtzeitig.

Kaum lag ich in meiner Koje, rief uns der Lautsprecher in den Speisesaal. Streik. Das Schiff könne nicht ablegen. Die Passagiere dürften in ihren Kabinen schlafen, müßten aber ihre Mahlzeiten in der Stadt einnehmen. Je nach Klasse erhielt jeder, bevor er von Bord ging, etwas Geld. Mein Zuschuß dritter Klasse reichte für zwei Mahlzeiten in einem billigen Restaurant.

Da ich nicht versuchen wollte, in einem fremden Hafen, in dem es von verdächtigen Typen nur so wimmelte, ein Goldstück zu verkaufen, aß ich nur Spaghetti mit Tomatensauce und trank dazu kaltes Wasser.

Die Gasse, die von der eleganten Via Cairoli hinunterführte, war so schmal, daß ich, als ich aus dem Kellerrestaurant kam, in dem ich meine Spaghetti aß, nur die Hand auszustrecken brauchte, um die Hauswand gegenüber zu berühren. Ich dachte, es regnete, als ich jedoch hinaufblickte, sah ich, daß es nasse Wäsche war, die vier Stockwerke höher quer über die Gasse gespannt war.

Inzwischen wollte ich wirklich zurück. Lieber an Läden vorbeigehen, die Rosenberg und Lifschitz hießen, und über die schäbigen Auslagen dort spotten, als an opulenten Fassaden, die sich bei Nacht in trutzige Festungsmauern verwandelten, durchbrochen von verlassenen Kreuzungen, und an Kirchen, deren Uhren unheimlich die Stunde schlugen.

Drei Wochen, nachdem ich Haifa verlassen hatte, war ich wieder zurück.

58 Das philharmonische Orchester

Arbeit zu bekommen war schwer.

»Du hättest in Innsbruck bleiben sollen«, sagte meine Tante, als ich nach vergeblicher Arbeitssuche wieder nach Hause kam. Mein Bekannter vom Zoll schickte mich zu einigen Zollagenten, aber es gab nicht viel zu tun, und sie rieten mir, etwas anderes zu suchen.

Einen fragte ich, wie ich Matrose werden konnte.

»Du? Matrose? Mit Brille? Ausgemergelt, wie du bist? Hast du jemals einen Matrosen mit Brille gesehen?« Er lachte mich aus, gab mir aber die Adresse der Seefahrervereinigung.

Dort war es wie beim verlassenen Eigentumsamt. Um angeheuert zu werden, mußte ich Empfehlungen von zwei Seeleuten bringen. Und eine ärztliche Bescheinigung.

»Was hast du für ein Profil?«

»Profil?«

»Ja. Dein Gesundheitsprofil. Was in deinem Soldbuch steht.«

»B-7.«

»B-7! Du bist ja Invalide! Nein, mein Lieber. Dich nimmt keiner.«

Invalide.

Ich hatte noch immer einige Goldstücke im Hosenbund, aber allmählich wurde ich unruhig. Sie wurden immer weniger, und wenn ich nicht bald Arbeit fände ...

»Warum gehst du nicht zum Arbeitsamt?« fragte mein Onkel. Er hatte recht. Obwohl mir die arroganten, teetrinkenden Schreiber auf die Nerven gingen, stand ich ganz früh auf und reihte mich schon um sechs in die Schlange ein.

Weit vor mir stand ein Mädchen, sehr elegant, mit einem weiten Strohhut, der ihren ganzen Kopf versteckte. Vielleicht würde sie sich umdrehen, damit ich sie richtig sehen konnte. Ich konnte mich ihr nicht nähern, da sie, wie ich, eingezwängt zwischen den anderen stand; und hätte ich mich an sie herangemacht, wäre ich verdächtigt worden, mich vorzudrängen.

Endlich blickte sie sich um, nur für eine Sekunde, und in diesem Moment hatte ich ein ganz seltsames Gefühl. Seltsamer als alle Träume und Begierden, die Mädchen sonst in mir erweckten. Ich dachte plötzlich: Deine Mutter hätte es gern gehabt, wenn du so ein Mädchen heiraten würdest. Ich wußte, daß ich alles daran setzen mußte, mit ihr zu sprechen.

Als sie an die Reihe kam und im Büro verschwand, bat ich den Mann hinter mir, auf meinen Platz aufzupassen und ging zur Ausgangstür. Sie war so erstaunt, als ich sie beinahe feierlich auf französisch ansprach, daß ihre großen, tiefblauen Augen, die mich ernst unter hoch gewölbten Brauen musterten, noch größer wurden. Kindlich verwirrt zog sie die Unterlippe ein und schwieg. Ich war überzeugt, daß sie aus Frankreich kam. Kein Mädchen in Israel trug ein so elegantes Sommerkleid mit dem passenden Hut dazu. Und keine war so schön.

Nein. Sie werde sich nicht mit mir treffen, sagte sie auf französisch. Ich freute mich, richtig geraten zu haben, und ließ nicht locker.

»Dann erlauben Sie mir bitte, Ihnen zu schreiben. Geben Sie mir bitte Ihre Adresse, und ich schreibe Ihnen einen Brief.«

Sie zögerte kurz, sah mich nochmals an und gab sie mir.

»Merci, Mademoiselle.«

Sie antwortete nicht und ging schnell fort, als sei sie froh, mich losgeworden zu sein. Ich kehrte auf meinen Platz zurück und wartete, bis ich an die Reihe kam.

Es gab keine Büroarbeit. Es wurden nur Bauarbeiter gebraucht. Ich nahm, was man mir anbot.

Ich mußte um fünf Uhr morgens aufstehen. Zwei Stunden später hatte ich auf dem Bau zu sein.

Ich bekam einen eisernen Schubkarren mit zwei Rädern, die mir bis an die Schultern reichten. Ich mußte ihn am Betonmischer füllen, das Gerüst hinauffahren und den Beton in die Verschalungen kippen.

Es war leichter gewesen, im Lager Zehn Fünfzig-Kilo-Säcke mit Zement auf dem Rücken zu schleppen als den schweren, bis zum Rand gefüllten Eisenkarren über die federnden Laufbretter zu schieben. Am Abend war ich so erschöpft, daß ich, noch bevor es dunkel war, ins Bett fiel. Nach einigen Tagen waren meine Hände voller Blasen, und mein Gesicht war verbrannt.

Es gab keinen Ausweg. Außer die Polizei. Ich ging zurück zum Arbeitsamt und las noch einmal das Werbeplakat.

Alter, Militärdienst – alles war in Ordnung. Gesundheitszustand. Tauglichkeit?

Wenn man mich beim Militär genommen hatte, würde man mich bestimmt auch bei der Polizei nehmen.

Ich hätte gern meine »Mademoiselle« gefragt, was sie davon hielte, aber sie hatte den Brief, in dem ich sie gebeten hatte, sich mit mir zu treffen, noch nicht beantwortet.

Zum Schluß schrieb sie, und wir trafen uns. Sie sprach Französisch, weil sie zwei Jahre in Paris gearbeitet hatte. Sie stammte aus der Pfalz. Ihren Vater hatte sie als kleines Kind verloren, und ihre Mutter war in Auschwitz ermordet worden, nachdem es ihr zuvor noch gelungen war, ihre damals dreizehnjährige Tochter nach Palästina zu schicken.

Wir wechselten ein paar Worte auf deutsch, aber unsere Dialekte waren so verschieden, daß wir schnell wieder ins Französische wechselten.

Wir erforschten unsere ähnliche Herkunft und unsere Familienverhältnisse, und beim Abschied hatte sie genügend Vertrauen gefaßt, um sich wieder mit mir zu verabreden.

Sie fand nichts Schlimmes dabei, wenn ich mich zur Polizei meldete. Meine Wirbelsäule erwähnte ich bei der Einstellungsuntersuchung nicht, und man akzeptierte meine Erklärung, daß meine damalige militärische Untauglichkeit wahrscheinlich mit meinem seinerzeit niedrigen Gewicht zusammengehangen hatte.

Ich erhielt eine Uniform und einen Schlafplatz in der Polizeistation, sodann wurde ich mit einem anderen Polizisten auf Streife geschickt. Er werde mir alles erklären. Bis auf ein paar Anweisungen vom Wachtmeister und einen riesigen Neunmillimeter-Revolver, der so schwer war, daß ich fürchtete, ihn weder schnell genug ziehen noch festhalten zu können, sollte ich ihn je benutzen müssen, erhielt ich keinerlei Ausbildung.

Als ich bei meinem Onkel in Uniform erschien, sagte er: »So, jetzt, wo du bei der Polizei bist, kannst du ausziehen.«

»Was?«

»Du hast genau gehört, was ich gesagt habe. Du mußt raus. Deine Großeltern kommen.«

»Wann?«

»Wir erwarten sie jeden Tag.«

»Wenn sie kommen, ziehe ich aus.«

»Du wirst *sofort* ausziehen, oder ich werfe dich hinaus!«

Mich in der Uniform sicher fühlend, wiederholte ich, daß ich erst ausziehen würde, wenn meine Großeltern kämen.

»Dann rufe ich den Inspektor an und erzähle ihm, daß du Goldstücke versteckt hältst.«

Der Privatbesitz von Gold war gesetzlich verboten, und ich bekam Angst.

Ich wollte nicht bei der Polizei wohnen und fragte Assaf, meinen Partner, ob er nicht wüßte, wo ich ein billiges Zimmer mieten könnte. Er glaubte, es gäbe noch einige leere Häuser in einem verlassenen Dorf nicht weit von der Stadt. Nach der Arbeit fuhr ich hin.

Ein schmaler Weg führte von der Bushaltestelle einen Hügel

hinauf. Zu beiden Seiten standen zwischen Palmen und Feigenbäumen verfallene einstöckige Häuschen. Kaktushecken voller reifer Judenfeigen wucherten über niedrige, unregelmäßig errichtete Steinmauern. Hühner stapften ziellos umher – es gab keine Tore. Alle Höfe standen offen, und grauer Sand bedeckte alles. Niemand war zu sehen. Ich wählte das oberste Haus am Hang. Werkzeug, Riegel und Vorhängeschlösser hatte ich mitgebracht, und ich verschloß meine neue Bleibe von allen Seiten. Drinnen gab es als Möbel nur ein Eisenbett ohne Matratze. Der Wasserhahn war im Hof. Trotz der glühenden Hitze war es kühl im Haus, und ich war froh, hier zu sein.

Ich kaufte eine Matratze, einen Klapptisch und zwei Klappstühle – für den Fall, daß meine Freundin mich besuchen kam, und zog ein.

Ich erzählte ihr, daß ich von meinem Onkel fort sei, sagte ihr aber nicht, warum. Seine Erpressung hätte ihr bestimmt nicht gefallen.

Wir saßen in Kaffeehäusern, gingen im Schatten der Bäume am Karmel spazieren, sahen auf die Stadt hinunter und tauschten Kindheitserinnerungen aus. Zunächst wollte ich mit Ghettogeschichten ihr Mitleid wecken, aber mit ihren tiefblauen Augen schien sie alles zu durchschauen, und ich wagte nicht, ihr irgendeine Komödie aufzutischen. Als ich ihr erzählte, daß ich im Irgun gewesen sei, meinte sie, daß ich nicht stolz zu sein bräuchte, Terrorist gewesen zu sein. Jemand anderem hätte ich die Meinung gesagt, aber ihr mußte ich in Anbetracht meiner wirklichen Vergangenheit recht geben, wenn auch aus einem anderen Grund: Die Flucht aus Italien und mein Zusammenbruch in Paris waren wirklich nichts, worauf ich stolz sein konnte.

Sollte ich sie fragen ob sie mich heiraten würde? Ich fragte meinen Partner, aber er kannte sich in solchen Dingen nicht aus. Wo er herkam, suchten die Eltern die Bräute für ihre Söhne aus.

Zu guter Letzt kam mir das philharmonische Orchester zu Hilfe. Der Polizei wurden ermäßigte Saisonkarten angeboten.

Sollte ich zwei kaufen? Ich hatte noch immer ein paar Goldstücke übrig, aber da sie mich nicht einmal für den Autobus oder das Kino zahlen ließ, war ich vorsichtig. Doch es war auch eine Probe: Wenn sie ja sagte, bedeutete es, daß sie gern mit mir zusammen war, und wenn sie beschloß, die ganze Saison mit mir Konzerte zu besuchen, war das ein Hinweis darauf, daß sie unsere Verbindung aufrechterhalten wollte. Und daß sie Musik liebte.

Sie sagte ja, und ich mußte ihr nur noch meinen Antrag machen.

59 Der Anfang

Ich war überrascht, als man mich vom Streifendienst in die Kriminalabteilung versetzte. Die Sache paßte mir überhaupt nicht. Statt mit Assaf meinem Dienst im Freien nachzugehen, mußte ich nun im Revier herumsitzen und warten, bis irgend jemand etwas anstellte, damit ich Arbeit hätte. Als ich bemerkte, daß man mir alle Fälle von Nachbarnstreit wegen ›Privatsphärenverletzung‹ übergab, wußte ich, daß ich meine Beförderung der Tatsache zu verdanken hatte, daß ich Jiddisch und Französisch sprach.

Wo immer Einwanderer aus Osteuropa und Nordafrika in verlassenen arabischen Häusern zusammengepfercht waren, stritten sie um das Vorrecht in den oft von mehreren Parteien benutzten Küchen und Badezimmern.

So gern ich früher eine Uniform getragen hatte, so zuwider wurde sie mir jetzt, wo ich sie Tag und Nacht tragen mußte. Sie hielt mich dauernd im Dienst, sogar im Autobus, wenn ich nach Hause fuhr. Oft mußte ich bei Schlägereien einschreiten, wenn Leute darum stritten, wer zuerst gekommen war und wer zuerst einsteigen durfte. Sich ordentlich in eine Reihe zu stellen war unbekannt.

Die Nachtschicht war am schlimmsten. Nicht nur Streitereien wegen der Benutzung gemeinsamer Waschräume mußten geschlichtet oder die Besetzung eines Kellers als Wohnort rückgängig gemacht werden, auch Schlägereien zwischen Zuhältern mußten beendet und die Täter festgenommen werden. Die Bordelle waren geschlossen worden, und die Mädchen arbeiteten in mit Planen abgedeckten Lastwagen. In dem Moment, in dem wir erschienen, fuhren sie davon.

Anneliese, die sich anfangs nicht daran gestoßen hatte, daß ich Polizist war, änderte ihre Einstellung, als sie mich eines Tages abholen kam und mich von einer Gruppe umringt sah, die am Eingang des Reviers tobend die Befreiung eines Verwandten forderte.

Die Hand am Pistolenhalfter, brüllte ich zurück, bis, durch das Geschrei alarmiert, noch zwei Mann aus der Wachstube kamen und mir halfen, den Platz zu räumen.

Die Sonne ging unter, und bis wir unseren Lieblingsplatz auf dem Berg erreichten, war es dunkel. Schweigend sahen wir nach den Lichtern der Stadt, die sich wie ein funkelnder Teppich von der Höhe des Berges bis zum Meer hinunter erstreckte.

Hinter jedem Licht lag ein Zimmer, und in jedem Zimmer lebten Menschen in Wärme und Behaglichkeit. Nur ich war immer noch allein, draußen, voller Neid, weil sie nie allein waren, ganz gleich, wie oft sie stritten.

Ich war es müde, nicht zu verwirklichenden Träumen nachzuhängen.

»So. Und nun?« fragte ich beiläufig und hoffte, daß sie den Vorfall an der Polizeistation vergessen hatte.

»Und nun *was*?«

»Heiraten wir nun?«

»Sogar wenn ich wollte, würde ich dich nicht heiraten.«

»Warum nicht?«

»Weil du ein Marokkaner bist.«

»Ein *was*?!«

»Ein Marokkaner.«

»Mit einem Messer, was?«

»Nein. Mit einem Revolver.«

»Bist du verrückt? Seit wann sprechen Marokkaner Deutsch?

Hier, lies mal, was auf meiner Identitätskarte steht. Geboren: Innsbruck, Österreich!«

»Die Karte könnte ja falsch sein. Alle möglichen Leute kommen jetzt mit falschen Papieren. Und Österreicher sprechen nicht Französisch. Jedenfalls nicht so gut wie du.« Ich war sprachlos. Aber ich hatte eine Idee: »Ich werde dir etwas sagen: Freunde von meinen Eltern leben in Tel Aviv. Der Mann ist Parlamentsmitglied und kennt mich von meiner Geburt an. Wir fahren hin, und er wird dir bestätigen, daß alles, was in meinem Ausweis steht, stimmt.« Damit war sie einverstanden.

Am folgenden Sonnabend machten wir uns auf den Weg. Unsere erste gemeinsame Reise.

Kaum hatten wir zwei Sitze erobert, als ein hübsches schwarzhaariges Mädchen sich zu uns durchdrängte und mich freudig begrüßte. »David!« Ich hatte sie nie gesehen.

»David! Wie geht's?« Französisch.

»Sie irren sich, Mademoiselle. Es handelt sich bestimmt um einen Irrtum.«

»Ein Irrtum?! Jetzt, wo du dir eine Blonde aufgegabelt hast, kennst du mich nicht mehr? Casablanca war nichts? Du bist ein echtes Mistvieh.«

Meine ›Blonde‹ stand auf, zog die Leine zum Aussteigen und bahnte sich einen Weg zum Ausgang. Ich hinterher. Der Bus hielt an, sie stieg aus, das Mädchen aus Marokko versuchte, mich zurückzuhalten, aber auch ich sprang ab.

»Laß mich in Ruhe. Du bist ein ganz gemeiner Lügner.«

»Hör zu. Ich bitte dich. Das Mädchen hat mich bestimmt mit jemandem verwechselt. Außerdem hast du versprochen, mit mir nach Tel Aviv zu fahren. Und ein Versprechen muß man halten. Du bist doch aus Deutschland, nicht?« Was immer man ihnen nachsagen konnte, aber Deutsche waren stolz auf ihre Verläßlichkeit und Anneliese war da keine Ausnahme. Eine Stunde warteten wir in der Sonne auf den nächsten Bus.

Meine Bekannten empfingen uns wohlwollend und beseitigten alle Zweifel an meiner Herkunft. Sie versprachen sogar, zur Hochzeit zu kommen.

Nach weiteren drei Wochen stießen meine Liebeserklärungen allmählich wieder auf Glauben und Vertrauen, und da wir beide einsam waren, beschlossen wir, zu heiraten.

Die Trauung war mehr als eine Formalität. Zuerst mußte ich eine Bescheinigung beibringen, daß meine Braut in der Mikve, dem rituellen Bad, gewesen war. Ohne wäre der Rabbiner nicht bereit, uns zu trauen. Wäre ich in Uniform erschienen, hätte sich der Mikve-Aufseher gefürchtet, meine Bestechung von fünf Pfund – ein Drittel meines Monatsgehalts – zu akzeptieren, doch da ich in Zivil erschien, stellte er mir die Bescheinigung aus, und Anneliese brauchte sich dem Ritual nicht zu unterziehen. Noch fünf Pfund für den Rabbiner, zwei für Wein und Kuchen, zehn für die Eheringe, und obwohl wir uns die Kosten teilten, mußte ich noch zwei Goldstücke von dem nun völlig schwindenden Rest springen lassen. Gut, daß Anna den Anhänger nicht hatte haben wollen, andernfalls hätte ich mein letztes Geld für ein Hochzeitsgeschenk ausgeben müssen.

Zum Glück hatten wir keine Verwandten, die wir einladen mußten. So kamen lediglich Assaf, der Inspektor, Annelieses Chef mit seiner Frau sowie Frau Krakauer, deren Mann meine »Reinrassigkeit« bestätigt hatte.

Es hätte mich gefreut, wenn Aron dabeigewesen wäre, aber der war schon in Amerika. Als ich Sandru zu erreichen suchte, sagte man mir, daß er Hauptmann und Chefapotheker in der ›Armee des Meeres‹, wie die Kriegsmarine genannt wurde, geworden war. Sein Diplom war anerkannt worden, und er diente jetzt in Haifa. Ich rief ihn an und teilte ihm mit, daß ich heiratete. »Was? Wegen einem Glas Milch kaufst du eine ganze Kuh?« Der Witz gefiel mir nicht, und ich hängte ein.

Die Kuchen, der Wein, die Polizisten und die anderen drei, alle waren da; es fehlten nur noch drei Männer zum Minjan[24]. »Gar kein Problem«, sagte der Rabbiner, holte drei Passanten von der Straße und vollzog die Trauung.

Anschließend ging's zum Fotografen, der noch einmal drei Pfund kostete, dann gingen wir tanzen.

Unser Glück muß uns im Gesicht gestanden haben, denn die

Paare lächelten uns im Vorbeitanzen zu, und die Kellnerin war ganz besonders freundlich.

Zu Hause – in ihrem Zuhause, einem kleinen möblierten Zimmer, nicht viel größer als mein erstes Hotelzimmer in Paris – gingen wir schlafen. Das einfache weiße Kleid, das sie zur Hochzeit und beim Tanzen getragen hatte, hing an einem Nagel an der Tür neben meiner Uniform, die ich vier Stunden später wieder anziehen müßte. Es gab keine Stunde Urlaub, keine Hochzeitsreise.

In der Frühe rannten wir Hand in Hand zum Autobus, damit der Zauber der ersten Nacht nicht gleich verflog und unser Einssein nicht erlosch.

Nach der Arbeit holten wir meine Klappstühle und den Tisch aus dem Dorf, und das richtige Leben begann.

Anmerkungen

1 Heinrich von Treitschke, dt. Historiker, 1834–1896.

2 Muselmann; Ausdruck für Mithäftlinge in Konzentrationslagern, die durch Hunger und Erschöpfung in ein Stadium zwischen Leben und Tod geraten waren.

3 »Der hohle Zahn«, in: *Das große Wilhelm Busch Hausbuch*, München o. J., S. 191.

4 OT (Organisation Todt); ihr unterstanden während des Zweiten Weltkrieges alle militärischen Bauaufgaben einschließlich der Bauformationen der Wehrmacht. Auf den Baustellen der nach dem Generalinspekteur für das deutsche Straßenwesen und Generalbevollmächtigten für die Regelung der Bauwirtschaft, Fritz Todt (1891–1942), benannten Organisation wurden Zwangsarbeiter, Kriegsgefangene und KZ-Häftlinge eingesetzt.

5 Brobdingnag; Ort aus Jonathan Swifts *Gullivers Reisen (Travels into Several Remote Nations of the World. By Lemuel Gulliver, First a Surgeon, and then a Captain of Serveral Ships*, 1726; dt. *Reisen in verschiedene ferne Länder der Erde. Von Lemuel Gulliver, zuerst Wundarzt, später Kapitän verschiedener Schiffe*, 1727/28).

6 American Joint Distribution Committee; größte amerikanisch-jüdische Hilfsorganisation.

7 Agitationsparole nach dem »Anschluß« Österreichs an das Deutsche Reich im März 1938 auf politischen Plakaten verbreitet.

8 *Der Stürmer*; 1923 von Julius Streicher gegründete antisemitische Wochenzeitung, die überwiegend aus Hetzpropaganda gegen die jüdische Bevölkerung bestand und deren Titelseiten seit 1925 bösartige antisemitische Karikaturen beherrschten.

9 Affidavit; eidesstattliche Versicherung.

10 Andreas Hofer; Tiroler Freiheitskämpfer (1767–1810, hingerichtet).

11 1942 arbeitete der 1928 geborene Verfasser als Schlosser im
Kownoer Ghetto, wo ihm die Aufsicht über andere Arbeiter der
Schlosserei übertragen wurde. Siehe dazu: David Ben-Dor: *Die
schwarze Mütze. Geschichte eines Mitschuldigen*, Leipzig 2000,
S. 72 f.

12 Mit den Atombombenabwürfen auf Hiroschima (6. 8. 1945) und
Nagasaki (9. 8. 1945) in Japan endete der Zweite Weltkrieg auch
im fernen Osten. Bei den beiden Abwürfen fanden fast 300 000
Menschen den Tod.

13 Die Jüdische Brigade (1942 als Einheit der britischen Armee gegründet) war in der britischen Zone Österreichs an der Straße
von Wien zur italienischen Grenze stationiert und wurde 1946
abgezogen.

14 Im Nürnberger Prozeß vor dem Internationalen Militärtribunal
wurden vom 20. 11. 1945 bis 1. 10. 1946 24 Politiker, Beamte,
Funktionäre der NSDAP und Generäle wegen Kriegsverbrechen
und Verbrechen gegen die Menschlichkeit angeklagt. Es wurden
zwölf Todesurteile verhängt, sieben Angeklagte erhielten Frei-
heitsstrafen bis zu lebenslänglich, drei Angeklagte wurden frei-
gesprochen. Von 1946 bis 1948 folgten vor US-Militärgerichten
zwölf weitere Verfahren mit 177 Angeklagten, von denen 24
zum Tode und die übrigen zu teils lebenslanger Haft verurteilt
wurden.

15 Irgun (hebr.: Irgun Zwai Leumi, »Militärische Nationale Organisation«); 1931 gegründete jüdische rechtsradikale Untergrundbewegung in Palästina, die seit 1943 unter Führung von
Menachem Begin zahlreiche Terroranschläge gegen die Engländer verübte. Bei Gründung des Staates Israel aufgelöst.
Hagana; jüdische Selbstschutzorganisation in Palästina zur Zeit
des britischen Mandats, 1920 aus dem jüdischen Schutzbund
Haschomer hervorgegangen. Am 31. 5. 1948 zur Armee des
Staates Israel erklärt.

16 Jalla!; arab.: »Los!«

17 Sochnut (hebr.: Hasochnut Hajehudit, Jüdische Agentur); weltweite Vertretung jüdischer bzw. zionistischer Interessen.

18 Betar (hebr.: Brith Josef Trumpeldor); zionistisch-nationalistische Jugendbewegung.

19 Megilles (jiddisch) geht auf Megilloth (hebr.: »Buchrollen«) zurück; die in der hebräischen Bibel zu einer Gruppe zusammengefaßten Bücher *Hoheslied*, *Ruth*, *Klagelieder*, *Prediger* und *Esther*. Die Megilla (Sing.) schlechthin ist das Buch Esther.

20 Lechi (hebr.: Lochame Cherut Jisrael, »Kämpfer für die Freiheit Israels«); 1940 gegründete jüdische Untergrundorganisation, die bis 1948 zahlreiche Anschläge gegen die Engländer verübte.

21 Jeschiva; Talmudschule.

22 David Ben Gurion (1886–1973); Vorsitzender des jüdischen Nationalrates und von 1948 bis 1953 sowie 1955 bis 1963 israelischer Ministerpräsident.

23 Yitzhak Rabin (1922–1995, ermordet); ab 1947 stellvertretender Kommandant des Palmach; später Generalstabschef, Botschafter in den USA, Arbeitsminister und Ministerpräsident.
Palmach (hebr.: Plugot Machatz, »Stoßtruppen«); linksradikale Stoßtruppeneinheit der Hagana. Nach Gründung des Staates Israel aufgelöst.

24 Minjan (hebr.); zum Gebet erforderliches Quorum von zehn erwachsenen Männern.